Cómo trabaja

Google

Cómo trabaja

Google

Eric Schmidt y Jonathan Rosenberg

con Alan Eagle; prólogo de Larry Page

Cómo trabaja Google

Título en inglés: *How Google Works*

Primera edición: febrero de 2015

D. R. © 2014, Google Inc.

D. R. © Diseño de cubierta: Hachette Book Group, Inc. /Jonathan Jarvis
D. R. © Ilustraciones: Nishant Choksi
D. R. © Traducción: Vicente Herrasti

D. R. © 2015, derechos de edición mundiales en lengua castellana:
    Santillana Ediciones Generales, S.A de C.V., una empresa de
    Penguin Random House Grupo Editorial, S.A. de C.V.
    Blvd. Miguel de Cervantes Saavedra núm. 301, 1er piso,
    colonia Granada, delegación Miguel Hidalgo, C.P. 11520,
    México, D.F.

www.megustaleer.com.mx

Comentarios sobre la edición y el contenido de este libro a:
megustaleer@penguinrandomhouse.com

ISBN 978-607-113-658-9

Impreso en México / *Printed in Mexico*

*Para nuestros creativos
inteligentes favoritos,
Wendy y Beryl.*

Índice

Prólogo

Por Larry Page
Cofundador y director general de Google

Cuando era más joven y comencé a pensar en mi futuro, decidí que me convertiría en profesor o que fundaría una empresa. Sentí que cualquiera de estas opciones me brindaría mucha autonomía: la libertad de pensar a partir de primeros principios y de la física del mundo real sin tener que dar por buena la "sabiduría" comúnmente aceptada.

Como explican Eric y Jonathan en *Cómo trabaja Google*, tratamos de aplicar esta autonomía a casi todas las cosas que hacemos en Google. Esto ha sido la fuerza motora detrás de nuestros grandes éxitos y también de algunos fracasos impresionantes. De hecho, empezar por los primeros principios fue lo que echó a andar a Google. Literalmente, una noche tuve un sueño y me desperté pensando en qué sucedería si pudiera bajar la red entera dejando solamente los *links*. Tomé una pluma y escribí los detalles para averiguar si esto era o no posible en realidad. La idea de construir un motor de búsqueda ni siquiera estaba en mi radar en ese tiempo. Más tarde, Sergey y yo nos percatamos de que al clasificar las páginas web por sus vínculos podíamos generar resultados de búsqueda muy superiores. Gmail comenzó también a partir de un "sueño de opio". Y cuando Andy Rubin empezó con Android hace una década, la mayoría de la gente pensó que alinear a la industria de la telefonía móvil alrededor de un sistema operativo de código abierto era una locura.

Con el tiempo he aprendido, para mi sorpresa, que es tremendamente difícil hacer que los equipos sean súper ambiciosos. Resulta que la mayoría de las personas no ha sido educada con tan ambiciosos principios. Tienden a asumir que las cosas son imposibles, sin partir de la física del mundo real para averiguar qué es posible en realidad. Por eso nos esforzamos tanto en contratar pensadores independientes en Google, y también por eso nos fijamos metas grandes. Porque si contratas a las personas correctas y tienes sueños suficientemente grandes, por lo regular llegarás a concretarlos. E incluso si fracasas, probablemente aprenderás algo importante.

También es cierto que muchas empresas se sienten cómodas haciendo lo que siempre han hecho, con algunos cambios incrementales. Este tipo de cambios conduce a la irrelevancia con el paso del tiempo, especialmente tratándose de tecnología, porque los cambios en este campo tienden a ser revolucionarios y no evolutivos. De modo que debes obligarte a apostar en grande al futuro. Por eso invertimos en áreas que pueden parecer salvajemente especulativas, como los autos que se manejan solos o el Internet que puede llegar a todos por medio de globos. Aunque es difícil imaginarlo ahora, cuando empezamos con Google Maps, la gente pensó que nuestro objetivo de hacer mapas del mundo entero, incluyendo fotografías de cada calle, sería imposible. Así que, en caso de que el pasado sea indicador del futuro, las grandes apuestas de hoy no parecerán tan descabelladas en unos pocos años.

Aquí hay algunos de los principios que me parecen importantes, y hay más en las siguientes páginas. ¡Espero que puedas tomar estas ideas para hacer con ellas tus propias cosas imposibles!

Introducción: lecciones aprendidas desde la primera fila

En julio de 2003, Eric Schmidt había sido director general de Google Inc. por dos años cuando recibió un correo electrónico de un inversionista y miembro del consejo, Mike Moritz, un socio de Sequoia Capital. El comunicado incluía una sugerencia:

> tal vez quieras considerar una reunión de unas tres horas a mediados de agosto cuando la gerencia presente al consejo nuestra campaña para competir con finlandia. (no creo que debamos esperar hasta la reunión de septiembre. este tema es demasiado importante y ya todos hemos aprendido que la mejor manera de averiguar qué tan corto es un año es competir con finlandia.)

Para quienes no están familiarizados con nuestros asuntos, esta nota puede resultar un tanto confusa. ¿Por qué competía Google —una empresa joven especializada en Internet, con cinco años de haber sido fundada, con algunos cientos de empleados y establecida en Mountain View, California— con Finlandia —un país con cinco millones de habitantes que está a cinco mil millas de nuestra sede y que, generalmente, se considera un lugar amigable y pacífico—?

El correo relativo a Finlandia llegó justo cuando Eric sentía que ya estaba adaptándose a Google. Venía de Novell, empresa en la que había sido director general, y también había trabajado en Sun Microsystems y en los Laboratorios Bell. Habiendo crecido en el norte de Virginia, se graduó de Princeton con el título de ingeniero eléctrico, para luego estudiar una maestría y un doctorado en ciencias computacionales en la Universidad de California, Berkeley. Así que no le era extraño trabajar con ingenieros y con científicos de la computación, puesto que él mismo era uno. Aun así, al llegar a Google se encontró con un lugar muy distinto a cualquier otro que hubiera conocido.

La revelación de que "ya no estaba en Kansas" comenzó desde el primer día. Cuando llegó a la oficina que se le había asignado (que era bastante modesta para los estándares de los directores generales muy importantes), descubrió que estaba ocupada por varios ingenieros en *software*. En lugar de sacarlos de ahí, se pasó a la siguiente oficina, que más bien parecía un armario con una ventana y no una oficina en forma.

Luego, unas semanas más tarde, las cosas se pusieron peor. Una mañana, mientras caminaba hacia su ~~armario~~ oficina, se percató de que su asistente, Pam Shore, tenía una expresión atribulada.[1] Pronto descubrió la razón: tenía un nuevo compañero de oficina. Era uno de los ingenieros investigadores, Amit Patel, quien explicó a Eric que *su* oficina tenía ya cinco habitantes (y venía otro en camino) y que la solución de serruchar un escritorio por la mitad para hacer más espacio había fracasado. Comparado con el espacio del que disponía Amit, la oficina de Eric parecía bastante espaciosa, de modo que Amit se mudó ahí. (El equipo de servicios generales se había rehusado a cambiar las cosas de Amit a la oficina de Eric, por lo que había tenido que acarrear todo él

---

[1] En el caso de Pam, cualquier otra expresión que no sea una cálida sonrisa cuenta como atribulada.

solo.) Amit y Eric terminaron compartiendo la oficina durante varios meses. Quedaba claro que en este lugar la jerarquía no se medía por los metros cuadrados que midiera una oficina.

Sin contar las inusuales asignaciones de espacio laboral, el resto de la transición fue bastante suave para Eric. Su relación con los dos fundadores, Larry Page y Sergey Brin, se fortalecía día a día. La plataforma publicitaria de la empresa, AdWords, comenzaba a generar utilidades significativas (cuando la empresa empezó a cotizar en bolsa en 2004, los estados financieros asombraron a la mayoría de los observadores... de modo positivo), y aunque la palabra "Google" no sería considerada como un verbo por el *Oxford English Dictionary* hasta tres años después,[2] para millones de usuarios la búsqueda en Google ya era una parte importante de la vida diaria. La empresa crecía también, y se sumaban a ella docenas de empleados cada mes, incluyendo al nuevo jefe de productos, Jonathan Rosenberg, quien llegó a Google en febrero de 2002. Jonathan, al igual que Eric, era hijo de un profesor de economía. Se unió a la compañía, después de trabajar para Excite@Home y Apple, con el objetivo de formar el equipo de administración de productos y para completar el equipo de Eric.

Como señalaba el correo de Mike, había una gran competencia en el horizonte y no se trataba en realidad de nuestros amables amigos finlandeses, que se encuentran del otro lado del Atlántico. «Finlandia» era el nombre cifrado que asignábamos internamente a Microsoft,[3] que en ese momento era la empresa

---

[2] El *Oxford English Dictionary* agregó en término "Google" el 15 de junio de 2006. Otras palabras nuevas incluidas en esta actualización eran "geoescondite", "*mash-up*", "autoalmacenamiento" y "textear". Ver Candace Lombardi, "Google Joins Xerox as a Verb" (*CNET News*, 6 de julio de 2006).

[3] De hecho, "Finlandia" es un nombre en clave para el nombre codificado que en realidad usábamos. Si usáramos el término en clave real en este libro,

tecnológica más importante del planeta.[4] Eric sabía que una muy buena parte del tráfico de Google provenía de gente que usaba el navegador de Microsoft, el Internet Explorer. Al igual que todos en Google, él creía que Internet era la plataforma tecnológica del futuro y que la búsqueda era una de sus aplicaciones más útiles. Por lo tanto, sólo fue cuestión de tiempo para que nuestros amigos de Redmond se interesaran realmente en lo que estábamos haciendo. Y cuando Microsoft se tomaba en serio lo que los novatos hacían, las cosas tendían a ponerse muy interesantes.[5]

El futuro de la empresa estaba en juego y lo que se debía hacer era todo menos obvio. La nota de Moritz era un llamado a la acción. Estaba pidiendo a Eric que formara el equipo y que creara un plan que estableciera objetivos claros para la empresa en el ámbito de los productos, las ventas, el mercadeo, las finanzas y el desarrollo corporativo. Cada aspecto de la operación de Google estaba sobre la mesa, e incluso se habló de cambiar la peculiar estructura inicial de la compañía para tener otra más tradicional, organizada en unidades de negocio para así facilitar la obtención de nuevas fuentes de ingreso (otro de los temas que supuestamente debían abordarse en el nuevo plan de negocios). Lo más

---

dejaría de ser una clave, ¿no?

[4] Para tener una idea de la veneración que se tenía a Microsoft en aquellas épocas, fíjate en los títulos de los libros que se publicaban sobre la empresa: *Los secretos de Microsoft: cómo crea tecnología, cómo define mercados y cómo maneja a su personal la empresa de software más poderosa del mundo* (1995); *Sobremarcha: Bill Gates y la carrera por controlar el ciberespacio* (1997); y *Cómo se ganó la red: cómo es que Bill Gates y sus idealistas de Internet transformaron el imperio Microsoft* (2000).

[5] En las décadas de 1980 y 1990, era prácticamente imposible para los emprendedores de Silicon Valley conseguir financiamiento para sus empresas sin articular ante sus inversionistas la estrategia ante Microsoft. Si no tenías un plan claro, nadie te daba un cheque.

importante era que el plan debía establecer parámetros y mapas de ruta de cuáles productos serían lanzados al mercado y cuándo se haría. En suma, Moritz quería lo que cualquier consejero sensible y normal: un plan de negocios exhaustivo.

Cerraba la nota con una floritura:

> por qué no escoger una noche a mediados de agosto para marcar el término de los planes para la campaña más poderosa en la que cualquiera de nosotros estará en su vida.

Dado que los productos conformarían la parte medular de este plan, Eric dio el proyecto a Jonathan. Sus instrucciones fueron: «Me gustaría revisar esto en dos semanas».

Sin embargo, había un problema suplementario al hecho de que una empresa gigantesca vendría a competir con nosotros. Moritz tenía razón: para enfrentar al gorila más grande de la selva, necesitábamos un plan. Pero también se equivocaba, y para entender por qué estaba en un error y por qué, sin saberlo, nos ponía a los dos entre la espada y la pared, es útil comprender primero el tipo de empresa que era Google.

«Ve y habla con los ingenieros»

Cuando Sergey y Larry fundaron Google en 1998, no tenían experiencia o entrenamiento formal en el ámbito de los negocios. Ellos consideraban que esto era una ventaja, no una desventaja. Cuando la empresa creció lo suficiente como para no caber en sus primeras instalaciones en un oscuro dormitorio de Stanford, pasó a instalarse en la cochera de Susan Wojcicki[6] en Menlo Park, luego a unas oficinas en Palo Alto y después a Mountain View. Los fun-

---

[6] Susan se convirtió en empleada de la empresa y, eventualmente, llegó a ser la líder de todos los productos publicitarios, y después quedó a cargo de YouTube. Eso sí, su primer puesto en Google fue el de "casera".

dadores llevaban la empresa con base en algunos principios muy simples; el primero y más importante era que el foco de la actividad estaría en los usuarios. Creían que si eran capaces de crear grandes servicios, podrían arreglar la cuestión financiera después. Si sólo lograban crear el mejor buscador del mundo, el éxito estaría asegurado.[7]

Su plan para crear ese grandioso buscador y todos los demás grandes servicios era igualmente simple: contrata a la mayor cantidad posible de ingenieros en programación talentosos y dales libertad. Esta forma de ver las cosas le venía bien a una empresa nacida en un laboratorio universitario, puesto que en la academia el activo más importante es el intelecto (y, en el caso de algunas universidades estadounidenses, también se considera un activo el lanzar un balón de futbol americano cincuenta yardas). En tanto que algunas empresas dicen que sus empleados lo son todo, Larry y Sergey efectivamente dirigieron su empresa de este modo. No se trataba de enviar mensajes corporativos ni tampoco era una cuestión altruista. Ellos pensaban que atraer y liderar a los mejores ingenieros era la única manera de conseguir que Google prosperara y lograra sus elevadas ambiciones. Y en verdad querían ingenieros: los fundadores suspendieron el primer intento de Eric por contratar a la muy estimable Sheryl Sandberg —actual directora de operaciones de Facebook— porque no había estudiado ingeniería. (Sheryl terminó trabajando seis exitosísimos años en Google.) Conforme creció la empresa, los fundadores se fueron despojando de esa idea fija, pero sólo un poco. Hasta nuestros

---

[7] Aunque eran neófitos en el mundo de los negocios, Sergey y Larry no se percataron de que su insistencia en preocuparse por el usuario coincidía con la idea que Peter Drucker tenía del objetivo de un negocio: "Únicamente existe una definición válida para el propósito de un negocio: crear un cliente […] El cliente es la base de un negocio y lo mantiene en existencia", en *The Practice of Management* (HarperBusiness, edición de 1993), página 37.

días, la regla es que al menos la mitad de los empleados de Google (conocidos como "googleros") deben ser ingenieros.

Las tácticas administrativas que los fundadores empleaban para manejar la compañía eran igualmente simples. Al igual que los profesores del laboratorio de ciencias de la computación en Stanford —quienes no decidían unilateralmente el tema de los proyectos de tesis, sino que únicamente brindaban consejo y sugerencias—, Larry y Sergey ofrecieron a sus empleados libertad más que suficiente y usaron la comunicación como herramienta para hacer que todos avanzaran en una misma dirección. Creían firmemente en la profunda importancia de Internet y en el poder de la búsqueda, y comunicaban estos puntos por medio de reuniones informales con los pequeños equipos de ingenieros que abundaban en las oficinas de Google y también en las reuniones "Gracias a Dios que es viernes" [TGIF, por sus siglas en inglés], celebradas con toda la empresa los viernes por la tarde. Cualquier tema podía discutirse en estas juntas.

Cuando se trataba de los procesos, los fundadores llevaban las cosas con delicadeza. Durante años, la herramienta primaria para administrar los recursos de la empresa fue una hoja de cálculo en la que figuraban, en orden de importancia, los cien proyectos más trascendentes de Google. Esa hoja de cálculo estaba disponible para todos y se debatía su contenido en reuniones celebradas cada 45 días, aproximadamente. Estas juntas se usaban en parte para actualizar, en parte para asignar recursos y también para la lluvia de ideas. El sistema no era muy científico que digamos: la prioridad de los proyectos se representaba con una escala del uno al cinco, pero también había lugar en la lista para proyectos calificados como "nuevos" o "alucinantes" y también para proyectos orientados a la innovación con alto grado de autonomía. (Hoy nos cuesta trabajo encontrar la diferencia entre estas categorías, pero en su momento las etiquetas tenían sentido… o casi.) No se tenía el concepto o la necesidad reconocida de una planeación a largo plazo distinta a ésta; si surgía algo más importante, los ingenieros se las arreglaban y modificaban la lista.

El énfasis en la ingeniería continuó incluso cuando la empresa amplió la división administrativa. Los fundadores no contrataron a Eric por su sapiencia en los negocios, sino por sus antecedentes en el mundo de la tecnología (Eric era experto en Unix y ayudó a crear Java —el lenguaje computacional, no la bebida ni la isla—) y por la credibilidad que le daba el ser un *nerd* que había aprendido al trabajar para Laboratorios Bell.

Contrataron a Jonathan a pesar de sus grados de licenciatura y maestría en economía, debido a que era un defensor probado de los productos y a su fama de innovador en sus días en Apple y en Excite@Home. Para ser exactos, el ser hombres de negocios no constituía una desventaja, pero tampoco beneficiaba, al menos no para Sergey y Larry.

Poco después de empezar a trabajar en la empresa, Jonathan tuvo una desagradable prueba de la aversión que los fundadores sentían por los procesos corporativos tradicionales. Siendo un ejecutivo experimentado como jefe de producto, tenía mucha experiencia en el desarrollo de productos tradicional, lo que en la mayoría de las empresas implica fases y requisitos bien definidos que son revisados por los ejecutivos y que poco a poco van subiendo en la escala corporativa. Esta forma de hacer las cosas está pensada para conservar recursos y para llevar la información del campo de acción a un pequeño grupo que toma las decisiones. Jonathan asumió que se esperaba que él implementara este tipo de disciplina en Google, y estaba más que confiado en ser la persona ideal para lograrlo.

Unos meses más tarde, Jonathan presentó a Larry un plan de producto que era un ejemplo perfecto de esta forma de hacer las cosas. Había guías, aprobaciones, prioridades y un plan a dos años para determinar qué productos lanzaría Google y cuándo lo haría. Era una obra maestra, según los libros de texto. Sólo faltaba que Jonathan recibiera un aplauso sonoro y una palmada en la espalda. Tristemente, las cosas fueron distintas: Larry odió el plan. «¿Alguna vez has visto un plan de desarrollo que los equipos cumplan antes de lo estipulado?», preguntó. No. «¿Alguna vez tus equipos han creado productos mejores a lo estipulado en el plan?», otra vez no. «Entonces, ¿qué sentido tiene el plan? Terminará por limitarnos. Debe haber una mejor manera de hacer las cosas. Ve y habla con los ingenieros.»

Conforme Larry hablaba, Jonathan se percató de que los ingenieros a los que se refería no lo eran en el sentido tradicional. Sí, eran codificadores y diseñadores de sistemas brillantes, pero además de su pericia y profundidad técnica, muchos de ellos sabían de negocios y eran muy creativos. Debido a sus antecedentes académicos, Larry y Sergey habían dado a estos empleados un grado poco usual de libertad y poder. No funcionaría el manejarlos con estructuras tradicionales de planeación; podrían guiarlos, pero terminarían por limitarlos. «¿Por qué hacer eso?», preguntó Larry a Jonathan. «Sería estúpido.»

De modo que, cuando Mike Moritz y el consejo nos pidieron crear un plan de negocios tradicional, al estilo de los que se hacen en las maestrías de las universidades, no queríamos parecer estúpidos. Sabíamos que el paciente Google rechazaría un tratamiento formal, planeado. Era como si un órgano extraño le fuera trasplantado a este paciente tan peculiar. Siendo ejecutivos experimentados, nos habíamos sumado a Google con la idea de llevar una suerte de "supervisión adulta" a un lugar caótico. Pero llegado el verano de 2003, ya habíamos trabajado en la empresa el tiempo suficiente como para darnos cuenta de que ésta se administraba de forma distinta a cualquier otro lugar, con empleados que tenían un poder único y que operaban en una industria nueva que evolucionaba rápidamente. Comprendíamos la dinámica de nuestra nueva industria lo suficiente como para saber que la vía para defendernos de Microsoft era una excelencia constante en nuestros productos. Sin embargo, también entendíamos que la mejor manera de lograr esa excelencia no era por medio de un plan de negocios tradicional, sino por medio de la contratación de los mejores ingenieros disponibles para después quitarnos de en medio. Sabíamos que nuestros fundadores intuían cómo liderar en esta nueva era, pero aceptaban que no sabían cómo construir una empresa que tuviera la escala necesaria para hacer realidad su ambiciosa visión. Eran grandes líderes de científicos en computación, pero necesitábamos más que eso para crear una gran empresa.

También comprendíamos que las reglas que debían guiarnos en esa empresa ni siquiera existían todavía y que, ciertamente, no las íbamos a encontrar en los planes de negocios tradicionales que Mike Moritz quería.

Así que nos vimos entre dos posiciones en un momento crítico de la historia de la compañía. Podíamos hacer lo que Moritz quería y escribir un plan de negocios tradicional, eso dejaría contento al consejo, pero no motivaría ni inspiraría a nuestros empleados ni ayudaría a atraer el nuevo talento que la empresa necesitaba con desesperación; este sistema tampoco nos llevaría a las estrategias dinámicas que requería esta industria nueva. Lo más importante: los fundadores de la empresa matarían antes de permitir que dicho plan viera la luz del día. Y nada impedía que, entretanto, ambos termináramos por ser despedidos.

El plan Finlandia

El plan que, en última instancia, presentamos al consejo se parecía bastante a los planes de negocios tradicionales, por lo que sus miembros salieron de esa reunión satisfechos porque, sí, ¡teníamos un plan de negocios! Al revisar ese documento en retrospectiva, nos sorprende darnos cuenta de las muchas fallas que tenía. Sólo se trataba de la forma en que Google se concentraría en sus usuarios y construiría excelentes plataformas y productos. Decía que Google ofrecería siempre servicios de alta calidad y que haría que esos servicios fueran fácilmente accesibles. Proponía que la empresa se basara en los usuarios y que más usuarios atraerían más anunciantes. Había algunos puntos estratégicos que trataban de cómo afrontaríamos las amenazas de la competencia, pero básicamente afirmamos que la manera de retar a Microsoft era creando grandes productos.

Y resultó que eso era exactamente lo que debíamos hacer.

Microsoft nos lanzó un reto agresivo. Se dice que gastaron casi once mil millones de dólares[8] en un intento por quitar a Google su puesto como elemento clave en la búsqueda de Internet y en el negocio de la publicidad. Los programas de Microsoft como MSN Search, Windows Live y Bing, y adquisiciones como aQuantive, fallaron en procurarles verdadera prominencia, no porque estuvieran mal ejecutados sino porque Google estaba muy bien preparado para ellos. Trabajamos incesantemente para mejorar la búsqueda. Añadimos imágenes, libros, YouTube, información comercial y cualquier otro tipo de información que pudimos encontrar. Creamos nuestras propias aplicaciones como Gmail y Docs, y las hicimos con base en la red. Mejoramos nuestra infraestructura en gran escala para poder obtener rápidamente índices de datos en línea y contenido que crecía exponencialmente.[9] Hicimos que la búsqueda fuera más rápida y que estuviera disponible en más idiomas, y además mejoramos la interfaz facilitando su uso. Añadimos mapas y mejoramos los resultados locales.

---

[8] Jay Yarow, "Steve Balmer's Huge Reorg of Microsoft Could Bury One of the Company's Biggest Embarrassments" (*Business Insider,* 9 de julio de 2013).

[9] Esto fue un reto difícil de superar. Imagina que tratas de subir repetidamente una montaña que crece siempre y que cada vez que la escalas debes llegar a la cima más rápido que en el viaje previo. A esto se parecía el reto, excepto por el hecho de que la montaña estaba hecha de datos, no de tierra y rocas.

Nos asociamos para asegurarnos de que siempre fuera fácil para el usuario acceder a nosotros. Incluso nos expandimos a ciertas áreas en que Microsoft destacaba, como en el caso de los navegadores, lanzando Google Chrome y convirtiéndolo en el navegador más rápido y seguro de la industria desde el primer día. Y capitalizamos todo esto con sistemas publicitarios altamente eficientes y efectivos.

Eric solía advertir al equipo lo siguiente: «Microsoft vendrá con todo tras nosotros, ola tras ola». Y así fue y sigue siendo, sin importar el hecho de que el plan de trabajo que Moritz nos había empujado a desarrollar funcionó mucho mejor de lo que jamás pensamos. Hoy, Google es una empresa con un valor de 50 000 millones de dólares, con más de 45 000 empleados en más de cuarenta países. Nos hemos diversificado de la búsqueda en Internet y la publicidad relacionada con la búsqueda, hasta llegar al video y otras formas de mercadeo digital; logramos una transición del mundo centrado en la PC a uno dominado por la tecnología portátil; producimos un exitoso conjunto de aparatos de *hardware* y llevamos más allá la tecnología con nuevos proyectos que prometen, por ejemplo, llevar el acceso a Internet a todos y crear automóviles que pueden conducirse solos.

Sin embargo, una de las mayores razones de nuestro éxito es que el plan que entregamos al consejo ese día de 2003 no era un plan en modo alguno. No había proyecciones financieras ni discusiones sobre las fuentes de los ingresos. No había investigaciones de mercado ni se discutía a qué anunciantes procuraríamos primero. No había estrategia de canal ni se discutió cómo venderíamos los productos publicitados. No había ni rastro de un organigrama en que se especificara que ventas hacía esto, mientras que producción hacía eso y los ingenieros cualquier otra cosa. No había mapa de ruta de productos que detallara qué construiríamos y cuándo. No había presupuesto. No había objetivos o puntos clave de referencia que el consejo y los líderes de la empresa pudieran utilizar para monitorear nuestro progreso. Tampoco existían tácticas relativas a la construcción de la empresa o, más específicamente, a cómo seguiríamos siendo leales a la ética de Larry y Sergey, que se resumía en «ve y habla con los ingenieros», al tiempo que construíamos una empresa que pudiera abarcar a la compañía tecnológica más poderosa del mundo y hacer realidad nuestra enorme ambición global de transformar la vida de miles de millones. Dejamos fuera todo eso por la sencilla razón de que no sabíamos cómo íbamos a hacerlo. Cuando se llegaba a las tácticas gerenciales, lo único que podíamos asegurar entonces era que buena parte de lo que ambos habíamos aprendido en el siglo XX era falso, y que había llegado el momento de comenzar otra vez.

Cuando lo sorprendente no lo es tanto

Hoy vivimos y trabajamos en una nueva era: el Siglo de Internet. En éste, la tecnología define el panorama corporativo y el cambio se está acelerando. Esto crea retos únicos para todos los líderes empresariales. Para entender esos retos, es útil hacer una pausa y considerar lo sorprendentes que son las cosas.

Tres tendencias tecnológicas poderosas han convergido para producir un cambio fundamental en el campo de juego de todas las industrias. Primero, Internet ha hecho que la información sea gratuita, abundante y ubicua —prácticamente todo está en línea—. Segundo, los aparatos móviles y las redes han hecho que la comunicación global y la conectividad continua estén ampliamente disponibles. Y tercero, la computación en la nube[10] ha puesto a disposición de todos un poder de cómputo y almacenamiento prácticamente infinito, además de proveer herramientas

---

[10] Se le llama "computación en la nube" porque los viejos programas que diseñaban esquemas de red ponían círculos alrededor de los iconos para los servidores. Un grupo de servidores en un diagrama de red tenía muchos círculos que se sobreponían, lo que terminaba por parecerse a una nube.

y aplicaciones sofisticadas, todo ello a bajo precio y basado en el pago por uso. En nuestros días, el acceso a esas tecnologías no está disponible para una buena parte de la población, pero no pasará mucho tiempo antes de que esa situación cambie y los siguientes cinco mil millones de personas estén en línea.

Desde el punto de vista del consumidor, la convergencia de estas tres oleadas tecnológicas ha hecho posible lo imposible. ¿Quieres volar a algún sitio? El día de tu vuelo, tu teléfono te recordará a qué hora debes salir al aeropuerto, te informará sobre la terminal y la sala de la que partirá tu avión y te ayudará a saber si necesitarás un paraguas al llegar a tu destino, todo lo anterior sin tener que preguntar siquiera. ¿Quieres supervisar cualquier tipo de información? Escribe o pronuncia una palabra o dos y la respuesta llega casi instantáneamente, seleccionada entre una enorme pila de información constituida por la mayoría del conocimiento mundial. ¿Escuchaste una canción que te gustó? Saca tu teléfono, presiona un botón, identifica la canción, cómprala y escúchala en cualquier dispositivo, en cualquier lugar del mundo. ¿Necesitas averiguar cómo llegar a alguna parte? Tu teléfono (o tus lentes o tu reloj) te dirá literalmente cómo lograrlo, y te mostrará el tráfico existente en el camino. ¿Piensas viajar a un país extranjero? Háblale a tu teléfono (o a tus lentes o a tu reloj) y ve o escucha tus palabras traducidas a prácticamente cualquier lenguaje del planeta; también puedes apuntar con tu artefacto a algún letrero o señal y leerlo en tu lengua nativa. ¿Te gusta el arte? Virtualmente puedes visitar muchos de los museos más grandes del mundo y ver sus pinturas con mucho más detalle del que ha visto nadie, a excepción, tal vez, de los artistas que crearon las obras. ¿Quieres saber si el restaurante que elegiste para tu cita de esta noche tiene el ambiente correcto o si dispone de estacionamiento? Maneja virtualmente hasta allí, entra por la puerta principal y realiza un recorrido por el interior. ¡La mesa 14 es perfecta!

Cuando fuimos a la universidad a fines de la década de 1970 y a principios de la de 1980, llamábamos a casa una vez a la semana, los domingos, siempre antes de las cinco de la tarde porque después de esa hora las tarifas subían. Cuando el hijo de Jonathan estudió en Australia hace un par de años, ocasionalmente se unía a la familia, en California, para cenar con ellos por medio de video Hangouts, y con ayuda de una laptop colocada en su lugar de la mesa. Todo gratis.

Lo más sorprendente es que estas cosas asombrosas no son asombrosas en modo alguno. Solía suceder que las computadoras más poderosas y los mejores aparatos electrónicos estaban en las oficinas, y una vez que salías del trabajo dependías de teléfonos conectados a las paredes, de mapas de papel, de música emitida por las estaciones de radio y que programaban lo que a ellos les gustaba, de televisiones que tenían que ser cargadas por dos hombres fuertes y que estaban conectadas a cables y antenas. Estos aspectos de la vida permanecieron sin cambios prácticamente durante años. Sin embargo, hoy estas innovaciones sorprendentes son lugares comunes.

Velocidad

Por mucho que la tecnología haya afectado a los consumidores, ha tenido un impacto aún mayor en los negocios. En términos económicos, cuando la curva del costo desciende a un factor primario de producción en una industria, el cambio grande y revolucionario está tocando a la puerta de dicha industria.[11] Hoy, tres factores de la producción se han abaratado —la información, la conectividad y el poder de cómputo— afectando a todas las curvas de costo en las que dichos factores intervienen. Esto sólo puede tener efectos disruptivos. Muchas empresas líderes en su sector (sobre todo

---

[11] Para quienes no hablan el lenguaje económico, el "descenso de la curva de costo" significa que hay cosas que eran caras y ahora son baratas.

nos referimos a las empresas de la época previa a Internet) construyeron sus negocios con base en supuestos de escasez: escasa información, escasos recursos de distribución y alcance de mercado, o escasez de opciones y de espacio físico para exhibición. No obstante, ahora estos factores son abundantes, y reducen o eliminan barreras de entrada, y preparan para el cambio a industrias enteras.[12] Vimos este caso por primera vez en el ámbito de los medios de comunicación, cuyo producto puede ahora digitalizarse y enviarse a cualquier parte del mundo gratuitamente. Pero prácticamente cualquier industria está determinada por la información en algún nivel. Los medios de comunicación, el *marketing*, los minoristas, los servicios de salud, el gobierno, la educación, los servicios financieros, los transportes, la defensa, la energía… No podemos pensar en una sola industria que pueda salir de esta era sin cambios.

El resultado de este alboroto es que la excelencia en el producto es ahora piedra de toque para el éxito comercial —no el control de la información, ni el dominio de la distribución, ni el abrumador poder de mercadeo, aunque todos estos rubros siguen siendo importantes—. Hay un par de razones para todo esto. Primero, los consumidores nunca han estado mejor informados ni

---

[12] George Gilder, el visionario de la tecnología, ha observado que toda era económica se basa en una abundancia clave y en una escasez también clave. (Cuando los caballos de fuerza eran escasos, por ejemplo, la tierra era abundante, pero lo opuesto fue realidad en la era industrial, pues el costo de los caballos de fuerza descendió a centavos por kilowatt por hora.) El resultado del ancho de banda barato, como escribió Gilder en un ensayo de 1996 que fue muy adelantado para su época, es "una arquitectura computacional y una economía de la información completamente distintas […] Al funcionar con poca energía y con un gran ancho de banda, la computadora más común de la nueva será un teléfono celular digital con una dirección IP". Ver George Gilder, "The Gilder Paradigm" (*Wired*, diciembre de 1996); reimpreso a partir de un número del *Gilder Technology Report*.

han tenido más opciones para elegir.[13] Solía suceder que las empresas podían convertir productos malos en éxitos, todo gracias a campañas de *marketing* abrumadoras o a la fortaleza en el ámbito de la distribución. Creabas un producto adecuado, controlabas lo que la gente decía con un gran presupuesto de mercadeo, limitabas las opciones del cliente y tenías garantizado un buen retorno. ¿Comiste alguna vez en el restaurante Bennigan's? ¿En el Steak and Ale? En su mejor momento, en la década de 1980, estas cadenas tenían cientos de sucursales en Estados Unidos, todas ellas ofreciendo comida y servicio perfectamente decentes.

Hoy las cosas son distintas. Las ciudades y los suburbios tienen restaurantes dedicados a cada gusto, tanto de origen local como pertenecientes a cadenas, y los comensales potenciales tienen acceso a un gran cúmulo de información sobre su calidad, proveniente de críticos profesionales o de ciudadanos que dan su opinión en sitios que van desde Chowhound hasta Yelp. Con tanta información y tantos buenos lugares de dónde elegir, es difícil que un mal restaurante que tuvo sus momentos de gloria (propiedad o no de una cadena) sobreviva, sin importar el tamaño de su presupuesto para publicidad; al contrario, es más fácil que un buen restaurante nuevo y de alta calidad tenga éxito gracias al boca en boca.[14] Sucede lo mismo en el caso de los autos, hoteles, juguetes,

---

[13] Peter Drucker anticipó este desarrollo en 2001, cuando escribió que el centro del poder había cambiado del proveedor al distribuidor, y que "en los siguientes treinta años, ciertamente pasará al consumidor, por la sencilla razón de que el cliente tiene ahora acceso completo a la información mundial". Ver Peter Drucker, *The Essential Drucker* (HarperBusiness, 2011), página 348.

[14] Un economista de la Escuela de Negocios de Harvard estudió el impacto de Yelp en las ganancias de los restaurantes y encontró que las reseñas positivas aumentaban las ventas en los restaurantes independientes (me refiero a los que no pertenecen a cadenas). Como resultado, en los mercados que

ropa y cualquier otro producto o servicio que la gente puede investigar en línea. El cliente tiene mucho para elegir y el espacio de exhibición digital es casi infinito (YouTube tiene más de un millón de canales; Amazon ofrece cincuenta mil títulos referentes sólo al liderazgo en los negocios). Y el cliente tiene voz; si ofreces un mal producto o servicio, padecerás las consecuencias.

Hemos experimentado este fenómeno de primera mano en varias ocasiones durante el Siglo de Internet. Cuando Jonathan trabajó en Excite@Home y quiso establecer un trato con Google para la búsqueda; su director general decidió no hacer el trato argumentándole a Jonathan: «El buscador de Google es mejor, pero les ganaremos en el mercado.» Excite@Home ya no existe, así que, obviamente, las cosas no les salieron muy bien que digamos. (¡El lado positivo es que el signo «@» se ha convertido en toda una sensación!) La gerencia de Excite@Home no fue la única en apostar al poder de la marca y del mercadeo para comercializar productos nada brillantes. ¿Alguna vez has oído hablar de Google Notebook? ¿Y de Knol, iGoogle, Wave, Buzz o PigeonRank[15]? Todos estos fueron productos de Google que, a pesar de tener algo de mérito, nunca lograron convencer a los usuarios. No eran lo suficientemente buenos y tuvieron una muerte merecida. El viento de cola de la maquinaria de *marketing*, de las relaciones públicas y de la marca misma no fueron suficientemente fuertes como para superar el viento en contra de la mediocridad. Como

---

usan mucho Yelp, los restaurantes pertenecientes a cadenas han perdido clientes. Ver Michael Luca, "Reviews, Reputation and Revenue: The Case of Yelp.com" (documento de trabajo de la Escuela de Negocios de Harvard, septiembre de 2011).

[15] PigeonRank utilizaba "palomares" (grupos de PC) para computar el valor relativo de las páginas web. Su desaparición fue particularmente rápida: se lanzó en la mañana del 1° de abril de 2002 y se canceló a la medianoche del mismo día.

dice Jeff Bezos, fundador y director general de Amazon: «En el Viejo Mundo dedicabas 30 por ciento de tu tiempo a construir un gran servicio, y 70 por ciento del tiempo a hablar de él. En el Nuevo Mundo, las cosas son al revés.»[16]

La segunda razón por la que la excelencia en el producto es tan importante es que el costo de la prueba y error ha bajado significativamente. Puedes ver esto con mayor dramatismo en las industrias dedicadas a la alta tecnología, en que un pequeño grupo de ingenieros, desarrolladores y diseñadores pueden crear productos fabulosos y distribuirlos gratis en línea a nivel global. Es ridículamente fácil imaginar y crear un nuevo producto, ponerlo a prueba con un grupo selecto de consumidores, medir precisamente qué funciona y qué no funciona, iterar el producto e intentar de nuevo. O también se puede mandar todo a la basura y empezar de nuevo.

Pero los costos de la experimentación son también menores en el caso de los bienes manufacturados. Uno puede modelar prototipos digitalmente, fabricarlos con una impresora de 3-D, comercializarlos a prueba en línea, ajustar el diseño con base en los datos obtenidos, e incluso reunir fondos para la producción en línea con un prototipo o con un video astuto. Google[x], un equipo que trabaja en algunos de los proyectos más ambiciosos de Google, construyó el primer prototipo de los lentes Google, una computadora móvil que puede usarse por ser también un par de lentes oscuros, en sólo 90 minutos. Era un modelo bastante rudimentario, pero sirvió para un propósito muy poderoso: no me cuentes, demuéstralo.

El desarrollo de productos se ha convertido en un proceso más rápido y flexible, en que los productos radicalmente superiores no se apoyan en los hombros de los gigantes, sino en los de las

---

[16] Citado en George Anders, "Jeff Bezos's Top 10 Leadership Lessons" (*Forbes*, 23 de abril de 2012).

muchas repeticiones. Entonces, la base del éxito y de la excelencia continua de los productos es la velocidad.

Desafortunadamente, al igual que sucedió con el marco de desarrollo de producto con que fracasó Jonathan, la mayor parte de los procesos gerenciales que operan en las compañías de hoy están diseñados pensando en otra cosa. Fueron diseñados hace más de un siglo, en una época en que los errores costaban caro y en que únicamente los ejecutivos de mayor rango tenían información integral; sus objetivos primarios eran la reducción de riesgos y asegurarse de que las decisiones fueran tomadas sólo por pocos ejecutivos que tenían mucha información. En esta estructura tradicional de orden y control, los datos suben a los ejecutivos desde toda la organización y luego bajan las decisiones. Este sistema está diseñado para que las cosas sean más lentas y lograr los objetivos muy bien. El problema es que estamos en un momento en que los negocios deben acelerar permanentemente, por lo que su arquitectura termina por afectarles.

El "creativo inteligente"

Las buenas noticias consisten en que esa misma economía de la abundancia que enturbia a las industrias está transformando también los lugares de trabajo. En nuestros días, el ambiente laboral es radicalmente distinto al que se tuvo en el siglo XX. Como ya se dijo, la experimentación es barata y el costo del fracaso —si las cosas se hacen bien— es mucho más bajo que antes. Además, los datos eran escasos y los recursos computacionales preciosos; hoy, ambos abundan, así que no es necesario atesorarlos. Y la colaboración es fácil, ya se trate de emprenderla en una habitación o de continente a continente con océano de por medio. Combina estos factores y de pronto tienes un ambiente en que los empleados, desde los independientes, pasando por los gerentes y los ejecutivos, pueden tener un impacto inusualmente grande.

El término común de nuestro tiempo para referirse a este tipo de empleados que, para ponerlo en términos simples, se gana la vida pensando, es el de *trabajadores del conocimiento*. Ésta es una etiqueta que el gurú de los negocios, Peter Drucker, acuñó por vez primera en 1959 en un libro titulado *Landmarks of Tomorrow*.[17] Buena parte del trabajo subsecuente de Drucker versó sobre cómo lograr que estos trabajadores del conocimiento fueran más productivos, y el término se ha ido popularizando constantemente desde la década de 1960. Por lo regular, los trabajadores del conocimiento más valiosos son los que se desempeñan a la perfección en el estricto mundo del proceso corporativo, puesto que logran una experiencia profunda en un conjunto de habilidades estrecho. («¿Morty? Es el encargado de las hojas de cálculo. ¿Vicki? Es la experta en la bodega. ¿Pete? Lleva las apuestas de basquetbol.») No buscan movilidad, ellos son excelentes en el *statu quo* organizacional. Las grandes empresas como IBM, General Electric, General Motors y Johnson & Johnson ofrecen opciones gerenciales a la gente con el mayor potencial, pero lo negativo es que estas estrellas suelen pasar de un puesto a otro cada dos años o algo así. Sin embargo, esta aproximación enfatiza el desarrollo de las habilidades gerenciales, no de las técnicas. Como resultado, la mayoría de los trabajadores del conocimiento que se desempeñan en ambientes tradicionales desarrolla una profunda pericia técnica pero sin gran aliento, o una amplia experiencia gerencial que carece de profundidad técnica.

Cuando comparamos al trabajador del conocimiento tradicional con los ingenieros y demás gente talentosa que nos ha rodeado en Google durante más de 10 años, nos dimos cuenta de que nuestros colegas de Google representan a un tipo de empleado muy distinto. No están dedicados a tareas específicas. No se les limita el acceso a la información sobre la empresa ni al poderío de

---

[17] Peter F. Drucker, *Landmarks of Tomorrow* (Harper, 1959).

cómputo. No les molesta asumir riesgos ni se les castiga o limita en modo alguno cuando sus iniciativas riesgosas fracasan. No son apresados por las definiciones de los puestos ni por las estructuras organizacionales; de hecho, se les alienta para que lleven a la práctica sus propias ideas. No se callan cuando están en desacuerdo con algo. Se aburren fácilmente y cambian mucho de trabajo. Son multidimensionales y, por lo regular, combinan la profundidad técnica con el conocimiento de los negocios y el toque creativo. En otras palabras, no son trabajadores del conocimiento, al menos no en el sentido tradicional. Son un nuevo tipo de animal, un tipo que llamamos "creativo inteligente", y es la clave para obtener el éxito en el Siglo de Internet.

El objetivo principal de cualquier negocio en la actualidad debe ser el incremento de la velocidad del proceso de desarrollo de productos y la calidad de su producción. Desde la Revolución Industrial, los procesos operativos se han inclinado por una baja en el riesgo y por evitar errores. Estos procesos, junto con la aproximación administrativa general de la que derivan, resultan en ambientes que sofocan a los creativos inteligentes. Sin embargo, ahora la característica esencial definitoria de las compañías es la capacidad de lograr grandes productos continuamente. Y la única manera de hacer eso es atraer creativos inteligentes y crear un ambiente en el que puedan tener éxito a gran escala.

¿Y quién es exactamente el creativo inteligente?

Una creativa inteligente[18] posee un profundo conocimiento técnico sobre cómo usar las herramientas del oficio, y también tiene mucha experiencia práctica. En nuestra industria, esto quiere decir que lo más probable es que se trate de una

---

[18] La lengua inglesa requiere que elijamos un género al usar los pronombres, y pensamos que usar pronombres hace más fácil el establecimiento de la autoría. En esta sección, describimos a nuestro creativo inteligente como si se tratara de una mujer. En otras secciones, la creativa será creativo.

científica de la computación, o que al menos esté familiarizada con los principios y estructuras de los sistemas que están detrás de la magia que ves en tu pantalla todos los días. En otras industrias, las creativas inteligentes pueden ser médicas, diseñadoras, científicas, cineastas, ingenieras, cocineras o matemáticas. Es experta en hacer las cosas. No sólo diseña conceptos, sino que construye prototipos.

Es una creativa inteligente desde el punto de vista analítico. Se siente a gusto con los datos y puede usarlos para tomar decisiones. Entiende las falacias que esto conlleva y está en guardia contra el análisis excesivo. Ella cree que los datos deben decidir, pero no permite que sean el único elemento de decisión.

Sabe de negocios. Ella ve una línea directa que va del conocimiento técnico profundo a la excelencia en el producto para luego llegar al éxito comercial, y comprende el valor de las tres fases.

Es competitiva. Sus valores parten de la innovación, pero también se basan en el trabajo duro. Ella quiere la grandeza y sabe que eso no sucede en un horario de 9 a 5.

Es buena para comprender al usuario. No importa en qué industria se desempeñe, ella concibe su producto pensando en el cliente mejor que nadie más. La conocemos con el nombre de «usuaria avanzada», y su interés no es casual, sino casi obsesivo. Estamos ante la diseñadora de autos que se pasa los fines de semana arreglando ese Pontiac clásico modelo 1969, o ante la arquitecta que no para de rediseñar su casa. Ella es su propio grupo focal, ella prueba sus versiones preliminares y es su propia conejilla de Indias.

Una creativa inteligente es fuente de ideas nuevas que en verdad son nuevas. Su perspectiva es distinta de la tuya o la mía. En ocasiones, su perspectiva es distinta a la suya propia, puesto que una creativa inteligente puede adoptar la perspectiva camaleónica cuando es necesario hacerlo.

Es una creativa curiosa. Siempre se está cuestionando, se siente insatisfecha con el *statu quo*, ve problemas por resolver en todas partes y piensa que ella es la persona adecuada para resolverlos. Puede llegar a ser abrumadora.

Es una creativa que asume riesgos. No tiene miedo a fallar porque cree que en esa falla existe por lo regular algo valioso que aprender. También le sobra confianza y por ello sabe que, si fracasa, puede recuperarse y hacer las cosas bien en la siguiente ocasión.

Es una creativa que se dirige sola. No espera a que le digan qué hacer y a veces ignora la indicación si no está de acuerdo con ella. Actúa con base en su propia iniciativa, misma que es considerable.

Es una creativa abierta. Colabora abiertamente y juzga y analiza las ideas por sus méritos y no por su origen. Si se dedicara a la labor de punto, bordaría una almohada que dijera: «Si te doy un centavo, tú serás un centavo más rico y yo seré un centavo más pobre, pero si te doy una idea, tú tendrás una idea y yo también la tendré.» Luego buscaría la manera de que la almohada volara por el cuarto disparando rayos láser.

Hace las cosas a fondo. Siempre está disponible y puede recitar de memoria los detalles de lo que la ocupa, no porque los estudie y memorice, sino porque los conoce. Son *sus* detalles.

Es una creativa comunicadora. Es graciosa y se expresa con encanto e incluso carisma, ya sea en intercambios personales o ante un grupo.

No todos los creativos inteligentes tienen todas estas características. De hecho, muy pocos las tienen. Pero todos deben tener conocimiento técnico, comercial, energía creadora y deben ser prácticos para lograr que las cosas se hagan. Ésos son los principios fundamentales.

Tal vez lo mejor de los creativos inteligentes es que están en todas partes. Hemos trabajado con suficientes creativos inteligentes que tienen títulos académicos impresionantes, expedidos por grandes universidades en el campo de las ciencias de la computación, pero también hemos trabajado con muchos que no tienen estos títulos. De hecho, los creativos inteligentes pueden hallarse en cualquier ciudad, en cualquier escuela, pueden pertenecer a cualquier estrato social. Se les encuentra en la mayoría de los negocios, en las organizaciones sin fines de lucro y en el ámbito gubernamental: nos referimos a los ambiciosos de todas las edades que están ansiosos (y que son capaces) por usar las herramientas tecnológicas para hacer mucho más. El común denominador de estos creativos es que trabajan duro y están dispuestos a cuestionar el *statu quo* y a abordar las cosas de manera distinta. Por esta razón tienen un impacto tan importante.

Ésta es también la razón por la que son difíciles de manejar, especialmente cuando se les somete a viejos modelos. No importa cuánto lo intentes, pues jamás lograrás decir a ese tipo de personas qué pensar. Si no puedes decir a alguien cómo pensar, debes aprender a manejar el ambiente en el que piensan y lograr que sea un lugar al que quieran asistir todos los días.

Un proyecto divertido para los dos

Y esto nos lleva de regreso a nuestro viaje en Google. Cuando ya habíamos entregado el plan de negocios al consejo, allá por el año de 2003, sabíamos que teníamos que hacer lo que muchos líderes de negocios se ven obligados a hacer cotidianamente: reinventar nuestras reglas administrativas y crear y mantener una nueva clase de ambiente de trabajo en que pudieran desarrollarse nuestros sorprendentes creativos inteligentes. Además, en nuestro caso se trata de una empresa que crece a grandes saltos. En tanto que nos llevaron a Google para realizar una suerte de "supervisión de adultos", para tener éxito tuvimos que reaprender todo lo que creíamos saber sobre administración, y los mejores maestros eran las personas que nos rodeaban todos los días en Googleplex.

Hemos trabajado en esto desde entonces y, en el camino, como hacen los buenos estudiantes, tomamos notas. Siempre que escuchábamos algo interesante en una reunión de trabajo o en una revisión de producto, tomábamos nota. Cuando Eric escribía sus memorandos periódicamente a los googleros para informarles de las prioridades de la compañía, Jonathan tomaba nota de las mejores partes y las guardaba para uso posterior. Cuando Jonathan enviaba correos electrónicos al equipo de producto señalando una práctica que estaba funcionando o una que no lo hacía, Eric añadía sus opiniones y análisis. Con el paso del tiempo, comenzamos a crear un marco de referencia que nos servía para tener una idea de cómo administrar este nuevo mundo.

Después, hace pocos años, Nikesh Arora, quien encabeza al equipo de ventas globales y de operaciones corporativas de Google, pidió a Jonathan que hablara ante un grupo de líderes de ventas provenientes de todas partes del mundo. Nikesh es un creativo inteligente prototípico. Tiene un título en ingeniería eléctrica expedido por el Instituto Tecnológico de India y se unió a Google en 2004 para llevar las ventas en Europa, esto a pesar de que no tenía mucha experiencia como líder de una organización comercial de ese tamaño. Él llegó a California en 2009 para encargarse de un equipo dedicado a los negocios globales. Nikesh siempre se destaca, de modo que Jonathan sabía que, en el caso de esta conferencia en particular, el reto estaba muy alto. Google había cumplido su primera década y crecía como loco, por lo que Nikesh quería que Jonathan pasara a nuestra nueva generación de líderes la sabiduría que él y Eric habían acumulado sobre la administración de Google. Era una oportunidad perfecta para reunir todas las notas sobre lo que los "estudiantes" habían aprendido de los "maestros" a lo largo de los años.

La conferencia tuvo una muy buena acogida, así que la convertimos en un seminario sobre administración dirigido a los directores de Google. Ellos se reunían con pequeños grupos de líderes de la empresa e intercambiaban historias relativas al manejo de los creativos inteligentes. Finalmente, Eric hizo lo que todos los grandes gerentes hacen cuando pretenden que algo suceda: propuso una idea. Su correo electrónico decía lo siguiente:

> Estoy bastante impresionado con el trabajo realizado, por lo que propongo que Jonathan y yo escribamos un libro sobre administración.
>
> Por supuesto que, gracias a los principios que expondremos en el libro, Jonathan hará todo el trabajo y yo obtendré el crédito :) era broma.
>
> Sea como sea, pienso que sería un proyecto divertido para los dos.
>
> ¿Qué piensas, Jonathan?

Eric estaba inspirado por una conferencia de John Chambers que escuchó una vez. Chambers, el muy respetado director general de Cisco, dijo que a principios de la década de 1990 se había reunido regularmente con el director general de Hewlett-Packard, Lew Platt, para hablar de estrategia y administración. En un momento de las conversaciones, John preguntó a Lew por qué invertía tanto de su valioso tiempo en ayudar a un joven ejecutivo de otra empresa. «Así funciona Silicon Valley —respondió el señor Platt—. Estamos aquí para ayudarte.»

Steve Jobs, el fundador y director general de Apple, que solía dar consejos a su vecino Larry Page, tenía una manera más colorida de expresar esta misma idea. Nuestra amiga Leslie Berlin, la historiadora de Silicon Valley, investigaba para una biografía del cofundador de Intel, Bob Noyce, y preguntó a Steve en una entrevista por qué había pasado tanto tiempo con Noyce al principio de su carrera. «Se parece a lo que Schopenhauer dijo sobre el prestidigitador», respondió Steve. Tomó un libro de ensayos escritos por el filósofo alemán del siglo XIX, Arthur Schopenhauer, y leyó un pasaje perteneciente a un apartado titulado "Sobre los sufrimientos del mundo": «Aquél que vive para ver dos o tres generaciones es como el hombre que pasa un tiempo en el local del prestidigitador en una feria y mira la función dos o tres veces seguidas. Los trucos fueron diseñados para ser vistos sólo una vez, y cuando dejan de ser novedad y ya no engañan, el efecto se pierde.»[19] (Sospechamos que la habilidad de citar a Schopenhauer durante una entrevista fue, precisamente, uno de esos trucos.)

Ambos llegamos a Google siendo ejecutivos experimentados que teníamos bastante confianza en nuestro intelecto y capacidades. Pero transcurrida una década que nos hizo humildes, llegamos a apreciar la sabiduría que existe en la observación de John Wooden que afirma: «Sólo cuenta lo que aprendes después de saberlo todo.»[20] Tuvimos un asiento de primera fila al ayudar a nuestros fundadores y colegas a crear una empresa magnífica —se podría decir que vimos a los prestidigitadores en acción— y usamos eso para reaprender todo lo que creíamos saber sobre administración. Hoy vemos todo tipo de compañías y organizaciones, grandes y pequeñas, pertenecientes a todas las industrias y provenientes de todas partes del mundo, que llegan a Silicon Valley para ver si pueden absorber los principios y la energía que hacen a este lugar tan especial. La gente está ansiosa por cambiar y de eso trata este libro: de acuerdo con el espíritu de nuestros antepasados de Silicon Valley, nos gustaría compartir aquí algunos

---

[19] Arthur Schopenhauer, *Ensayos y aforismos* (Penguin, 1970).

[20] El entrenador Wooden, quien murió en 2010 a la edad de 91 años, ganó 10 campeonatos nacionales siendo entrenador del equipo varonil de basquetbol en UCLA. Pero fue entrenador de esa institución durante 15 años antes de ganar el primero de dichos campeonatos, así que algo sabía del proceso de aprendizaje. Ver John Wooden y Steve Jamison, *Wooden on Leadership* (McGraw-Hill, 2005), página 34.

de nuestros secretos de prestidigitación y traducirlos en lecciones que cualquiera pueda utilizar.

Nuestro libro está organizado para reflejar las etapas de desarrollo de un negocio exitoso que crece o de una nueva empresa, mismos que pueden convertirse en un círculo virtuoso que se perpetua solo, de manera parecida a lo que sucede con una bola de nieve que corre colina abajo creciendo conforme capta impulso. Aconsejamos seguir una serie de pasos que los negocios pueden poner en práctica para atraer y motivar a los creativos inteligentes, y cada uno de estos pasos lleva al siguiente. Cada paso está diseñado en función de los otros y depende de ellos, y nunca estará completamente terminado, puesto que se trata de algo dinámico.

Abrimos discutiendo cómo atraer a los mejores creativos inteligentes, lo que comienza con una cultura, porque la cultura y el éxito van de la mano, y si no crees en tus propios eslóganes, no llegarás muy lejos. Luego analizaremos el tema de la estrategia, porque los creativos inteligentes se sienten más atraídos por ideas basadas fuertemente en la estrategia. Saben que los planes de negocio no son ni remotamente tan importantes como los pilares sobre los que se apoyan. Luego, abordaremos el tema de la contratación, que es la actividad más importante de un líder. Contrata suficiente gente grandiosa y la consecuente mezcla intelectual derivará inevitablemente en creatividad y éxito.

El equipo es contratado, el negocio crece, y entonces llega el momento de tomar las decisiones difíciles. Es en este punto que hablamos del consenso y de cómo conseguirlo. El siguiente capítulo trata de las comunicaciones, que son cada vez más importantes (y difíciles) conforme la organización crece. Luego viene la innovación, puesto que es la única manera de lograr éxito continuo por medio de la constante excelencia en el producto; para llegar a este éxito, es de primordial importancia lograr un ambiente que exude innovación. Terminamos este libro con algunas reflexiones sobre cómo imaginar lo inimaginable.

Pirámides desmontadas

Nada de esto es fácil, y aprendimos muchas de las lecciones por la vía difícil con largas reuniones, luchas y errores. También reconocemos humildemente la suerte que tuvimos al unirnos a una empresa espectacular, dirigida por fundadores brillantes en un momento único de la historia: el despegue de Internet. No nacimos en tercera base pensando que habíamos bateado un triple, sino que nos conformamos con empezar por la primera y la segunda base.

Ciertamente, no tenemos todas las respuestas, pero hemos aprendido mucho sobre este nuevo mundo en que la tecnología es reina y los empleados tienen la capacidad única de hacer la gran diferencia. Creemos que estas lecciones pueden proveer ideas e intuiciones para los líderes de todo tipo de organización, desde las grandes empresas hasta aquéllas que empiezan, desde las organizaciones sin fines de lucro hasta los gobiernos. En todo caso, se producirán discusiones informadas sobre cómo es que nuestras experiencias en Google pueden aplicarse a otras empresas y campos. Pero más que nada, esperamos poder brindarte —además de una buena lectura— las ideas y herramientas para construir algo nuevo.

Y cuando nos referimos a ti, nos referimos al emprendedor. Quizás todavía no te concibas como un emprendedor, pero lo eres. Tienes una idea y la seguridad de que ésta cambiará todo; puede que tengas un prototipo o una primera versión de un producto. Eres listo, ambicioso, y estás metido en una sala de reunión, cochera, oficina, café, apartamento o dormitorio, solo o con tu pequeño equipo. Piensas en tu idea incluso cuando se supone que debes estar haciendo otra cosa, como estudiar, trabajar en tu empleo cotidiano o pasar el tiempo con tus hijos y pareja. Estás a punto de emprender algo nuevo y nos gustaría ayudar.

Y cuando hablamos de emprender algo nuevo, no nos limitamos a pensar en la fundación de empresas tecnológicas como las que nos rodean aquí en Silicon Valley. Ahora, los empleados esperan mucho más de sus empresas y no suelen obtenerlo por lo regular. Ésta es una oportunidad: los principios a los que nos referimos aplican a cualquiera que trate de echar a andar una iniciativa, ya sea desde cero o dentro de una organización existente. No son sólo para las empresas o individuos que comienzan y no son únicamente para los negocios de alta tecnología. De hecho, cuando los líderes habilidosos logran afirmar los grandes valores y capitales de trabajo de una organización existente, dicha organización puede tener un impacto mucho mayor que las empresas que comienzan. Así que el no tener una sudadera con capucha y un cheque de siete cifras firmado por un inversionista de riesgo no significa que no puedas ser el creador de la siguiente gran novedad. Es necesario saber que tu industria se transforma rápidamente, tener las agallas para asumir riesgos y ser parte de la transformación, y también se necesita el deseo y la capacidad de atraer a los mejores creativos inteligentes y lograr que hagan las cosas bajo tu liderazgo.

¿Cumples con estos requisitos? ¿Estás listo? Como señaló Peter Drucker: el egipcio que concibió y construyó las pirámides hace miles de años era en realidad un administrador muy exitoso.[21] El Siglo de Internet está repleto de pirámides por construir. Comencemos.

Y esta vez lo haremos sin la ayuda de esclavos.

---

[21] Peter F. Drucker, *The Essential Drucker* (HarperBusiness, 2011), páginas 312-313. Drucker escribe lo siguiente: "La administración, como oficio, es muy antigua. El ejecutivo más exitoso de toda la historia fue, seguramente, el egipcio que hace más de 4 700 años concibió la pirámide por vez primera —sin precedente alguno—, diseñándola y construyéndola, haciendo todo esto además en tiempo récord."

Cultura: cree en tus propios eslóganes

Un viernes por la tarde, en mayo de 2002, Larry Page jugaba en el sitio de Google. Tecleaba en términos de búsqueda y veía el tipo de resultados y de publicidad que obtenía de vuelta. No estaba contento con lo que vio. Realizaba una búsqueda sobre una cosa y, en tanto que Google devolvía bastantes resultados orgánicos relevantes, algunos de los anuncios nada tenían que ver con lo buscado.[1] Una búsqueda de algo como «Kawasaki H1B» devolvía muchos anuncios de abogados que ofrecían ayudar a los migrantes a conseguir visas H-1B de Estados Unidos, pero ninguno se relacionaba con la motocicleta de colección a la que se refería la búsqueda. Si se buscaba algo como «pinturas rupestres francesas», se obtenían anuncios que decían «compre pinturas rupestres francesas en...», y a continuación aparecía el nombre de un comercio en línea que, obviamente, no tenía pinturas rupestres francesas en existencia (ni siquiera copias facsimilares de éstas). Larry quedó horrorizado de que el motor de búsqueda AdWords, que decidía

---

[1] Cuando se realiza una búsqueda en Google, se obtienen de regreso dos tipos de resultados: orgánicos y pagados. Los resultados orgánicos son los resultados "naturales" que devuelve el buscador de Google, en tanto que los anuncios pagados son colocados por el motor de búsqueda de anuncios.

cuáles anuncios funcionaban mejor con búsquedas determinadas, devolviera ocasionalmente mensajes inútiles a los usuarios.

En ese momento, Eric todavía pensaba que Google era una empresa joven normal, pero lo sucedido durante las siguientes 72 horas cambió radicalmente esa percepción. En una empresa normal, el director general, al ver un mal producto, llamaría a la persona encargada de dicho producto, se celebrarían una, dos o tres reuniones para discutir el problema, se analizarían las soluciones potenciales y se decidiría un curso de acción. Se armaría entonces un plan para implementar la solución. Luego, después de una buena cantidad de pruebas de seguridad, la solución se lanzaría. En una empresa normal, este proceso podría tomar varias semanas. Eso no fue lo que hizo Larry.

En lugar de ello, imprimió las páginas que contenían los resultados que no le gustaban, destacó los anuncios ofensivos, los puso en un boletín de anuncios que estaba en la pared de la cocina, cerca de la mesa de billar, y escribió: «Estos anuncios apestan» con letras grandes en la parte superior. Luego se fue a casa. No llamó ni envió correos electrónicos a nadie. No programó una reunión de emergencia. No mencionó el asunto a ninguno de nosotros.

A las 5:05 de la mañana del lunes siguiente, uno de nuestros ingenieros especializados en la búsqueda, Jeff Dean, envió un correo electrónico. Él y algunos otros colegas (incluyendo Georges Harik, Ben Gomes, Noam Shazeer y Olcan Sercinoglu) habían visto la nota de Larry pegada en el tablero y estuvieron de acuerdo con la peste relativa de los anuncios que Larry denunciaba. Pero el e-mail no sólo se dirigía al fundador con alguna solución trivial que diera cuenta del problema. Más bien, incluía un análisis detallado de por qué ocurría el problema, describía una solución, agregaba un vínculo que conducía a la implementación de la solución que habían codificado entre los cinco durante el fin de semana, y brindaban ejemplos de resultados que demostraban la mejora de la implementación propuesta al sistema que entonces se usaba. En tanto que los detalles de la solución eran muy especializados y complejos (nuestra frase favorita de la nota era «vector de término rezagado en la búsqueda»), la esencia del asunto era que se computaría una calificación de relevancia de anuncios para evaluar la calidad del anuncio relacionado con la búsqueda, y después determinar, con base en dicha calificación, si el anuncio se colocaba en la página de resultados. Esta idea esencial —que los anuncios deben ubicarse con base en su relevancia y no sólo tomando en cuenta la cantidad que el anunciante estuviera dispuesto a pagar y el número de clics recibidos— se convirtió en el cimiento del motor de Google AdWords, mismo que representa un negocio de varios miles de millones de dólares.

¿Y qué hay de la persona que envió el correo? Jeff y su equipo ni siquiera pertenecían al grupo dedicado a los anuncios. Sucedió que estaban en la oficina ese viernes por la tarde, vieron la nota de Larry y comprendieron que cuando tu misión es organizar la información mundial y hacerla universalmente accesible y útil, el tener anuncios (que son información) que apestan (lo que no es útil) es un problema. Así que decidieron arreglarlo. Durante el fin de semana.

La razón que llevó a un grupo de empleados sin responsabilidad alguna en el tema de los anuncios, o sin culpa de que éstos fueran malos, a pasar su fin de semana transformando el problema de otro en una solución redituable, habla del poder de la cultura. Jeff y su grupo tenían una comprensión clara de las prioridades de la empresa, y sabían que tenían la libertad de tratar de solucionar cualquier problema grave que se interpusiera en el camino al éxito. Si hubieran fallado, nadie hubiera pensado mal de ellos, y cuando tuvieron éxito, nadie —ni siquiera la gente del equipo de anuncios— se sintió celoso de su aportación. Pero no fue la cultura de Google la que convirtió a esos cinco ingenieros en ninjas de la solución de problemas que cambiaron el curso de la empresa durante el fin de semana, la responsable de esto fue más bien la cultura que, en principio, atrajo a estas personas a la empresa.

Hay muchas personas que, al analizar un posible empleo, se preocupan principalmente por su puesto y las responsabilidades, por el historial de la empresa, de la industria y por la compensación. En esa lista, abajo, probablemente entre «la distancia de la oficina a casa» y la «calidad del café que sirven en la cocina», estaría la cultura. No obstante, los creativos inteligentes ubican a la cultura en el primer lugar de la lista. Para ser efectivos, necesitan preocuparse genuinamente por el lugar de trabajo. Es por eso que, al lanzar una nueva empresa o iniciativa, la cultura es el punto más importante a considerar.

La cultura de la mayor parte de las empresa simplemente se da; nadie la planifica. Puede que eso funcione, pero implica dejar un componente crítico de tu éxito al azar. En otro punto de este libro, pregonamos el valor de la experimentación y las virtudes del fracaso, pero la cultura es tal vez el aspecto importante de la empresa en que los experimentos fallidos hacen daño. Una vez establecida, la cultura de una empresa es muy difícil de cambiar, puesto que al inicio de la vida de una empresa entra en juego una especie de tendencia autoselectiva. La gente que cree en las mismas cosas que una empresa estará tentada a trabajar en ella, en tanto que la gente que piensa distinto no lo hará.[2] Si una empresa cree

---

[2] Una de las expresiones académicas más importantes de esta idea apareció en un artículo periodístico escrito por el psicólogo organizacional Benjamin Schneider: "The People Make the Place" (*Personnel Psychology,* septiembre de 1987). En este influyente artículo, Schneider presenta un modelo de atracción-selección-atrición (modelo ASA) de cómo las culturas organizacionales evolucionan a partir de las características y elecciones de los individuos. La "atracción" se refiere a la tendencia de los buscadores de empleo a unirse a organizaciones en las que sienten que caben bien; "selección" significa que los empleados de una empresa tienden a contratar personas parecidas a ellos; la "atrición" tampoco es azarosa,, ya que los empleados

en una cultura en que todos intervienen y en que las decisiones son colegiadas, atraerá a empleados con personalidades afines a estas características. Pero si la empresa trata de adoptar un estilo más autócrata o combativo, la pasará bastante mal tratando de que los empleados se ajusten a esto. Dicho tipo de cambio no sólo va en contra de lo que una empresa representa, sino que va en contra de las creencias personales mismas de sus empleados. No es un camino fácil.

Lo inteligente es ponderar y definir desde el principio el tipo de cultura que quieres en tu empresa. La mejor manera de hacerlo es pedir a los creativos inteligentes que conformen tu equipo principal; ellos serán los que conocen el evangelio y creen en él tanto como tú. La cultura proviene de los fundadores, pero se refleja mejor en el equipo de confianza que los fundadores conforman para lanzar su proyecto. Así que pregunta a tu equipo: ¿Qué nos importa? ¿En qué creemos? ¿Qué queremos ser? ¿Cómo queremos que actúe nuestra empresa y cómo nos gustaría que se tomaran las decisiones? Escribe sus respuestas. Lo más probable es que coincidan con los valores de los fundadores, pero embellecidas con las distintas perspectivas y experiencias del equipo.

La mayoría de las empresas niega esto. Llegan a ser exitosas y *luego* deciden que requieren documentar su cultura. El trabajo suele recaer en alguien del recursos humanos o del departamento de relaciones públicas; lo más probable es que esta persona no haya sido miembro del equipo fundador, pero se espera que sea capaz de redactar una misión que capture la esencia del lugar. El resultado suele ser un conjunto de dichos corporativos llenos de

---

tienden a dejar las organizaciones con las que ya no son compatibles. Debido a que los procesos de atracción, selección y atrición terminan por pesar con el paso del tiempo, una organización suele tener una cultura cada vez más homogénea.

expresiones que hablan de clientes *encantados*, de *maximizar* la inversión de los accionistas y de empleados *innovadores*. Sin embargo, la diferencia entre las compañías exitosas y las que fracasan depende de si los empleados creen o no en estas palabras.

Aquí te presento un pequeño experimento en qué pensar: piensa en algún lugar en que hayas trabajado. Ahora, trata de recitar su misión. ¿Puedes hacerlo? De ser así, ¿crees en ella?, ¿te resulta auténtica?, ¿te parece algo que refleja honestamente las acciones y cultura de la compañía y de sus empleados o más bien parece algo que un grupo de mercadólogos o de gente de comunicación inventó en una noche con un ayuda de un *six pack* y un diccionario? Algo como «Nuestra misión es conformar sociedades y valor sin igual para nuestros clientes por medio del conocimiento, la creatividad y la dedicación de nuestra gente, generando resultados superiores para nuestros accionistas»[3] parece cumplir con todos los requisitos, ¿o no? Clientes —palomita—; empleados —palomita—; accionistas —palomita—. Lehman Brothers era la dueña de la misión anteriormente citada, o lo fue al menos hasta su bancarrota en 2008. Seguro que Lehman tenía algunos principios, pero no podemos deducirlos de esas palabras.

En contraste con los líderes de Lehman Brothers, David Packard, miembro fundador de nuestro Salón de la Fama de los Creativos Inteligentes de todos los tiempos, se tomaba el asunto de la cultura seriamente. En 1960, él destacó en un discurso dirigido a sus gerentes que las empresas existen para «hacer algo que vale la pena —hacen contribuciones a la sociedad— […] Claro que puedes buscar y seguir encontrando a gente a la que sólo le interesa el dinero, pero el impulso subyacente proviene en buena

---

[3] Susan Reynolds, *Prescription for Lasting Success* (John Wiley and Sons, 2012), página 51.

medida de un deseo de hacer otra cosa: fabricar un producto, dar un servicio o, en general, hacer algo que resulta valioso».[4]

El detector de basura de la gente está bien afinado cuando se trata del discurso corporativo; pueden percatarse de que hablas sin creer en tus palabras. Así que cuando pongas por escrito tu misión, más vale que sea auténtica. Una buena prueba consiste en preguntar qué sucedería si cambias los textos que describen la cultura. Tomemos como ejemplo «Respeto, integridad, comunicación y excelencia», que era el lema de Enron. Si los ejecutivos de Enron decidieran reemplazar esos conceptos con algo distinto —tal vez, avaricia, avaricia, deseo por el dinero y avaricia— puede que hubieran provocado algunas risitas pero, por lo demás, el impacto sería nulo. Por otra parte, uno de los valores de Google siempre ha sido «Enfocarse en el usuario». Si cambiáramos eso, quizás anteponiendo las necesidades de los anunciantes o de los socios editoriales, nuestras bandejas de entrada estarían repletas y una horda de ingenieros furiosos secuestraría nuestra junta semanal de los viernes —la del TGIF— (esta reunión es presidida por Larry y Sergey, y los empleados pueden expresar sus opiniones y mostrar su desacuerdo con las decisiones de la empresa). Los empleados siempre tienen opción, así que desmiente tus valores bajo tu propio riesgo.

Piensa en tu cultura, en lo que quieres que sea o en lo que ya es. Imagina que, dentro de meses o años, hay un empleado que trabaja hasta tarde y que no puede tomar una decisión difícil.[5] Va a

---

[4] El texto completo del discurso de Packard, pronunciado el 8 de marzo de 1960, aparece en la obra de David Packard *The HP Way: How Bill Hewlett and I Built Our Company* (HarperCollins, 2005).

[5] Los teóricos de la cultura que se remontan al menos hasta las ideas de Émile Durkheim han discutido el hecho de que la cultura da forma a los pensamientos y conductas de la gente por medio de creencias, valores y normas compartidas. Los científicos sociales contemporáneos, en especial

la cocina a servirse una taza de café y piensa en los valores culturales que escuchó en las reuniones de la empresa. Habló de ellos con sus colegas durante el almuerzo, vio la demostración realizada por ese veterano de la empresa que todos respetan. Para este empleado —y para todos los empleados— esos valores deben delinear clara y sencillamente las cosas que más importan a la empresa, las cosas que te importan. De no ser así, se trata de cuestiones sin importancia que no valdrán un comino cuando se trate de ayudar a que un creativo inteligente tome la decisión apropiada. ¿Qué valores te gustaría que el empleado de ojos cansados tomara en consideración? Escríbelos de forma simple y concisa. Luego compártelos, no por medio de afiches o guías, sino con comunicados constantes y auténticos. Como ex director general de General Electric, Jack Welch escribió en su obra *Winning*: «Ninguna visión vale el papel en que está escrita a menos de que se comunique constantemente y que se refuerce con recompensas.»[6]

Cuando Google se convirtió en una empresa de participación pública en 2004, Sergey y Larry consideraron que la oferta pública de venta era una oportunidad perfecta para codificar los valores que determinarían las acciones y decisiones de la empresa. Y no pensaban sólo en las acciones y decisiones más importantes, y tampoco en las acciones y decisiones de la gerencia, sino en las acciones y decisiones de *todos*, en las grandes y pequeñas, en las que se toman todos los días. Estos valores habían guiado la marcha de la empresa desde su fundación, seis años atrás, y estaban

---

la psicóloga social Hazel Markus, han usado experimentos controlados para demostrar que, incluso cuando la gente no se da cuenta de ello, su cultura (japonés *vs.* estadounidense o trabajadores *vs.* profesionistas) determina las decisiones cotidianas. Para un relato popular y accesible de esta investigación, ver Hazel Rose Markus y Alana Conner, *Clash!: 8 Cultural Conflicts That Make Us Who We Are* (Hudson Street Press/Penguin, 2013).

[6] Jack Welch en Suzy Welch, *Winning* (HarperCollins, 2005), página 69.

profundamente enraizados en las experiencias personales de los fundadores. Inspirándose en la carta anual que Warren Buffett escribe a los accionistas de Berkshire Hathaway, Larry y Sergey hicieron un borrador de una especie de carta de los fundadores para ser incluida en el prospecto de la oferta pública de venta.

Inicialmente, Comisión de Valores e Intercambio dictaminó que la carta no contenía información relevante para los inversionistas, por lo que consideró que no debía incluirse en el prospecto de inversión de la empresa. Discutimos y eventualmente ganamos el derecho a incluirla. Aún así, algunas de las afirmaciones de la carta provocaron agruras a los abogados y banqueros y, en un momento dado, Jonathan se encontró en una sala de juntas enfrentando a un batallón de estas personas que cuestionaban éste o ese punto. Defendió firmemente el contenido de la carta valiéndose de dos argumentos principales: 1. Larry y Sergey habían escrito ellos mismos la carta, con sugerencias de un pequeño grupo de googleros, y no estaban dispuestos a cambiar nada. (¡Es fácil sostener una negociación cuando, de hecho, eres totalmente incapaz de lograr que tu propio bando ceda!), y 2. todo lo que la carta decía era sincero y veraz.

Cuando se publicó en abril de 2004, la carta generó mucha curiosidad y algo de crítica. Sin embargo, lo que la mayoría de la gente no comprendió fue exactamente por qué los fundadores de la empresa habían pasando tanto tiempo haciendo que la carta quedara exactamente como la querían (y por qué Jonathan metía reversa cada vez que alguno de los banqueros o abogados trataban de cambiar algo). En principio, la carta no trataba sobre subastas holandesas, derechos de votación, ni procuraba mostrar un desprecio rampante por todo lo relativo a Wall Street. De hecho, si nosotros, vanas sombras, a Wall Street hemos ofendido, pensad sólo en esto y todo está arreglado:[7] a los fundadores no

---

[7] Con una disculpa para Puck, ese notable creativo inteligente.

les interesaba maximizar el valor a corto plazo ni lo comercial que pudieran resultar las acciones, porque sabían que dejar por escrito los valores únicos de la empresa para los futuros empleados y socios sería mucho más importante para lograr el éxito a largo plazo. Diez años después, al momento de escribir estas líneas, los arcanos detalles de aquella oferta pública inicial son ya un asunto histórico, pero las frases del corte de «enfoque a largo plazo», «servir a los usuarios finales», «no seas malo» y «hacer del mundo un lugar mejor», siguen describiendo la forma de llevar la empresa.

Existen otros aspectos de la cultura Google —sobre cosas como las oficinas atestadas, los hipopótamos, los villanos y los comandantes de tanque israelíes— que no llegaron a quedar plasmados en la carta, pero dichos aspectos, como veremos, se convertirían en parte integral de la creación —y sostenimiento— de una cultura en que una simple frase como «Estos anuncios apestan» es todo lo que se necesita para lograr que las cosas sucedan.

Mantenlos hacinados

Alguien que visite Googleplex por primera vez, inmediatamente notará la deslumbrante colección de amenidades de que disponen los empleados: canchas de volibol, pistas de boliche, paredes para escalar y toboganes, gimnasio con entrenadores personales, canales de nado, coloridas bicicletas para ir de un edificio a otro, cafeterías *gourmet* gratuitas y numerosas cocinas dotadas con todo tipo de bocadillos, bebidas y máquinas de primera línea para preparar café expreso. Estas cosas suelen dejar a los visitantes con la correcta impresión de que los googleros nadan en lujo, y con la impresión equivocada de que el lujo es parte de nuestra cultura. Dar cosas extra a los empleados que trabajan duro es una tradición de Silicon Valley que se remonta a la década de 1960, cuando Bill Hewlett y David Packard compraron algunos cientos de acres de terreno en las montañas de Santa Cruz y lo convirtieron en Little Basin,[8] un campamento y retiro recreativo para los empleados y sus familias.[9] En los años setenta del siglo pasado, empresas como ROLM comenzaron a acercar las amenidades al trabajo, con gimnasios completos y cafeterías subsidiadas que servían comida de calidad *gourmet*, y Apple entró en el juego con su legendario (al menos entre los *geeks* que aspiran a tener una cita) reventón de cerveza de los viernes por la tarde. En el caso de Google, nuestra formar de concebir las instalaciones tenía su origen en los comienzos de la empresa, en un dormitorio de la Universidad de Standford. Larry y Sergey se propusieron crear un ambiente semejante al de una universidad, en que los estudiantes tienen acceso a instalaciones culturales, atléticas y académicas de clase mundial… y pasan todo su tiempo trabajando como locos. Lo que la mayoría de la gente de fuera no capta cuando visita Google, es que justo en las oficinas los empleados pasan la mayor parte de su tiempo. Sigue

---

[8] En 2007, HP vendió el campamento de Little Basin a un par de organizaciones sin fines de lucro, el fondo Sempervirens y el fideicomiso Peninsula Open Space, quienes después lo vendieron al departamento de parques estatales de California. Hoy forma parte del Parque Estatal Big Basin Redwoods y está abierto al público. Ver Paul Rogers, "Former Hewlett Packard Retreat Added to Big Basin Redwoods State Park" (*San Jose Mercury News*, 14 de enero de 2011).

[9] Décadas antes de que Google contratara a su propio chef, Bill Hewlett y Dave Packard parecieron entender cuánto aprecian los empleados y los clientes la comida gratuita. John Minck, empleado de HP, dijo: "Algunas charolas de la línea de producción, con donas y pastelillos daneses, fueron dispuestas sobre hierros al rojo vivo conectados a transformadores de diversa potencia para calentar los panes sin quemarlos. Esas comidas celebradas en pausas laborales corrían por cuenta de la empresa y solían impresionar a los clientes que estuvieran recorriendo las plantas." Citado en Michael Malone, *Bill & Dave: How Hewlett and Packard Built the World's Greatest Company* (Portfolio/Penguin, 2007), página 130.

a un típico googlero (y probablemente a cualquier empleado de LinkedIn, Yahoo, Twitter o Facebook, aunque la última vez que lo intentamos la seguridad nos impidió el paso) de la cancha de volibol, el café o la cocina de regreso a su lugar de trabajo, y ¿qué encontrarás? Una serie de cubículos apretados, desordenados e ideales para la creatividad.

¿Estás en tu oficina ahora mismo? ¿Hay algún colega cerca? Da vueltas y agita los brazos. ¿Golpeas a alguien? Si tienes una conversación tranquila en tu teléfono mientras te sientas en tu lugar, ¿te pueden escuchar tus compañeros de trabajo? Suponemos que no es así. ¿Eres gerente? De ser el caso, ¿puedes cerrar la puerta y sostener conversaciones privadas? Suponemos que sí. De hecho, el plan maestro de las instalaciones de tu compañía, casi con seguridad, fue específicamente diseñado para aprovechar al máximo el espacio y la tranquilidad (minimizando los costos también). Y mientras más alto estás en la jerarquía corporativa, más espacio y tranquilidad obtienes. Los asociados de primer ingreso son metidos con calzador en cubículos interiores, en tanto que los directivos se quedan con las grandes oficinas de la esquina, con mucho espacio cerca de sus puertas para los asistentes, que actúan como barrera defensiva para todos los demás.

Los humanos somos territoriales por naturaleza y el mundo corporativo refleja esto. En la mayoría de las empresas, el tamaño de la oficina, la calidad de tus muebles y la vista desde tu ventana denotan logros y respeto. A la inversa, nada es más eficaz para convertir a la gente inteligente en quejicas de un plano para la reasignación del espacio de trabajo. No es raro que el diseño de interiores se convierta en un medio pasivo-agresivo para mantener a la gente "en su lugar". Cuando Eric estaba en Laboratorios Bell, tenía un jefe cuya oficina estaba siempre fría, de modo que compró una alfombra para cubrir el piso de cemento. La gente de recursos humanos hizo que la quitara porque no era un empleado de nivel suficientemente alto como para tener tan maravillosa amenidad. Ése era un lugar en que todos los privilegios se acordaban por antigüedad, no de acuerdo con la necesidad o el mérito.

Silicon Valley no es inmune a este síndrome. Después de todo, se trata del lugar que convirtió a la silla Aeron en un símbolo de estatus. («Es por mi espalda», justificaba una legión de directores generales de empresas dedicadas a Internet. ¿En verdad? Con un costo de más de 500 dólares por pieza, esas sillas deberían arreglar también el frente y los costados de tu cuerpo.) Pero la cultura que antepone las necesidades de las instalaciones a las de los empleados debe morir, debe ser asesinada a tiros antes de que pueda poner su insidioso pie dentro del edificio. Las oficinas deben diseñarse para aprovechar al máximo la energía y las interacciones, no para procurar aislamiento y estatus. A los creativos inteligentes se les da muy bien la interacción. La mezcla que obtienes al hacinarlos es inflamable, así que el mantenerlos apretados es una prioridad de alto nivel. Cuando puedes estirar el brazo y dar una palmada en el hombro a alguien, no hay nada que interfiera con la comunicación y con el flujo de ideas. El diseño de la oficina tradicional, con cubículos individuales y oficinas, está creado para promover la tranquilidad. La mayoría de las interacciones entre los grupos o son planificadas (una reunión en una sala de juntas) o son casuales (en el pasillo, de camino al dispensador de agua fría, la junta que se tiene mientras se camina en el estacionamiento). Esto funciona justo al revés; el espacio debe ser altamente interactivo, con oficinas ruidosas y atestadas que rebosan energía frenética. Los empleados siempre deben tener la opción de retirarse a un lugar tranquilo cuando ya han tenido suficiente estímulo grupal, y ése es el motivo por el que nuestras oficinas cuentan con varios retiros: recovecos en los cafés y micrococinas, pequeños cuartos de conferencias, terrazas al aire libre y hasta sitios para echar una siesta. Pero cuando regresan a su escritorio, deben estar rodeados por sus compañeros de trabajo.

Cuando Jonathan trabajó en Excite@Home, el equipo encargado de las instalaciones rentó un segundo edificio para albergar a su servicio al cliente. No obstante, cuando llegó el momento de que todos se mudaran a un nuevo espacio, el equipo de administración rechazó las instalaciones y dejó al equipo de servicio al cliente hacinado en sus oficinas originales durante unos pocos meses más. El nuevo edificio se usó para albergar partidos de futbol *soccer* a la hora del almuerzo (convirtiendo a las oficinas de la esquina en oficinas desde las que se lanzaban tiros de esquina). Los partidos de futbol estrecharon lazos entre las personas, siendo que al poner al personal en espacios grandes se suele provocar alejamiento. Mantener a la gente hacinada también brinda el beneficio colateral de acabar con la envidia a causa de las instalaciones. Cuando nadie tiene una oficina privada, nadie se queja por ello.

Comer, trabajar y vivir juntos

¿Y quiénes deben estar en esos cubículos atiborrados? Pensamos que es particularmente importante que los equipos estén integrados funcionalmente. En demasiados lugares a los empleados se les clasifica de acuerdo con su actividad, así que los gerentes de producto están aquí, pero los ingenieros están en el edificio de enfrente. Esto puede funcionar en el caso de los gerentes de producto tradicionales, que suelen ser buenos para las técnicas de revisión y evaluación de programas, y para interpretar los diagramas de Gantt,[10] y también son buenos para hacerse indispensables en la ejecución del Plan Oficial que la gerencia compró tras ver una sofisticada presentación de PowerPoint que proyectaba un retorno financiero por encima del mínimo retorno aceptable por costo de capital para la compañía. Están ahí para desempeñarse de acuerdo

---

[10] Herramientas terriblemente complejas y altamente útiles para las actividades relativas a la administración de proyectos.

con un plan definido, sorteando obstáculos, pensando "fuera de la caja" (que debe ser la frase más metida en la caja que jamás se haya pronunciado), plegándose obsequiosamente a la última petición del director general e ingeniándoselas para lograr que su equipo cumpla con ésta. Esto significa que las cosas marchan bien, y que a veces resulta mejor que los gerentes de producto se sienten en lugares distintos a los ingenieros, siempre y cuando puedan depender de actualizaciones constantes sobre el progreso del trabajo y cuenten con reportes detallados que les permitan medir el pulso de su producto. No es que tengamos fuertes opiniones sobre este tema, pero digamos que éste es el trabajo de un gerente de producto del siglo XX, no del siglo XXI.

En el Siglo de Internet, el trabajo de un gerente de producto es laborar con la gente que diseña, hace la ingeniería y desarrolla cosas que generan grandes productos. Parte de esto implica el tradicional trabajo administrativo que gira alrededor de ser el dueño del ciclo de vida del producto, definiendo el mapa de ruta del producto, representando la voz del consumidor y comunicando todo eso al equipo y a la gerencia. Sin embargo, en la mayor parte de los casos, los gerentes de productos creativos inteligentes necesitan dar con las intuiciones técnicas que mejoran los productos. Éstas derivan de saber cómo usa la gente los productos (y cómo cambiarán esos patrones conforme la tecnología avance), comprendiendo y analizando los datos, y observando las tendencias tecnológicas para anticipar los efectos de estos cambios en tu industria. Para hacer esto bien, los gerentes de producto necesitan trabajar, comer y vivir con sus ingenieros (o químicos, biólogos, diseñadores, o cualquier otro tipo de creativos inteligentes que la empresa emplee para diseñar y desarrollar sus productos).

Tus padres estaban equivocados:
el desorden es una virtud

Cuando las oficinas se llenan, tienden a desordenarse también. Déjalas así. Cuando Eric llegó a Google en 2001, pidió al jefe de servicios generales, George Salah, que limpiara el lugar. George lo hizo y fue recompensado al día siguiente con una nota de Larry que decía: «¿En dónde pusieron todas mis cosas?» La colección aleatoria de todo tipo de cosas fue un icono que representaba a una fuerza laboral ocupada y estimulada.[11] Cuando trabajaba en Google, la directora de operaciones, Sheryl Sandberg, dio a la gente de su equipo de ventas y apoyo cincuenta dólares por cabeza para que decoraran su espacio de trabajo, en tanto que Jonathan organizaba un concurso llamado Muro Artístico Googley, en que los equipos decoraban las paredes de la oficina con logotipos de Google formados con todo tipo de materiales, desde cubos Rubik hasta fotomosaicos, pasando por una obra realizada con pintura para jugar gotcha (esto fue en la oficina de Chicago, misma que fue decorada al estilo de Al Capone). El profesor de Carnegie Mellon, Randy Pausch, en su notable obra titulada *Last Lecture*,[12] muestra fotos de su recámara infantil cubierta con fórmulas manuscritas. Él dijo a los padres que estaban presentes en el cuarto: «Si tus hijos quieren pintar sus recámaras para hacerme un favor, dejen que lo hagan.» El desorden no es un objetivo en sí mismo (si lo fuera, sabríamos que algunos adolescentes serían grandes contrataciones), pero dado que es un subproducto común de la autoexpresión y de la innovación, suele ser una buena señal.[13] Ata-

---

[11] Blog *Xooglres*, 9 de abril de 2011 (http://xooglers.blogspot.com/2011/04/photo-of-pre-plex.html).

[12] Randy Pausch, *The Last Lecture* (Hyperion, 2008), página 30.

[13] Un estudio realizado en 2003, concluyó que "los miembros de nuestros grupos de estudio desplegaron la mayor creatividad cuando los demás miembros del grupo los individualizaron y les ofrecieron la verificación

car el desorden, lo que se hace en muchas empresas, puede tener un efecto negativo sorpresivamente poderoso. Es correcto dejar que tu oficina sea un lío.

Pero en tanto que las oficinas pueden estar abarrotadas y desordenadas, se necesita dar a los empleados todo lo que requieren para realizar el trabajo. En nuestro caso, Google es una empresa dedicada a la ciencia de la computación, así que lo que más necesitan nuestros creativos inteligentes es poder de cómputo. Es por eso que damos a nuestros ingenieros los centros de procesamiento de datos más poderosos del mundo y toda la plataforma de *software* de Google. Ésta es otra manera de eliminar la envidia por instalaciones entre los creativos inteligentes: sé generoso con los recursos que requieren para hacer su trabajo. Ponte quisquilloso cuando se trate de cosas que no son importantes, pero invierte en lo que sí lo es.

Existe un método dentro de esta locura, y no se trata de libertinaje. Invertimos en nuestras oficinas porque esperamos que la gente trabaje allí, no desde su casa. Trabajar desde la casa durante el horario laboral común, lo que para muchos representa lo máximo en cuanto una cultura iluminada, es un problema

---

de sus posturas personales". (Pensamos que eso apoya nuestro punto. Es difícil saber en qué sentido se usa el verbo "individualizar".) Un estudio realizado en 2013 muestra los efectos que promueven la creatividad en el caso de los escritorios desordenados: "El orden parece alentar una mentalidad general tendiente a la conservación y la tradición, en tanto que el desorden tuvo el efecto de estimular el deseo por lo desconocido." El estudio de 2003: William B. Swann Jr., Virginia S. Y. Kwan, Jeffrey T. Polzer y Laurie P. Milton, "Fostering Group Identification and Creativity in Diverse Groups: The Role of Individuation and Self-Verification" (*Personality and Social Psychology Bulletin*, noviembre de 2003). El estudio de 2013: Kathleen D. Vohs, Joseph P. Redden y Ryan Rahinel, "Physical Order Produces Healthy Choices, Generosity and Conventionality, Whereas Disorder Produces Creativity (*Psychological Science,* septiembre de 2013).

que —como Jonathan afirma frecuentemente— puede extenderse dentro de una empresa y chupar la vida de la fuerza de trabajo. Mervin Kelly, el último presidente del consejo de Laboratorios Bell, diseñó los edificios de la empresa para promover la interacción de los empleados.[14] Era prácticamente imposible que un ingeniero o científico caminara por los largos pasillos sin encontrarse con un colega o sin ser metido a una oficina. Este tipo de encuentros aleatorios nunca sucederían si estás trabajando desde tu casa. El producto de Google llamado AdSense,[15] que se desarrollo hasta convertirse en un negocio de varios miles de millones de dólares, fue inventado un día por un grupo de ingenieros de distintos equipos que jugaban pool en la oficina. Puede que tu socio o compañero de dormitorio sea grandioso, pero las probabilidades de que ustedes dos den con una idea multimillonaria en una pausa para tomar café en su casa son muy bajas, incluso si se tiene una mesa de billar para jugar pool. Llena de gente tus oficinas y llénala también de amenidades, y espera que la gente las use.

No escuches a los hipopótamos

Los hipopótamos se cuentan entre los animales más mortíferos. Son más rápidos de lo que piensas y pueden aplastar (o partir a la mitad con sus mandíbulas) a cualquier enemigo que se cruce en su camino. Los hipopótamos también son peligrosos para las empresas, bajo la forma de la Opinión de la Persona que Más Gana. Cuando se trata de la calidad de la toma de decisiones, el nivel de sueldo es intrínsecamente irrelevante y la experiencia sólo es valiosa si se usa para apoyar un argumento ganador. Desafortunadamente, en la mayoría de las empresas la experiencia *es* el

---

[14] Jon Gertner, "True Innovation" (*The New York Times*, 25 de febrero de 2012).

[15] El producto para los anuncios con que Google ubica anuncios en una gran red de sitios dedicados a la publicación.

argumento ganador. Llamamos a estos sitios «expertocracias», porque el poder deriva de la antigüedad y del sistema, no del mérito. Esto nos recuerda nuestra frase favorita de Jim Barksdale, antiguo director general de Netscape: «Si tenemos datos, analicemos los datos. Si sólo tenemos opiniones, sigamos la mía.»[16]

Cuando dejas de escuchar a los hipopótamos, empiezas a crear una meritocracia, misma que nuestra colega Shona Brown describe concisamente como un lugar en que «importa la calidad de la idea, no quién la sugiere». Suena fácil, pero por supuesto que no lo es. Para crear una meritocracia se requiere una participación igualitaria tanto del hipopótamo, que puede mandar con base en su autoridad, como del valiente creativo inteligente, que se arriesga a ser pisoteado al defender la calidad y el mérito.

Sridhar Ramaswamy, uno de los líderes del área de anuncios de Google, contó una historia acaecida en una reunión de Google que ilustra más que bien este punto. Estábamos en los primeros días de AdWords, el producto principal de Google para el manejo de anuncios, y Sergey Brin tuvo una idea que quería que fuera implementada por el equipo de ingenieros de Sridhar. No había duda de que Sergey era la persona que más ganaba en esa sala de juntas, pero no esgrimió un argumento convincente respecto a por qué su idea era la mejor, y Sridhar no estaba de acuerdo con él. En esa época, Sridhar no era un ejecutivo *senior*, de modo que, siendo el hipopótamo, Sergey bien pudo haber ordenado a Sridhar que cumpliera el encargo y punto. En lugar de hacerlo así, Sergey sugirió un compromiso. La mitad del equipo de Sridhar podía trabajar en lo que Sergey quería y la otra mitad seguiría la idea de Sridhar. Éste último seguía en desacuerdo y,

---

[16] Bob Lisbonne, antiguo vicepresidente *senior* de Netscape, compiló una lista de las genialidades dichas por Jim Barksdale que Lisbonne fue apuntando en las reuniones con su jefe, poniéndolas después en su sitio web personal. Ver <lisbonne.com/jb.html>.

después de mucho debate relativo a los méritos de las ideas en competencia, se descartó la idea de Sergey.

Este resultado fue posible sólo gracias a que Sergey, un creativo inteligente, entendía profundamente los datos presentados, la tecnología de la plataforma y el contexto de la decisión. El hipopótamo que no comprende lo que pasa tiende a usar su capacidad intimidatoria para allanarse el camino al éxito. Si tienes una posición de responsabilidad pero estás abrumado por el trabajo, es más fácil tratar de abrirte camino con una perspectiva basada en la respuesta «porque lo digo yo». Necesitas tener confianza en tu gente y suficiente confianza en ti mismo como para dejar que ellos encuentren una mejor manera de hacer las cosas.

A Sergey tampoco le importaba ceder control e influencia a Sridhar, porque sabía que al contratarlo había conseguido a alguien que bien podía tener ideas mejores que las suyas. Su trabajo como hipopótamo consistía en quitarse de en medio si sentía que su idea no era la mejor. Sridhar también tenía un trabajo qué hacer: debía hablar. Para que una meritocracia funcione, debe alentar una cultura en que sea "obligatorio disentir".[17] Si alguien piensa que algo está mal en una idea, debe alzar la voz para advertir su preocupación. Si no lo hace y la idea inferior se lleva la victoria ese día, entonces sí es culpable. De acuerdo con nuestra experiencia, la mayoría de los creativos inteligentes tiene fuertes opiniones y está deseosa de expresarlas; para ellos, la obligación cultural de disentir les da libertad para hacer justo

---

[17] Escuchamos esta frase de Shona Brown, quien a su vez la escuchó en sus años de trabajo en McKinsey & Company. El sitio de McKinsey lo dice bastante bien: "Todos los consultores de McKinsey están obligados a disentir si creen que algo es incorrecto o que no sirve a los mejores intereses del cliente. La opinión de todos cuenta. Aunque puede que dudes en mostrar desacuerdo con el jefe de tu equipo o con el cliente, se espera que compartas tu punto de vista."

eso. No obstante, otros pueden sentirse incómodos expresando su desacuerdo, particularmente en público. Por eso debe ser obligatorio disentir, y no una mera opción. Las personas de naturaleza más reservada necesitan hacer un esfuerzo para enfrentar a los hipopótamos.

Las meritocracias producen mejores decisiones y crean un ambiente en que los empleados se sienten valorados y empoderados. Se logra la demolición de la cultura del temor, del turbio ambiente en que los hipopótamos suelen retozar. Y de este modo se remueven opiniones sesgadas que pueden afectar la grandiosidad. Ellen West, nuestra colega, nos contó una historia que le relató un miembro de gayglers (un grupo de diversidad de Google para empleados gays, lesbianas, bisexuales y transgénero). Él contó a Ellen que los gayglers habían discutido si Google podría considerarse como la primera empresa "postgay" en la que habían trabajado. El consenso fue que estaba muy cerca de serlo, dado que en Google «no importa quién seas, sino sólo lo que haces». Bingo.

La regla del siete

"Reorganización" es uno de los términos más despreciados en el léxico corporativo, quizás igualado solamente por el término *outsourcing* y por las presentaciones con 80 diapositivas. Un ejecutivo decide que la estructura de la empresa es la fuente de sus problemas; si la compañía se organizara de otra manera, todo sería miel sobre hojuelas. Así que la empresa pasa de ser una organización centralizada a ser descentralizada, o de ser funcional a divisional. Algunos ejecutivos "ganan" y otros "pierden". Entretanto, la mayoría de los empleados queda en un limbo preguntándose si aún tiene trabajo y, de ser así, debe averiguar quién será su nuevo jefe y si podrá conservar su bonito cubículo que está junto a la ventana. Entonces, uno o dos años más tarde algún otro ejecutivo (o posiblemente el mismo) se percata de que la compañía todavía tiene problemas y ordena otra reorganización. Éste es el glorioso bucle[18] de la vida corporativa.

El diseño organizacional es difícil. Lo que funciona cuando eres una compañía pequeña que está en determinado sitio no funciona cuando creces y tienes personal por todo el mundo. Por eso hay tantas reorganizaciones: si no existe una respuesta perfecta, las empresas se ven obligadas a elegir entre alternativas inferiores. Para ayudar a evitar esta danza, lo mejor es dejar de lado las nociones preconcebidas sobre la organización de la empresa y apegarse a algunos principios importantes.

Primero, mantén las cosas planas. En la mayoría de las empresas existe una tensión básica subyacente: la gente dice querer una organización plana u horizontal para poder estar más cerca de la cima, pero la realidad es que desean la jerarquía. Los creativos inteligentes son distintos: prefieren una organización plana, no tanto por querer estar más cerca de la cúspide, sino porque quieren que las cosas se hagan y necesitan acceso directo a quienes toman las decisiones. Una vez Larry y Sergey trataron de ajustarse a esta necesidad aboliendo las gerencias por completo, llamaron a esta iniciativa "des-org". En un momento dado, al líder de ingenieros, Wayne Rosing, recibió 130 reportes directos. Pero los creativos inteligentes no son tan distintos; al igual que cualquier otro empleado, siguen necesitando una estructura organizacional formal. El experimento sin gerencias terminó y Wayne pudo volver a ver a su familia.

La solución con la que dimos finalmente fue un poco menos draconiana pero igual de simple. La llamamos la regla del siete. Hemos trabajado en otras compañías bajo la regla del siete, pero en todos esos casos la regla significaba que a los gerentes se

---

[18] Se trata de un chiste interno que se cuenta entre científicos de la computación y que fue orgullosamente inventado por Jonathan Rosenberg, comandante en economía. Ver la siguiente nota.

les permitía que un *máximo* de siete personas les reportaran directamente. La versión de Google sugiere que los gerentes deben tener un *mínimo* de siete reportes directos (Jonathan solía tener de quince a veinte cuando encabezaba el equipo de producción de Google). Todavía tenemos organigramas formales, pero la regla (que más bien es una guía, dado que hay excepciones) obliga a tener un esquema más plano, con menos supervisión gerencial y mayor libertad para los empleados. Cuando a uno le reporta tal cantidad de personas —la mayoría de los gerentes se encarga de más de siete reportes directos— simplemente no hay tiempo para la microgerencia.

Cada tina (no) tiene su propio fondo

Cuando Eric trabajaba en Sun y la empresa crecía rápidamente, el negocio se hacía más complejo, tanto que los poderes en turno decidieron reorganizarlo en unidades de negocio. Las nuevas unidades eran llamadas *planetas*, porque giraban alrededor del negocio central de Sun —la venta de servidores—, y cada unidad tenía su propio estado de resultados. (La gente de Sun solía explicar esta estructura diciendo: «Cada tina tiene su propio fondo», probablemente porque los planetas no tienen fondo, o porque las tinas no giran alrededor del sol, o porque no basta con señalar que «así hacen las cosas las empresas».)

El problema con esta manera de hacer las cosas era que casi todo el ingreso de la compañía provenía del negocio del *hardware* (del sol, no de los planetas), por lo que se requería un equipo de *contadores* que cuidaran ese ingreso y lo asignaran a los planetas. El supuesto funcionamiento de esta estructura era un secreto, tanto así que a los líderes de las unidades de negocio no les estaba permitido tener su propia copia del documento que codificaba el asunto. Se les leía en voz alta.

Creemos que es importante estar funcionalmente organizados —con departamentos separados como el de ingeniería, productos, finanzas y ventas, que reportan directamente al director general— por tanto tiempo como sea posible, porque organizar con base en divisiones de negocio o líneas de producto puede llevar a la formación de cotos que suelen afectar el libre flujo de la información y de las personas. Tener cuentas de resultados independientes parece una buena manera de medir el desempeño, pero puede conllevar el indeseable efecto secundario de torcer el comportamiento: los líderes de una unidad de negocio son motivados a dar prioridad a la cuenta de resultados de su unidad sobre los resultados generales de la empresa. Si tienes un estado de resultados, asegúrate que éste dependa de clientes y socios externos y reales. En Sun, la formación de los planetas llevó a una enorme pérdida de productividad, dado que los líderes (y los contadores) se concentraron no en crear grandes productos que generaran ingreso real, sino en optimizar un número obtenido después de aplicar una fórmula contable.

Y siempre que sea posible, evita tener documentos organizacionales secretos.

Realiza todas las reorganizaciones en un día

Hay ocasiones en que una reorganización sí que tiene sentido. Cuando llega ese día, debemos tomar en cuenta un par de reglas. Primero, ten cuidado con las tendencias de los distintos grupos: los ingenieros agregan complejidad al asunto, los de *marketing* tienden a agregar niveles gerenciales, y los vendedores agregan asistentes. Maneja bien estos asuntos (estar al tanto de ellos es un buen primer paso). Segundo, realiza toda la reorganización en un día. Puede que esto parezca imposible de cumplir, pero existe un punto contrario a la intuición que obra en favor de esta sugerencia. Cuando tienes una empresa con creativos inteligentes, puedes tolerar el desorden. De hecho, ayuda, porque los creativos inteligentes lo encuentran beneficioso, no confuso.

Cuando Nikesh Arora reorganizó el área comercial de Google —un equipo de miles de personas que se ocupan de las ventas, las operaciones y el mercadeo—, en 2012, se movió rápidamente y anunció los cambios a sus empleados antes incluso de que se aclararan todos los detalles. La línea de producción de Google había pasado de tener un solo producto, AdWords, a tener una oferta variada (incluyendo los anuncios de YouTube, Google Display Network y Mobile Ads) en pocos años, lo que requirió la implementación de nuevos equipos de ventas y produjo algo de confusión. Nikesh quería —como muchos líderes de ventas que manejan productos múltiples— crear "Un Google", es decir, una organización que volviera a concentrar su atención en el cliente. Sin embargo, a diferencia de la mayoría de los líderes comerciales, Nikesh planeó y ejecutó la reorganización en unas cuantas semanas (de acuerdo, no lo hizo en un día pero, como podría haber señalado Clarence Darrow, a veces un día no necesariamente significa 24 horas),[19] sabiendo que su equipo entraría en acción y terminaría el trabajo. A lo largo de los meses siguientes, el equipo de negocios hizo varios ajustes, siendo fiel a la intención de los cambios mientras trabajaban para hacer que éstos funcionaran mejor. La clave fue hacer la reorganización rápidamente y ponerla en marcha antes de estar lista. Como resultado, el diseño de la reorganización fue superior a nuestras expectativas iniciales y el

---

[19] En caso de que te hayas quedado dormido ese día en tu clase de historia de Estados Unidos, o si creciste en otro lugar, estamos aludiendo al Juicio Scopes, que tuvo lugar en el verano de 1925. En este juicio, Clarence Darrow, el reconocido abogado, defendió al maestro de preparatoria John Scopes, a quien se le acusaba de haber enseñado la teoría de la evolución contraviniendo una ley estatal de Tennessee. Darrow argumentó que los "días" bíblicos de la creación podían no haber durado 24 horas, y que podrían haber sido más largos, por lo que la evolución no era incompatible con las enseñanzas de la Biblia.

equipo estuvo inmerso en su éxito porque ayudó a crear el resultado final. Dado que no existe un diseño organizacional perfecto, no trates de hallar uno. Acércate lo más que puedas y deja que tus creativos inteligentes se encarguen del resto.

La regla Bezos de las dos pizzas

La base de la construcción de las organizaciones deben ser los equipos *pequeños*. Jeff Bezos, el fundador de Amazon, en algún momento implemento la regla de los "equipos de dos pizzas",[20] que estipulaba que los equipos deben ser tan pequeños como para poder ser alimentados con dos pizzas. Los equipos pequeños hacen más que los grandes, gastan menos tiempo en politiquerías y se preocupan menos por el hecho de quién recibe el crédito. Los equipos pequeños son como las familias: pueden discutir y pelear, o hasta ser francamente disfuncionales, pero suelen reagrupar esfuerzos en el momento indicado. Los equipos pequeños tienden a crecer cuando lo hace su producto; las cosas elaboradas por un puñado de personas eventualmente requieren de un equipo mucho más grande para su mantenimiento. Esto es correcto, siempre y cuando los equipos más grandes no excluyan la existencia de equipos pequeños que trabajen en las siguientes novedades revolucionarias. Una empresa que crece necesita de ambos.

Organiza la compañía alrededor de la gente que más impacto tiene

Un último principio organizacional: determina qué personas tienen el mayor impacto y organiza a su alrededor. Decide quién dirige la empresa no con base en la función o en la experiencia, sino tomando en cuenta el desempeño y la pasión. El desempeño debe ser relativamente fácil de medir, pero la pasión puede

---

[20] Richard L. Brandt, "Birth of a Salesman" (*Wall Street Journal*, 15 de octubre de 2011).

presentar una dificultad mayor. Se trata de algo natural en los mejores líderes —el tipo de gente a la que eligen como capitán del equipo sin que siquiera se ofrezcan voluntariamente— y hace que la gente sea atraída a ellos como la limadura de hierro al imán. Bill Campbell, ex director general de Intuit y *coach* y mentor de nosotros dos, suele citar a Debbie Biondolillo, la ex jefa de Recursos Humanos en Apple, quien dijo: «Tu título te convierte en gerente. Tu gente te convierte en líder.»

En una ocasión, Eric conversó informalmente con Warren Buffett y le pregunto qué es lo que busca cuando compra empresas. Su respuesta fue: un líder que no lo necesite a él. Si la empresa es dirigida por una persona que se desempeña bien porque está comprometida con su éxito y no sólo por lograr la venta a Berkshire Hathaway, entonces Warren invertirá. Los equipos internos de trabajo funcionan de modo semejante: debes invertir en la gente que hará lo que piensa que está bien, sin importar si tú le das o no permiso. Descubrirás que, por lo regular, estas personas suelen ser tus mejores creativos inteligentes.

Esto no significa que debas crear un sistema basado en estrellas. De hecho, los mejores sistemas gerenciales suelen construirse alrededor de un ensamble, más como un grupo dancístico que como un conjunto de superestrellas coordinadas. Esta aproximación crea consistencia a largo plazo, con una buena reserva de talento de alto desempeño listo para liderar cuando se presente la oportunidad.

Al más alto nivel, la gente con mayor impacto —los que dirigen la empresa— deben ser personas orientadas al producto. Cuando un director general echa un vistazo a su equipo durante una reunión, debe seguir la regla general que indica que al menos 50 por ciento de los presentes deberían ser expertos en los productos y servicios de la compañía y responsables del desarrollo de producto. Esto ayudará a asegurar que el equipo líder mantenga la atención en la excelencia del producto. Obviamente, los componentes operativos como las finanzas, las ventas y lo jurídico son muy importantes para el éxito de una empresa, pero no deben dominar la conversación.

También debes seleccionar a tus líderes pensando en gente que no ubique sus intereses personales por encima de los de la compañía. Este tipo de casos abunda en las compañías organizadas por unidades de negocio o divisiones, en que el éxito de la unidad, como dijimos antes, puede tomar precedencia sobre la empresa como un todo. En una ocasión, cuando estaba en Sun, Eric necesitaba un nuevo servidor. Esto sucedió durante las vacaciones, así que en lugar de ordenar uno por medio del sistema interno de compras, él sólo bajó a la bodega y tomó un sistema de las repisas. Abrió la caja y encontró seis documento de esos que se deben "leer antes"; cada documento representaba a una división cuyo hipopótamo sentía que su mensaje era el más importante.

Muchos sitios web del gobierno son culpables de esto. (Lo mismo pasa con los controles remotos de las televisiones. Al menos, allí está la única explicación que podemos concebir para explicar el que sean tan horribles. En serio, ¿por qué el botón de silencio es diminuto y está escondido, en tanto que el botón para contratar por evento es grande y de diferente color? Porque los ejecutivos que dirigen la unidad de pago por evento tiene que alcanzar cifras, y nadie gana dinero cuando los espectadores silencian los anuncios.) Nunca deberías poder realizar una ingeniería inversa en el organigrama de una empresa partiendo del diseño de su producto. ¿Puedes darte cuenta de quién manda en Apple cuando abres la caja de tu nuevo iPhone? Sí. Eres tú, el cliente, no el jefe de *software*, de producción, de ventas, de *hardware*, de aplicaciones o el tipo que firma los cheques. Así es exactamente como debe ser.

Una vez que hayas identificado a la gente que tiene más impacto, dales más que hacer. Cuando asignas más responsabilidades a tu mejor personal, puedes confiar en que seguirán aceptando la carga de trabajo hasta decirte que ya es suficiente. Como dice el viejo adagio: si quieres que algo se haga, encárgalo a una persona ocupada.

Exilio a los villanos, pero lucha por las divas

¿Recuerdas el acertijo infantil sobre los caballeros y los villanos? Estás en una isla con caballeros, que siempre dicen la verdad, y con villanos, que siempre mienten. Estás de pie en la bifurcación de un camino. Una de las opciones conduce a la libertad y la otra a la muerte. Hay dos personas paradas ahí, un caballero y un villano, pero no sabes cuál es cuál. Puedes formular una pregunta cerrada, de las que se responden con un sí o un no, para determinar qué camino tomar. ¿Qué harías?[21]

La vida se parece un poco a esa isla, sólo que es más complicada. En el mundo real no sólo existen villanos sin integridad, sino que también son descuidados, egoístas y tienen un estilo furtivo de hacerse camino virtualmente en cualquier empresa. La arrogancia, por ejemplo, es una tendencia deshonesta que es un producto colateral del éxito, dado que la condición de excepción es fundamental para ganar. Los agradables y humildes ingenieros tienen un modo especial de tornarse insufribles cuando piensan que son los inventores exclusivos de la siguiente maravilla del mundo. Esto es muy peligroso, puesto que el ego crea puntos ciegos.

---

[21] Hay algunas respuestas correctas. Puedes señalar una dirección y preguntar a cierta persona: "¿Si te preguntara '¿es ese el camino a la libertad?', dirías que sí?" Si la respuesta es sí, entonces ése es el camino a la libertad. Si la respuesta es no, entonces se trata del camino hacia la muerte. Podrías preguntar a uno de ellos: "¿Si pregunto a la otra persona qué camino debo tomar, qué diría?" Entonces, haz lo opuesto. O podrías actuar como algunos presidentes estadounidenses y ordenar una invasión.

Hay otras características que llevarían a clasificar a alguien como villano. ¿Estás celoso del éxito de tus colegas? Eres un villano. (Recuerda al famoso villano Iago advirtiendo al creativo inteligente llamado Otelo: «Cuidado, mi señor, con los celos. Son el monstruo de ojos verdes que se burla de la carne con que se alimenta.»[22]) ¿Te adjudicas el crédito que corresponde a otro? Villano. ¿Vendes a un cliente algo que no necesita o que no le beneficiará? Villano. ¿Metes tus alimentos en el horno de microondas de la empresa y no lo limpias? Villano.

El carácter de una empresa es la suma del carácter de su gente, así que si deseas tener una compañía con un carácter irreprochable, tal es justamente el estándar que debes exigir a tus empleados. No hay lugar para los villanos. Y generalmente, de acuerdo con nuestra experiencia, si se es villano una vez, se es villano siempre. (Tom Peters: «No existen los lapsus menores de la integridad.»)

Por fortuna, la conducta de un empleado fija normas sociales. En una cultura saludable de valores caballerescos, los caballeros reprocharán a los villanos su pobre conducta hasta que se cuadren o hasta que se vayan. (Aquí hay otro argumento en favor de las oficinas repletas: los humanos muestran su mejor cara cuando están rodeados de controles sociales, ¡y las oficinas repletas tienen muchos controles sociales!) Esto es bastante efectivo para contrarrestar la mayoría de las ofensas villanas, dado que éstos suelen estar más motivados por el éxito personal que los caballeros, y en cuanto sienten que su conducta no es una ruta que lleve al éxito, tienden a irse. Como gerente, si detectas a un villano en tu territorio, lo mejor es reducir su responsabilidad y designar a un caballero que cumpla con ésta. Y, en el caso de ofensas mayores, debes deshacerte del villano inmediatamente. Piensa en las crías de elefante marino (villanas) que tratan de robar leche de las

---

[22] William Shakespeare.

madres de otros elefantes marinos; no sólo las muerde la madre que está amamantando, sino que también lo hacen otras hembras (caballeros).[23] Siempre *debes* ser firme con la gente que viola los intereses básicos de la empresa. No los muerdas, pero actúa con rapidez y decisión. *Córtalos de tajo.*

Existen puntos de inflexión en la densidad villana. Se aproxima a una masa crítica —que es menor de lo que piensas—[24] y la gente empieza a creer que necesitan hacerse villanos para tener éxito, lo que sólo exacerba el problema. Los creativos inteligentes pueden tener muchos rasgos positivos, pero no son santos, de modo que es importante cuidar el cociente de villanía.

Los villanos no deben ser confundidos con las divas. La conducta incorrecta es producto de una baja integridad; la conducta tipo diva es muy excepcional. Los villanos dan prioridad al

---

[23] Los elefantes marinos no se andan con cuentos: "Estas mordidas resultan a veces en heridas serias. Si una cría chilla al huir, atrae la atención de las hembras vecinas, que suelen unirse al intento por morder al animal que huye. El resultado es que las crías destetadas a las que se descubre tratando de robar leche son ahuyentadas del harén." Ver Joanne Reiter, Nell Lee Stinson y Burney J. Le Boeuf, "Northern Elephant Seal Development: The Transition from Weaning to Nutritional Independence" (*Behavioral Ecology and Sociobiology*, volumen 3, agosto de 1978), páginas 337-367.

[24] Uno de los descubrimientos más importantes de la psicología, que resulta cierto en un amplio rango de la experiencia humana, es que, como un famoso ensayo afirma, "el mal es más fuerte que el bien". En el caso de las organizaciones, suelen bastar unas cuantas manzanas podridas para echar a perder al resto. Ver Roy F. Baumeister, EllenBratslavsky, Catrin Finkenauer y Kathleen D. Vohs, "Bad Is Stronger Than Good" (*Review of General Psychology*, volumen 5, número 4, diciembre de 2001). Para el caso de la manzana podrida en las organizaciones, ver Will Felps, Terence R. Mitchell y Eliza Byington, "How, When, and Why Bad Apples Spoil the Barrel: Negative Group Members and Dysfunctional Groups" (*Research in Organizational Behavior*, volumen 27, enero de 2006).

individuo sobre el equipo; las divas piensan que son mejores que el equipo, pero desean igualmente el éxito para ambos. Se debe dar cuenta de los villanos tan rápido como sea posible. Sin embargo, las divas deben ser toleradas e incluso protegidas, siempre que sus contribuciones sean tan grandes como sus estrambóticos egos. Las grandes personalidades suelen ser inusuales y difíciles, y algunas pueden ser bastante desesperantes. Puesto que la cultura trata de normas sociales y las divas se rehúsan a ser normales, los factores culturales pueden conspirar para terminar barriendo a las divas junto con los villanos. Si la gente logra encontrar el modo de trabajar con las divas, los logros de éstas suelen pesar más que el daño colateral causado por su modo de ser y, entonces, debes luchar por ellas. Pagarán tu inversión haciendo cosas interesantes. (¡Y si has estado leyendo este párrafo pensando en mujeres cada vez que mencionamos en término «diva», recuerda que Steve Jobs fue una de las más grandes divas corporativas que el mundo ha conocido!)

Trabajar en exceso de modo positivo

El equilibrio entre el trabajo y la vida. He aquí otra piedra de toque en lo que a supuestas prácticas gerenciales iluminadas se refiere; estas prácticas pueden resultar insultantes para los empleados inteligentes y dedicados. La frase misma es parte del problema: para mucha gente, el trabajo es una parte importante de la vida, no algo que debe separarse de la misma. Las mejores culturas invitan y capacitan a la gente para trabajar demasiado en un sentido positivo, con demasiadas cosas interesantes que hacer tanto en el trabajo como en casa. Así que, si eres gerente, es tu responsabilidad mantener el trabajo vivaz y pleno; *no* se trata de un componente clave de tu trabajo para asegurarte de que los empleados tengan una semana laboral de cuarenta horas constantemente.

Los dos hemos laborado con madres trabajadoras que prácticamente desaparecen por algunas horas en las noches para estar con sus familias y meter a sus niños a la cama. Luego, como a las nueve de la noche, los correos electrónicos y las solicitudes de chat comienzan a llegar y estamos ciertos de volver a tener su atención. (También sucede con los papás, pero el patrón es especialmente cierto en el caso de las madres trabajadoras.) ¿Están trabajando demasiado? Sí. ¿Tienen muchas cosas qué hacer en casa? Sí. ¿Sacrifican a su familia y la vida en general por el trabajo? Sí y no. Han tomado decisiones sobre su estilo de vida. Hay ocasiones en que el trabajo sobrepasa todo y tienen que hacer sacrificios; lo aceptan. Pero también hay momentos en que se toman una tarde para llevar a los niños a la playa o, más probable, hacen que la familia les caiga en la oficina para comer o cenar. (En las tardes de verano, el campus principal de Google parece un sitio familiar para acampar; hay niños corriendo por todas partes mientras sus papás disfrutan una buena cena.) Estos periodos de trabajo excesivo pueden prolongarse por semanas o incluso meses, especialmente en el caso de los lanzamientos nuevos, pero no duran por siempre.

Maneja este aspecto dando a la gente responsabilidad y libertad. No les ordenes quedarse a trabajar hasta tarde ni tampoco irse a casa temprano para estar con sus familias. En lugar de ello, pídeles que sean dueños de las cosas de las que son responsables y harán lo necesario para que el trabajo se realice. Bríndales espacio y libertad para que las cosas sucedan. Marissa Mayer, quien se convirtió en una de las madres trabajadoras más famosas de Silicon Valley poco después de asumir el puesto de directora general de Yahoo, en 2012, dice que el agotamiento no es causado por trabajar muy duro, sino por el resentimiento que se presenta al dejar algo que en verdad te importa.[25] Otorga el control a tus creativos

---

[25] Marissa Mayer, "How to Avoid Burnout" (*Bloomberg Businessweek*, 12 de abril de 2012).

inteligentes y, por lo general, tomarán las mejores decisiones para equilibrar sus vidas.[26]

También puede ayudar el procurar que los equipos de trabajo sean pequeños. En los equipos pequeños, los miembros del grupo son más aptos para percibir cuando uno de sus compañeros se está agotando y necesita irse a casa temprano o tomar unas vacaciones. Un equipo grande puede pensar que alguien que se toma vacaciones está haciendo el vago; un equipo pequeño se sentirá feliz al ver la silla vacía.

Nosotros alentamos el que la gente tome vacaciones reales, aunque no lo hacemos para promover el "equilibrio entre el trabajo y la vida". Si alguien es tan importante para el éxito de una empresa como para creer que no puede desconectarse una o dos semanas sin que las cosas se vengan abajo, entonces existe un problema mayor que debe atenderse. Nadie debe o puede ser indispensable. Ocasionalmente te toparás con empleados que crean esta situación a propósito, tal vez para alimentar su ego o en función de la falsa creencia de que el ser "indispensable" es igual a tener seguridad laboral. Haz que ese tipo de gente se tome unas buenas vacaciones y asegúrate de que un sustituto ocupe su lugar mientras están fuera. Regresarán frescos y motivados, y la persona

---

[26] No hay duda de que el exceso de trabajo puede causar agotamiento —obviamente, el tiempo y energía de las personas son finitos—. Sin embargo, las investigaciones sobre el agotamiento laboral demuestran que la falta de control también es culpable. (Otros culpables son las recompensas insuficientes, los problemas con la comunidad, la falta de justicia y los valores en conflicto.) El principal investigador sobre este asunto, la psicóloga Christina Maslach, ve el agotamiento como síntoma de un desajuste entre la gente y sus trabajos, y propone que las organizaciones tomen la carga de crear ambientes de trabajo más humanos. Ver Christina Maslach y Michael P. Leiter, *The Truth About Burnout: How Organizations Cause Personal Stress and What to Do About It* (Jossey-Bass, 1997).

que se puso en sus zapatos tendrá más confianza en sí misma. (Éste es un beneficio oculto enorme también para el caso de la gente que se ausenta por asuntos de maternidad o paternidad.)

Establece una cultura del Sí

Ambos somos padres, así que entendemos por experiencia personal el desencantador hábito paternal del no automático. «¿Puedo tomar un refresco?» No. «¿Puedo pedir dos bolas de helado en vez de una?» No. «Puedo jugar videojuegos aun cuando no he hecho la tarea?» No. «¿Puedo poner al gato en la secadora?» ¡NO!

El síndrome de "sólo di que no" también puede colarse al lugar de trabajo. Las empresas suelen inventar formas elaboradas, pasivo-agresivas por lo común, para decir que no: procesos a seguir, aprobaciones que obtener, reuniones a las que asistir. Una negativa es como una muerte diminuta para los creativos inteligentes. El *no* es señal de que la empresa ha perdido su brío temprano, de que se está volviendo demasiado corporativa. Después de un número suficiente de negativas, los creativos inteligentes dejan de preguntar y empiezan a dirigirse a la salida.

Para evitar que suceda esto, establece una cultura del Sí. Las empresas en crecimiento engendran caos, mismo que la mayoría de los gerentes tratan de controlar creando más procedimientos. En tanto que algunos de estos procedimientos pueden ser necesarios para ayudar al desarrollo de la empresa, deben retrasarse tanto como sea posible. Pon la vara alta para la aprobación de procesos nuevos; asegúrate de que existen razones corporativas de mucho peso que justifiquen su creación. Nos gusta esta frase del académico estadounidense y ex presidente de la Universidad de Connecticut, Michael Hogan: «Mi primer consejo es éste: di "sí". De hecho, di que sí tan seguido como puedas. Decir que sí hace que las cosas comiencen. Decir "sí" es la forma en que las cosas crecen. Decir "sí" te lleva a nuevas experiencias y las nuevas experiencias te llevarán al conocimiento y la sabiduría… La actitud del sí será tu forma de seguir adelante en estos tiempos inciertos.»[27]

Hace pocos años, Salar Kamangar, el exjefe de YouTube, tuvo su momento de "actitud del sí". Sucedió durante una de sus reuniones semanales con el personal, en la que se discutía sobre la prueba de una nueva característica: la reproducción en alta definición. Las pruebas marchaban bien. Tan bien, de hecho, que Salar preguntó si había alguna buena razón por la que dicha característica no pudiera lanzarse de inmediato. «Bueno —respondió alguien— el plan dice que no se supone que deba lanzarse hasta dentro de varias semanas, así que lo podemos probar más para estar seguros de que funciona». «Bien —contestó Salar—, pero además del plan, ¿hay una buena razón por la que no podamos ponerla a funcionar hoy?» Nadie pudo pensar en una, y la alta definición de YouTube se lanzó al día siguiente. Nada estalló, nada se rompió y millones de felices usuarios de YouTube fueron beneficiados semanas antes de lo esperado gracias al compromiso de un hombre por decir que sí.

diversión, no Diversión

Cada semana, en la junta general de Google "Gracias a dios que es viernes", todos los recién contratados se sientan en una sección y se les dan sombreros multicolor con hélices para identificarlos. Sergey les da una cálida bienvenida, todos aplauden y luego él dice: «Ahora vuelvan a trabajar.» No es la mejor de las bromas, pero pronunciada con el tono inexpresivo y el ligero acento ruso, siempre provoca risas abundantes. Entre sus otros grandes talentos, una de las fortalezas de Sergey como líder de creativos inteligentes es su sentido del humor. Cuando preside las juntas mencionadas, sus constantes comentarios breves improvisados

---

[27] Steve Friess, "In Recession, Optimistic College Graduates Turn Down Jobs".

generan muchas risas, no el tipo de risas ríete-de-los-chistes-del-fundador, sino risas verdaderas.

Un gran comienzo, un gran proyecto —un gran trabajo, por así decirlo— debe ser divertido, y si te matas trabajando sin que de ello derive disfrute alguno, probablemente algo está mal. Parte de la diversión proviene de inhalar los humos del éxito futuro. Pero buena parte de esto proviene de la risa y de las bromas, y de disfrutar la compañía de tus compañeros de trabajo.

La mayoría de las compañías trata de manufacturar Diversión, con una D mayúscula. Igual que en los casos de: se celebrará el día de campo anual de la compañía… /la fiesta por el día de… /el viernes fuera del trabajo. Habrá música Divertida. Habrá premios Divertidos. Habrás un concurso Divertido de algún tipo que avergonzará a algunos de tus compañeros de trabajo. Habrá pintura de caritas Divertidas/payasos/adivinadores. Habrá comida Divertida (pero no alcohol Divertido). Irás. Te divertirás. Hay un problema con estos eventos Divertidos: no son Divertidos.

Éste no tiene por qué ser el caso. Los eventos organizados por la empresa no tienen nada de malo, siempre y cuando se hagan con buen gusto. De hecho, no es difícil hacer una fiesta divertida de la empresa. La fórmula es exactamente la misma que tiene lugar en las bodas divertidas: gente grandiosa (y vaya que contrataste a gente grandiosa, ¿o no?) + música grandiosa + comida y bebida grandiosas. En tanto que el factor diversión puede estar en peligro gracias a esos invitados que son congénitamente aburridos, (la tía Bárbara, de Boca Ratón, Craig de contabilidad), no hay nada que una buena banda que toque *covers* de los ochenta y unas buenas bebidas no puedan arreglar. Todos se divierten cuando bailan al ritmo de Billy Idol y beben una buena cerveza Anchor Steam.

También están los eventos grupales o de toda la empresa que se celebran fuera de la oficina. Éstos suelen justificarse como eventos para la formación de equipos que ayudan a que el grupo aprenda a trabajar mejor en equipo. Vas al evento de superación de obstáculos hechos con cuerdas o a la clase de cocina, haces una prueba de personalidad o resuelves un problema en grupo, y así nada más te incorporarás a una maquinaria bien afinada. O no. He aquí nuestra idea de lo que deben de ser los eventos externos: olvídate de formar equipos y diviértete. El criterio de Jonathan para sus excursiones incluía realizar actividades grupales al aire libre (si el clima lo permitía) en un nuevo lugar, lo suficientemente alejado de la oficina para que el evento se sintiera como un verdadero viaje, siempre y cuando se pudiera llegar en un día, y brindando una experiencia que la gente no pudiera o no quisiera tener a solas.

Estas reglas han hecho que Jonathan lleve a sus equipos a viajes por el norte de California: a los Bosques Muir, al Parque Nacional Pinnacles, al Parque Estatal Año Nuevo, para ver a los famosos elefantes marinos, o al malecón de la playa Santa Cruz. Estos eventos no cuestan mucho; la diversión puede ser barata (la Diversión no suele serlo). El precio de entrada a los juegos de *hockey* en patines de Larry y Sergey, en los días tempranos de Google, era sólo un palo, un par de patines y la disposición a recibir un caderazo del fundador. Sheryl Sandberg dirigía un club de lectura para su equipo de ventas que fue tan popular en las oficinas de India que todos y cada uno de los miembros del equipo participaban. Eric encabezó a todo el equipo de Seúl bailando "Gangnam Style" con la estrella coreana del pop PSY, quien había ido a la oficina de visita. (Eric no comulgaba con el consejo de Satchel Paige en el sentido de "bailar como si nadie te estuviera viendo". Cuando eres un líder, todos observan, así que no importa si bailas mal, importa que bailes.)

Jonathan apostó una vez con la directora de mercadeo, Cindy McCaffrey, a que su equipo tendría una participación más alta en la encuesta anual a los empleados para la retroalimentación, Googlegeist. El perdedor tenía que lavar el auto del ganador. Cuando Jonathan perdió, Cindy rentó una limosina Hummer, le puso tanto lodo como le fue posible (hasta el día de hoy no sabemos cómo lo hizo), y luego reunió a su equipo para que vieran a Jonathan lavar la monstruosa camioneta suburbana al tiempo que le arrojaban globos rellenos con agua mientras lo hacía. En otra ocasión, Jonathan logró que se construyera la cancha de basquetbol de la empresa trayendo un par de postes con aros para basquetbol y retando a un par de equipos de ingenieros a ser los primeros en ensamblarlas. Algunos de estos tipos no sabrían distinguir entre un aro y una dona, pero reconocían un reto de ingeniería al verlo.

Un elemento definitorio de una cultura divertida es idéntico al de la cultura innovadora: la diversión viene de todas partes. La clave consiste en establecer los límites de modo que sean tan permisivos como sea posible. Nada puede ser sagrado. En 2007, algunos de nuestros ingenieros descubrieron que la foto del perfil de Eric en nuestro sistema de intranet estaba en una carpeta pública. Alteraron el fondo de la foto para incluir un retrato de Bill Gates y, el Día de las Bromas de abril, subieron la imagen a la página de Eric. Todo googlero que veía el perfil de Eric, veía esto:

Eric mantuvo esta foto en su perfil durante un mes.

El humor creativo inteligente no siempre es tan benévolo como una foto de Bill Gates en la pared, y ahí es donde entran en juego los límites laxos. En octubre de 2010, un par de ingenieros de Google llamados Colin McMillen[28] y Jonathan Feinberg, lanzaron un sitio interno llamado Memegen, que permite a los googleros crear memes (frases concisas emparejadas con imágenes) y votar las respectivas creaciones. Memegen creó una nueva forma de diversión para los googleros en tanto que se comentaba mordazmente el estado de la compañía. Ha tenido un éxito bárbaro en ambos frentes. En la fina tradición de Tom Lehrer y Jon Stewart, Memegen puede ser muy gracioso al tiempo que llega al corazón de las controversias de la empresa. Veamos.

Parece que Eric es popular entre los usuarios de Memegen:

---

[28] Antes de venir a Google, Colin fue cofundador de reCAPTCHA, que hace una aplicación que ayuda a los sitios web a asegurarse de que los usuarios son personas y no programas de computadora o robots. Se trata de esa cosa en la que lees texto distorsionado que reescribes en un recuadro. Pero ciertamente su gran logro es Memegen.

Una queja constante en Google es que las cosas solían ser mucho mejores en la empresa:

Una idea para una nueva aplicación Google Glass:

Después de que Project Loon (que explicaremos con más detalle después) fue anunciado, un googler sintió que sus Objetivos y Resultados Clave (ORC, las metas de desempeño quincenales —también se abordarán más adelante en esta obra—) necesitaban revisión:

Bailando en Seúl con la estrella pop coreana, PSY:

Uno de ellos es conocido a nivel mundial por sus hilarantes movimientos dancísticos...

y el otro es PSY.

Esto no es Divertido: no pudo haber sido creado por mandato. Es divertido y sólo puede ocurrir en un ambiente permisivo que confía en sus empleados y que no se preocupa por cuestiones como: ¿Qué sucedería si se filtra?. Es imposible divertirse demasiado con este tipo de diversión. Mientras más te diviertes, más logras hacer.

Debes ponerte algo

No mucho después de que se convirtió en director general de Novell, Eric escuchó un buen consejo de un conocido: «Cuando te encuentres en un momento de cambio —le dijo el hombre— primero que nada, encuentra a las personas inteligentes. Y para encontrarlas, encuentra a una de ellas.» Unas semanas más tarde, Eric estaba en un vuelo de San José a Utah (sede de la empresa) con un ingeniero de Novell que lo impresionó. Eric recordó el consejo que había recibido respecto a los momentos de cambio, interrumpió al ingeniero inteligente prácticamente a media frase y le pidió que hiciera una lista con las 10 personas más inteligentes que conociera en Novell. Unos minutos después, Eric tenía su lista. Programó reuniones a solas con cada una de las 10 personas.

Unos días después, la primera persona de la lista se presentó en la oficina de Eric. Estaba casi blanco, como una hoja de papel. «¿He hecho algo malo?», preguntó. Las siguientes reuniones comenzaron de manera semejante. Cada una de las personas inteligentes llegó a la junta con actitud defensiva y temerosa. Eric pronto se dio cuenta de que, cuando la gente era despedida de Novell, se hacía en reuniones privadas con el director general. Si darse cuenta, había asustado a algunos de los mejores empleados de la compañía, quienes pensaron que los iban a despedir.

Ésta fue una de nuestras primeras lecciones sobre lo difícil que puede ser cambiar una cultura en una empresa que está en marcha. El consejo en el sentido de encontrar a las personas inteligentes era sólido, pero la ejecución fue interrumpida por una cultura que Eric no había anticipado. En tanto que establecer una cultura en una empresa recién fundada es relativamente fácil, cambiar la cultura de una empresa en marcha es extraordinariamente difícil, pero es todavía más importante para lograr el éxito: una cultura estancada, demasiado "corporativa" es un anatema para el creativo inteligente promedio.

Tenemos algo de experiencia práctica reciente con este escenario gracias a nuestro trabajo en Motorola Mobility, que fue comprado por Google en 2012.[29] Se deben hacer un par de cosas importantes. Primero, reconocer el problema. ¿Cuál es la cultura que define a tu compañía hoy (no la que se describe en la misión o en la declaración de valores, sino la real, la que vive la gente todos los días)? ¿Qué problemas ha causado esta cultura al negocio? Es importante no limitarse a criticar la cultura existente, lo que sólo insultará a la gente; lo mejor es tratar de establecer conexiones entre los fracasos corporativos y el papel que pudo haber jugado la cultura en dichas situaciones.

Luego articula la nueva cultura que visualizas —tomaremos prestada la frase promocional de Nike en la Copa Mundial 2010: «escribe el futuro»— y da pasos específicos, de alto nivel, para moverte en la dirección deseada. Promueve la transparencia y el compartir ideas entre las divisiones de la empresa. Abre el calendario de todos de modo que los empleados puedan ver lo que otros empleados hacen. Celebra más reuniones en que participe toda la empresa y alienta el que la gente haga preguntas honestas sin represalias. Y cuando te toquen esas preguntas difíciles, responde honesta y auténticamente. Cuando Motorola fue el tema de la junta semanal TGIF, varios googleros hicieron preguntas difíciles sobre los productos de la empresa, y todas se respondieron de la mejor manera posible. Más tarde, Jonathan oyó en los pasillos que algunos empleados de Motorola se preguntaban si

---

[29] Google anunció que vendería Motorola a Lenovo en 2014.

los que habían formulado las preguntas serían despedidos. Les aclaró que no.

A veces, cuando se pretende redefinir una cultura, puede ser útil revisar la original. Lou Gerstner, quien ayudó a hacer un cambio en IBM, escribe en su libro *Who Says Elephants Can't Dance?*: «Se ha dicho que toda institución no es más que la sombra alargada de una persona.[30] En el caso de IBM, esa persona era Thomas J. Watson, padre.»[31] Gerstner continúa hablando de reconstruir IBM con base en las creencias esenciales de Watson: excelencia en todo lo que se hace, servicio al cliente superior y respeto por el individuo. Pero aunque se construya sobre el legado de ese fundador, no se debe temer a quitar las cuestiones obsoletas. Gerstner abolió el famoso traje azul porque ya no servía al propósito de mostrar respeto por el cliente. «No reemplazamos un código de vestimenta con otro. Simplemente regresé a la sabiduría del señor Watson y decidí que la gente debía vestirse de acuerdo con las circunstancias del día y reconociendo con quiénes se estará.»[32]

(A Eric se le preguntó en una reunión de la empresa cuál era el código de vestido en Google. «Debes ponerte algo», fue su respuesta.)

Todo esto requiere de mucho tiempo. La lección más importante que nos dejó la experiencia Motorola es algo que muchos de ustedes pueden saber ya: practicar lo que se promueve en este

---

[30] Esta cita es original de Ralph Waldo Emerson, quien escribió: "Una institución es la sombra alargada de un hombre." Ver Ralph Waldo Emerson, *Self-Reliance and Other Essays* (Dover Thrift Editions, 1993), página 26.

[31] Louis V. Gerstner, Jr., *Who Says Elephant's Can't Dance?: Inside IBM's Historic Turnaround* (HarperBusiness, 2002), página 183.

[32] Louis V. Gerstner, Jr., *Who Says Elephant's Can't Dance?: Inside IBM's Historic Turnaround* (HarperBusiness, 2002),páginas 184-185.

98 **ERIC SCHMIDT Y JONATHAN ROSENBERG**

libro en un esfuerzo por cambiar la cultura, toma mucho más tiempo de lo esperado.

Ah'cha'rye

Como todos los que comienzan con una nueva empresa (o cuando se reinventa una ya existente), estás firmando para obtener largos días de trabajo, noches de insomnio y tal vez algunos cumpleaños perdidos. Contratarás a personas que necesitan creer en ti y en tu idea lo suficiente como para estar dispuestos a hacer los mismos sacrificios. Para lograr todo esto, debes estar lo suficientemente loco para pensar que tendrás éxito, pero que estás lo suficientemente sano para lograrlo. Esto requiere compromiso, tenacidad y, por encima de todo, pensar en una sola cosa. Cuando los comandantes de los tanques israelíes se dirigen al combate, no gritan «¡A la carga!», más bien, animan a las tropas gritando «*Ah'cha'rye*», que se traduce del hebreo como «síganme». Cualquiera que aspira a liderar a creativos inteligentes necesita adoptar esta actitud.

Eric se reunió en una ocasión con Mark Zuckerberg en las oficinas de Facebook, en Palo Alto. En ese momento, ya quedaba claro que Facebook y Mark iban a ser enormemente exitosos. Los dos hombres conversaron durante un par de horas, terminando cerca de las siete de la noche. Cuando Eric se iba, un asistente trajo la cena de Mark y la puso cerca de su computadora. Mark se sentó y volvió al trabajo. No quedaba duda de que estaba comprometido.

Uno de los ingenieros que trabajaba con nosotros en los primeros años, Matt Cutts, recuerda cómo se solía ver a Urs Hölzle, el ejecutivo de la ingeniería que llevó a la creación de la infraestructura del centro de datos Google: solía ir recogiendo basuritas al caminar por la oficina. Esto es algo común en Silicon Valley: el director general que recoge los periódicos frente a la entrada, el fundador que limpia el mostrador. Con estas acciones, los líderes demuestran su naturaleza igualitaria: estamos juntos en esto y ninguno de nosotros está tan alto como para no atender las labores menudas que deben realizarse. Pero principalmente lo hacen porque se interesan muchísimo en la empresa. El liderazgo requiere de pasión. Si no la tienes, fuera de aquí.

No seas malo

Eric había estado en Google durante unos seis meses. Para entonces, ya sabía todo sobre el mantra de la empresa: «No seas malo», mismo que habían acuñado los ingenieros Paul Buchheit y Amit Patel durante una junta celebrada en épocas anteriores de la empresa. Sin embargo, él subestimó completamente lo mucho que esta frase se había convertido en parte de la cultura de la empresa. Él participaba en una junta en que se discutían los méritos de un cambio al sistema de anuncios, un cambio que tenía el potencial de ser muy lucrativo para la empresa. Uno de los líderes de ingeniería dio un manotazo en la mesa y dijo: «No podemos hacer eso, sería malo.» La habitación se silenció de pronto; era como si se estuviera jugando una partida de póquer en el antiguo oeste y uno de los participantes acusara a otro de hacer trampa, haciendo que todos se retiren de la mesa y esperando a que alguien sacara el arma. Eric pensó: «Wow, estos tipos se toman las cosas en serio.» Sobrevino una discusión contenciosa y, en última instancia, el cambio no se realizó.

El famoso mantra de Google, «No seas malo», no es enteramente lo que parece. Sí, expresa genuinamente un valor de la empresa y una aspiración que es hondamente sentida por los empleados, pero también es otra manera principal de otorgar poder a los empleados. La experiencia de Eric no fue inusual (excepto por el golpe en la mesa): los googleros revisan regularmente su brújula moral cuando toman decisiones.

Cuando Toyota inventó su famoso sistema kanban de producción justo en tiempo, una de sus reglas de control de calidad era que cualquier empleado de la línea de producción podía detener la producción si notaba un problema de calidad.[33] La misma filosofía subyace en nuestro sencillo eslogan de tres palabras. Cuando el ingeniero de la junta de Eric consideró que la nueva característica era mala, estaba jalando el cordón para detener la línea de producción, forzando a que todos los demás analizaran la característica propuesta para determinar si era consistente con los valores de la empresa. Toda compañía necesita su *no seas malo*, su estrella polar que brilla sobre todas las capas gerenciales, planes de producto y políticas corporativas.

Éste es el beneficio más importante que se obtiene al tener una cultura corporativa bien establecida y bien entendida. Se convierte en la base de todo lo que tú y la empresa hacen; es la salvaguarda que evita que el tren descarrile, porque se trata de los rieles mismos. Las mejores culturas son aspiracionales. Para cada uno de los componentes discutidos en este capítulo, hemos ofrecido ejemplos en que hemos vivido conforme a nuestros ideales. Pero igualmente podríamos haber expuesto los casos en que nos quedamos cortos. Legarán los fracasos, pero habrá más casos en que la gente logre más de lo previsto y, cuando eso sucede, la vara queda cada vez más alta. Tal es el poder de una gran cultura: puede hacer que cada miembro de la compañía mejore. Y puede hacer que la empresa vuele cada vez más alto.

---

[33] David Magee, *How Toyota Became #1: Leadership Lessons from the World's Greatest Car Company* (Portfolio/Penguin, 2007).

Estrategia: tu plan está mal

No tenemos idea de cuál es tu actividad; ni siquiera sabemos en qué industria te desenvuelves, así que no pretenderemos decirte cómo crear un plan de negocios. Pero sí podemos afirmar con completa certeza que si tienes un plan, está mal. Los planes elaborados al estilo de los posgrados de las universidades, sin importar lo bien pensados o concebidos que estén, *siempre* tienen fallas importantes. Seguir fielmente esos planes fallidos lleva a lo que el emprendedor Eric Ries llama «lograr el fracaso».[1] Es por esto que los inversionistas de alto riesgo suelen invertir en el equipo, no en el plan. Ya que el plan está mal, la gente debe estar bien. Los equipos exitosos detectan las fallas en el plan y hacen ajustes.

¿Cómo es que una nueva aventura corporativa puede atraer a grandes personas y otras cosas importantes (como el financiamiento) sin tener un plan? De hecho, está muy bien tener un plan, pero entiende que cambiará conforme avances y descubras nuevas cosas sobre el producto y el mercado. Esta iteración veloz

---

[1] Ries define el "logro del fracaso" como la ejecución exitosa de un plan que lleva a ninguna parte porque el plan es completamente fallido. Ver Eric Ries, *The Lean Startup* (Crown Business/Random House, 2011), páginas 22 y 38.

es de crítica importancia para llegar al éxito, pero son igualmente importantes los cimientos sobre los que se construye el plan. Los cambios tectónicos marcados por la tecnología que caracterizan al Siglo de Internet han provocado que algunos fundamentos estratégicos comúnmente aceptados, de los que aprendimos en la escuela o en el trabajo, se consideren hoy incorrectos.[2] Así que aunque tu plan pueda cambiar, necesita un grupo de principios fundacionales anclado en el funcionamiento actual de las cosas, y esa será la guía de tu plan conforme cambie para avanzar por el camino del éxito. El plan es fluido, los cimientos son estables.

Algunos miembros probables del equipo pueden desanimarse por esta flexibilidad; a la mayoría de la gente no le gusta la incertidumbre. Por otra parte, los creativos inteligentes gustan de la forma de trabajar que se basa en el «ya lo resolveremos»: tienen, como escribió Jonathan en una entrevista, «la flexibilidad para aguantar los golpes en este ambiente vertiginoso».[3] De hecho,

---

[2] O tal vez sea el caso que no aprendimos los factores fundamentales correctos. Por ejemplo, Peter Drucker escribió allá por 1974 que "10 años son un periodo bastante corto en estos días", haciendo notar que toda decisión gerencial mayor requiere de años antes de ser realmente efectiva. Sin embargo, no pierde tiempo para explicar que la idea de la planeación a largo plazo suele ser malinterpretada: "El 'corto plazo' y el 'largo plazo' ya no están determinados por ningún periodo de tiempo. Una decisión no es a corto plazo por el hecho de que sólo requiera de unos meses para su implementación. Lo que importa es el periodo de tiempo que requiere para ser efectiva. Una decisión no es a largo plazo por el simple hecho de que hayamos decidido en los setenta que la llevaríamos a cabo en 1985; esto no es una decisión, sino un divertimento ocioso. Es tan real como el plan de un niño de ocho años de ser bombero cuando crezca." Ver Peter F. Drucker, *Management: Tasks, Responsabilities, Practices* (Harper & Row, 1974).

[3] Jonathan tomó esta línea prestada de su anterior jefe en Apple, James Isaacs, quien una vez la utilizó para referirse a uno de sus empleados favoritos (o eso nos gusta pensar), un tal Jonathan Rosenberg.

no confiarán en un plan que pretenda tener todas las respuestas, pero brincarán de alegría con un plan que no las tenga, siempre y cuando esté construido sobre la base correcta.

El equipo de Jonathan le enseñó esta lección no mucho tiempo después de unirse a la empresa, en 2002. Entonces, la compañía tenía un cimiento estratégico muy bien pensado. El asunto era que no se había puesto por escrito. De hecho, nadie se había tomado el tiempo para documentar la estrategia completa de Google desde la fundación de la compañía, en 1998. Jonathan se propuso inmediatamente subsanar esta flagrante omisión. Quería construir el típico negocio tradicional destinado a la obsolescencia antes de que la tinta se secara siquiera, el tipo de plan de negocios al que estaba acostumbrado, pero su equipo de delegados —Marissa Mayer, Salar Kamangar y Susan Wojcicki— lo detuvieron.[4] La empresa no necesitaba documentar su plan (ni siquiera necesitaba uno), según discutieron, pero para poder contratar nuevo personal y lograr que todos se movieran en la misma dirección, se requería documentar el cimiento de dicho plan. Da a los googleros estos elementos fundacionales, dijeron Salar, Marissa y Susan, y ellos se encargarán del resto.

El resultado fue una presentación titulada *Estrategia de Google: pasado, presente y futuro*. La presentamos al consejo en octubre de 2002 (allanando el camino para que Mike Moritz pidiera un plan de negocios más comprensible el siguiente verano), y partes de ésta siguieron usándose para describir la perspectiva de Google durante los años siguientes. Los principios que describe eran muy distintos de los que tenían las empresas dedicadas a Internet a fines de la década de 1990, y hoy son el prototipo

---

[4] A Jonathan le dio por llamar a este trío, conformado por Marissa, Salar y Susan, "la manada de camellos", porque siempre tenían sus propias ideas y, por lo general, se negaba a seguir las de Jonathan. Eventualmente llegó a convertirse en una expresión cariñosa. ;)

fundacional de cómo crear una historia de éxito en el Siglo de Internet: apuesta por las grandes intuiciones técnicas, las que ayudan a resolver un gran problema de manera novedosa, optimiza en función de la escala, no de las utilidades, y permite que los grandes productos hagan que el mercado crezca para todos.

Apuesta por las intuiciones técnicas, no por la investigación de mercado

A mediados de la década de los noventa del siglo pasado, cuando Larry y Sergey comenzaron a investigar para su proyecto de tesis para el doctorado (que se convertiría en Google), los buscadores líderes ordenaban sus resultados con base en el contenido de un sitio web. Si realizabas una búsqueda como «universidad», era muy probable que te regresara un vínculo de una librería o de una tienda de bicicletas, puesto que podías llevar una a la universidad. De hecho, durante una visita a una de las empresas que tenían motores de búsqueda, Larry se quejó de los pobres resultados que obtenía cuando buscaba el término «universidad» con su producto. La culpa era suya, dijeron. Debería ser más preciso en su consulta.

Así que Larry y Sergey descubrieron una mejor forma de hacerlo. Se les ocurrió que podían determinar la calidad del sitio web —qué tan relevante sería el contenido al responder a la búsqueda de un usuario— al analizar cuáles otras páginas estaban vinculadas a éste. Encuentra una página a la que redirigen otras páginas y es probable que hayas encontrado un sitio web con contenido de mayor calidad.[5] Existen muchos otros factores que hicieron que el motor de búsqueda de Google fuera muy superior

---

[5] Este método es conocido como el algoritmo PageRank, la base del sistema de búsqueda de Google, bautizado por Larry Page y descrito en el texto escrito por Lawrence Page, Sergey Brin, Rajeev Motwani y Terry Winograd, "The PageRank Citation Ranking: Bringing Order to the Web" (reporte técnico del Infolab de Stanford, 1999).

al de la competencia desde su lanzamiento —por ejemplo, ponía énfasis en resultados hallados en sitios web de corte académico—, pero el corazón de la ventaja que el producto representaba consistía en esta sola intuición técnica sobre cómo utilizar la estructura de vínculos de la red como mapa de ruta para llegar a la mejor respuesta.

Desde entonces, la mayoría de los productos exitosos de Google se basan en fuertes intuiciones técnicas, en tanto que los menos exitosos han carecido de este enfoque. AdWords, el motor de anuncios de Google que genera la mayor parte de los ingresos de la empresa, se basó en la intuición de que los anuncios podían ordenarse y desplegarse en la página tomando como base su valor informativo para los usuarios, y no sólo en función de quién estuviera dispuesto a pagar más.[6] Google News, el sitio que ofrece encabezados noticiosos tomados de miles de fuentes de medios, se basó en la intuición de que se podían agrupar algorítmicamente las historias de acuerdo con su tema, no de acuerdo con la fuente. Chrome, el navegador de código abierto de Google, se fundó sobre la intuición de que los sitios web se tornaban cada vez más

---

[6] Uno de los competidores de Google a principios de este siglo era Overture, pionero en el uso de un sistema de subasta para colocar los anuncios. El problema con el enfoque de Overture era que no recompensaba a los anunciantes por crear mejores anuncios, ni los penalizaba por los anuncios malos. Los anunciantes comenzaron a poner sus anuncios deliberadamente en los resultados de todo tipo de búsquedas no relacionadas (como el anuncio de un auto cuando alguien realizaba una búsqueda sobre restaurantes). Los usuarios rara vez pulsaban esos anuncios, así que no se les cobraba a los anunciantes, pero aún así el usuario veía el nombre y el mensaje anunciado, lo que generaba un impacto gratuito. Conforme más anunciantes comenzaron a hacer esto, la calidad del servicio empeoró. La idea de Google de ordenar los anuncios por su calidad terminó de tajo con esta práctica (los malos anuncios no eran mostrados), llevando a un despliegue de mejores anuncios que lograban más clics.

complejos y poderosos, por lo que los buscadores debían pasar por una reingeniería en busca de velocidad. Elige un producto exitoso e innovador de Google y es muy probable que encuentres al menos una intuición técnica en el entramado, el tipo de idea que bien pudo haber aparecido en una revista técnica. La búsqueda de Knowledge Graph se basa en organizar la gran cantidad de datos no estructurados de Internet para presentarlos en un formato de fácil consumo para el usuario. El identificador de contenido de YouTube crea una representación única de datos para cada video o audio, y compara esa suerte de huella dactilar digital contra una base de datos global de derechos, dando así a los propietarios de los derechos la capacidad de encontrar (y a veces capitalizar monetariamente) su contenido en YouTube. El Traductor de Google recibe ayuda de una base de datos multilingüe que mejora continuamente la calidad de la traducción. Hangouts (para chatear en video con una o más personas) codifica varios formatos de video en la nube en vez de hacerlo a nivel de las máquinas, lo que facilita conducir una videoconferencia global desde cualquier dispositivo, con un solo clic.

Los líderes de producto crean planes de producto, pero suele suceder (¡regularmente!) que esos planes de producto carecen del componente más importante: ¿Cuál es la intuición técnica sobre la que se basará la construcción de esas nuevas características, productos o plataformas? Una intuición técnica es una nueva forma de aplicar la tecnología o el diseño, lo que lleva a una baja directa del costo o aumenta las funciones y la facilidad de uso del producto significativamente. El resultado es algo que supera a los productos de la competencia considerablemente. La mejora suele ser obvia; no se necesita mucho mercadeo para que los clientes se percaten de que el producto es distinto a todo lo demás.

En ocasiones, desarrollar las intuiciones técnicas es sencillo —OXO construyó un negocio sobre la base de rediseñar ergonómicamente las herramientas de la cocina— pero en la mayoría de los casos es difícil lograrlo, razón probable por la que las empresas no convierten esta forma de ver las cosas en el cimiento de su estrategia. Más bien, siguen la forma tradicional tipo maestría universitaria para determinar en qué son mejores (su ventaja competitiva, por Michael Porter),[7] y luego usan el apalancamiento para expandirse a mercados adyacentes. Esta forma de hacer las cosas puede ser muy efectiva si estás en una empresa líder en su sector que mide el éxito en puntos porcentuales, pero no si tratas de lanzarte en una nueva aventura. Nunca irrumpirás en una industria o transformarás tu negocio, y nunca conseguirás hacerte de los mejores creativos inteligentes si tu estrategia está basada en apalancar tu ventaja competitiva para atacar mercados relacionados.

La compañías también pueden depender de las tácticas inteligentes en cuestiones como el precio, el *marketing*, la distribución y las ventas para exprimir un poco más de esa participación de mercado y lograr márgenes de utilidad mayores. Piensa en todos los productos que hay en un supermercado y que en la etiqueta contienen la palabra «nuevo», «mejorado», cuando de hecho la única mejora perceptible radica en el empaquetado y en la publicidad. Estas tácticas suelen provenir de la investigación de

---

[7] El economista Michael Porter, profesor de la Escuela de Negocios de la Universidad de Harvard y fundador de la firma de consultoría Monitor, es un, muy influyente, experto en estrategia; también es experto en cómo las empresas, regiones y naciones obtienen ventajas sobre sus competidores. En su revolucionario libro *Competitive Strategy: Techniques for Analyzing Industries and Competitors* (Free Press, 1980), Porter expone las cinco fuerzas que determinan la capacidad de una empresa para seguir siendo competitiva y rentable. En la secuela de esta obra, tan influyente como la primera, *Competitive Advantage: Creating and Sustaining Superior Performance* (Free Press, 1985), Porter explica las actividades necesarias para obtener la ventaja sobre las empresas rivales, argumentando que esta ventaja competitiva surge ya sea de su estructura de costos, de su diferenciación o de la concentración en un nicho específico.

mercados, que involucra a un grupo de consultores que diseccionan a la base de clientes potencial de la empresa para organizarla en segmentos estrechamente definidos —milenaristas digitales por este lado, la Generación X por allá, preadolescentes acullá— llevando a los diseñadores de producto a crear 31 sabores mediocres (sin ofender, Baskin-Robbins). ¿Qué es lo mejor de los consultores en investigación de mercados? Es fácil echarles la culpa y despedirlos cuando se equivocan.

Excite@Home, empresa en que Jonathan dirigió el equipo de producto a fines de la década de 1990, fue fundada con base en una serie de intuiciones técnicas que convirtieron a los cables coaxiales por los que se transmitía la televisión de paga, en vías de entrada de banda ancha a los hogares. El módem de cable que Excite@Home desarrolló fue un producto revolucionario, pero se topó de frente con un enemigo intratable: la investigación de mercado. Los operadores de cable tenían datos que mostraban que casi todos sus clientes tenían computadoras personales (PC) con procesadores Intel 80286 y 80386, así que los módems de Excite@Home debían soportar esos sistemas. Pero los ingenieros de Excite@Home sabían que esos viejos procesadores no tenían el poder de hacer nada interesante con la conexión de banda ancha, y que los clientes con esas computadoras que contrataran el servicio tendrían una mala experiencia. Los operadores de cable presionaron fuerte en este sentido, tratando de hacer que Excite@ Home ofreciera un servicio inútil para computadoras personales caducas porque eso les dijo la investigación de mercado que debían hacer. Pero ésta falló en darse cuenta de que el desempeño de las computadoras personales seguía la Ley de Moore, al duplicar su poder, o casi, cada dos años, por lo que pronto estarían fuera del mercado todas esas PC que eran fuente del problema.[8]

---

[8] La Ley de Moore es la predicción, hecha por el cofundador de Intel, Gordon Moore, de que el número de transistores en un chip —y, en conse-

En tanto que Excite@Home ganó esta polémica en particular, la empresa no fue inmune a cometer errores provocados por la investigación de mercados. Cuando se preguntó a los clientes qué les importaba más, la principal respuesta fue la velocidad, así que eso fue lo que Excite@Home destacó en su *marketing*, pero aunque el ancho de banda del cable era bastante rápido, la característica que los usuarios amaban en realidad era que el servicio siempre estaba disponible (siempre estaba *prendido*); no tenían que esperar a marcar y escuchar los ruiditos de los módems y servidores consumando la conexión en el ciberespacio para acceder a la red. Jonathan y sus colegas promovieron lo que los usuarios dijeron que querían, pero la investigación de mercado no te puede decir cómo solucionar los problemas que los clientes consideran irresolubles. Dar al cliente lo que quiere es menos importante que darle lo que todavía no sabe que quiere.

Nada de malo hay en la mejora continua y en las tácticas corporativas inteligentes, pero la cola mueve al perro cuando la investigación de mercado se torna más importante que la innovación técnica. La mayoría de los líderes establecidos en el mercado comenzó gracias a intuiciones técnicas, pero luego se perdieron (como suele sucederle a los perros que son movidos por su cola). Los trajes se vuelven más importantes que las batas de laboratorio.

---

cuencia, el poder de cómputo— se doblaría cada dos años. (En su artículo original de 1965, él predijo que el número se duplicaría en un año, pasando luego a la tasa de crecimiento más conservadora.) Ver Gordon E. Moore, "Cramming More Components onto Integrated Circuits" (*Electronics*, 19 de abril de 1965), páginas 114-117. Hasta ahora, la predicción ha sido correcta. Sin embargo, es probable que la Ley de Moore llegue a un límite en algún momento, ya sea por la física de la manufactura de circuitos o por factores económicos. Ver Karl Rupp y Siegfried Selberherr, "The Economic Limit to Moore's Law" (*Proceedings of the IEEE,* marzo de 2010), y Rick Merritt, "Moore's Law Dead by 2022, Expert Says" (*EE Times*, 27 de agosto de 2013).

Esto puede o no ser un error desde el punto de vista de la moda, pero ciertamente es un error para las empresas dominantes —y una buena oportunidad para las atacantes—.

Basar los productos en intuiciones técnicas ha sido siempre un principio fundamental de Google, pero su importancia nos quedó todavía más clara en 2009, cuando revisamos nuestra línea de producto y comenzamos a notar el surgimiento de un patrón: los mejores productos habían logrado su éxito con base en factores técnicos, no corporativos; además, los productos menos estelares carecían de esta distinción técnica. Nuestra marca se había hecho tan poderosa que cualquier producto que lanzábamos tenía su momento de fuerza en el mercado por el solo hecho de provenir de Google. Si medíamos el éxito por el número de usuarios, podíamos engañarnos (y nos engañamos) creyendo que los productos eran exitosos. No obstante, a veces no lo eran; el momento estelar de estas creaciones se perdía. Y virtualmente en cada caso, los productos que no seguían el patrón de éxito eran los que carecían de intuiciones técnicas. Por ejemplo, en una época en que Google trataba de aplicar algo de su experiencia en la publicidad en línea a otros mercados, incluyendo la publicidad impresa, radiofónica y televisiva. Fueron esfuerzos astutos, apoyados por gente inteligente, pero carecían de esa intuición técnica fundamental que cambiaría la curva costo-beneficio de manera no incremental, proveyendo además una diferenciación significativa. Los tres proyectos fracasaron. Y cuando miramos en retrospectiva otros productos de Google que no sobrevivieron (iGoogle, Desktop, Notebook, Sidewiki, Knol, Health, e incluso el popular Reader), o les faltaba la parte de la intuición técnica desde el principio, o las intuiciones en que estaban basados tenían sus días contados a causa de la evolución de Internet.

Un periodo de innovación combinatoria

¿Así que de dónde sacas estas intuiciones mágicas? En el Siglo de Internet, todas las empresas tienen la oportunidad de aplicar la tecnología para resolver grandes problemas de formas nuevas. Estamos entrando a lo que el economista de Google, Hal Varian, llama un nuevo periodo de "innovación combinatoria". Esto ocurre cuando hay una gran disponibilidad de diferentes componentes que pueden combinarse o recombinarse para crear nuevos inventos. Por ejemplo, en el siglo XIX, la estandarización en el diseño de los aparatos mecánicos, como los engranajes, las poleas y las cadenas, llevaron a un *boom* manufacturero. En el siglo XX, el motor de combustión interna a base de gasolina llevó a innovaciones en los automóviles, las motocicletas y los aeroplanos. Llegada la década de 1950, el circuito integrado proliferó en numerosas aplicaciones. En cada uno de estos casos, el desarrollo de componentes complementarios llevó a una oleada de invenciones.

Hoy, casi todos los componentes tienen que ver con la información, la conectividad y el cómputo. Los futuros inventores tienen toda la información del mundo, el alcance global y un poder de cómputo prácticamente infinito. Disponen de *software* de código abierto y de abundantes AIP[9] que les permiten construir sobre el trabajo previo de otros. Pueden usar protocolos y lenguajes estándar. Pueden acceder a las plataformas de información con datos sobre cosas que van del tráfico al clima, pasando por las transacciones económicas, la genética humana o por saber quién está conectado con quién a nivel social, todo esto ya sea para agregar a lo ya hecho (con permiso) o de forma individual. Así que una manera de desarrollar intuiciones técnicas es utilizar algunas de las tecnologías y datos accesibles aplicándolas a una industria para solucionar un problema existente de forma nueva.

---

[9] Aplicaciones de interfaz programable, que permiten que las aplicaciones de *software* interactúen con otros sistemas.

Además de estas tecnologías comunes, cada industria tiene su propia experiencia técnica y de diseño. Siempre hemos estado implicados en empresas relacionadas con la computación, en que la experiencia técnica subyacente es ciencia computacional, pero en otras industrias la experiencia subyacente puede ser la medicina, las matemáticas, la biología, la química, la aeronáutica, la geología, la robótica, la psicología, la logística y demás. Los negocios del entretenimiento se construyen sobre una base de experiencia técnica distinta —guiones, actuación, composición y creación—, en tanto que las empresas dedicadas a los productos de consumo combinan la tecnología y el diseño para desarrollar productos revolucionarios. Las empresas de servicios financieros usan las intuiciones técnicas para crear nuevos productos y plataformas de intercambio (y se hacen ricas en serio hasta que la burbuja explota o hasta que las acusaciones las golpean). Así que, independientemente de cuál sea tu negocio, existe un robusto cuerpo de conocimiento técnico en el que se basa la industria. ¿Quiénes son los especialistas tecnológicos de tu empresa? ¿Quiénes son los tipos que están en los estudios y laboratorios trabajando en cosas nuevas e interesantes? Sean lo que sean esas cosas, se trata de tecnología. Encuentra a los *nerds*, encuentra la tecnología y allí encontrarás las intuiciones que necesitas para llegar al éxito.

Otra fuente potencial de intuiciones técnicas es comenzar con una solución que reduzca un problema y luego buscar la manera de ampliar su aplicación. Esto va de la mano con una larga y fina tradición de innovación mundial. Las nuevas tecnologías tienden a llegar al mundo en condiciones muy primitivas, siendo diseñadas por lo común para resolver problemas muy específicos. La máquina de vapor se utilizó para sacar por bombeo el agua de las minas antes de encontrar su llamado brindando poder a las locomotoras.[10] Marconi

---

[10] La idea de que las nuevas tecnologías vienen al mundo en un estado primitivo fue una observación del padre de Jonathan, Nathan Rosenberg, un

vendió el radio como una forma de lograr comunicaciones entre los barcos y la tierra firme, no como un aparato en que se escuchan frases como «todos los niños están por encima del promedio». Los laboratorios Bell habían desaprovechado tanto el potencial comercial del láser cuando lo inventaron, en la década de 1960, que inicialmente ni siquiera lo patentaron. Hasta Internet fue concebido inicialmente como una forma en que los científicos y académicos podían compartir investigaciones. Con todo lo inteligentes que fueron sus creadores, nunca pudieron imaginar su funcionalidad futura como un sitio para compartir fotos y videos, para estar en contacto con los amigos, para aprender cualquier cosa sobre cualquier cosa o para hacer todas las cosas maravillosas que hacemos hoy con él.

Nuestro ejemplo favorito sobre cómo construir sobre una solución desarrollada para un problema estrecho, tiene que ver con esos adoptantes tempranos de tecnología: la industria del entretenimiento para adultos. Cuando la búsqueda de Google comenzó a crecer, algunas de nuestras búsquedas más populares estaban relacionadas con temas para adultos. Los filtros de pornografía de esa época eran notoriamente ineficientes, así que pusimos a un grupo de ingenieros a dedicarse a resolver el problema de capturar algorítmicamente la definición de pornografía del juez de la Suprema Corte de Justicia, Potter Stewart: «La reconozco cuando la ~~veo~~ Googleo». Tuvieron éxito al combinar un par de intuiciones técnicas: se hicieron muy buenos para entender el *contenido* de una imagen (hablamos de la piel) y podían juzgar el contexto al analizar la forma en que los usuarios interactuaban con la imagen. (Cuando alguien busca un término relacionado con la pornografía y la imagen obtenida pertenece a un libro de texto médico, es difícil que hagan clic en ella y, si lo hacen, no se quedarán en ese sitio mucho tiempo.) Pronto tuvimos un filtro llamado SafeSearch, que

---

distinguido historiador de la economía. Ver Nathan Rosenberg, *Perspectives on Technology* (Cambridge University Press, 1976).

era mucho más efectivo al bloquear imágenes inapropiadas que cualquier otro producto de la red: una solución (SafeSearch) a un problema estrecho (el filtrado de contenido para adultos).

¿Pero por qué parar ahí? Durante los siguientes dos años tomamos la tecnología que habíamos desarrollado para solucionar el problema de la pornografía y la usamos para servir a otros propósitos más amplios. Mejoramos nuestra habilidad para calificar la relevancia de las imágenes (cualquier imagen, no sólo las pornográficas), para así buscar las peticiones usando millones de modelos basados en contenido (los modelos de cómo reaccionan los usuarios a las diferentes imágenes) desarrollados para SafeSearch. Luego añadimos algunas características que permiten a los usuarios buscar imágenes semejantes a las que encuentran en sus resultados de búsqueda («Me gusta esa foto de Yosemite; ve y encuéntrame otras que se parezcan»). Finalmente, desarrollamos la habilidad de comenzar una búsqueda no a partir de una solicitud escrita («half dome, Yosemite»), sino de una fotografía (esa foto que le tomaste al Half Dome cuando visitaste Yosemite). Todas estas características evolucionaron a partir de una tecnología inicialmente desarrollada para el filtro de pornografía SafeSearch. Así que, cuando estés viendo página tras página de fotos de Yosemite que son casi idénticas a las que tú tomaste, puedes dar las gracias a la industria del entretenimiento para adultos por ayudar a lanzar la tecnología que te las está trayendo a ti.

No busques caballos más rápidos

Cuando basas tu estrategia de producto en intuiciones técnicas, evitas una serie de productos semejantes que simplemente ofrecen lo que los clientes piden. (Henry Ford: «Si hubiera escuchado a los clientes, hubiera salido a buscar caballos más rápidos».)[11] Ese

---

[11] Amamos esta cita, aunque puede ser apócrifa. En el libro de Ford, *My Life and Work*, nada dice el autor sobre los caballos más veloces, y, de hecho,

tipo de innovación incremental puede funcionar muy bien para las empresas ya establecidas a las que preocupa mantener el *statu quo* y ganar unos cuantos puntos porcentuales de participación de mercado. Pero si estás pensando en lanzar una nueva empresa o estás tratando de transformar una ya existente, no es suficiente.

Basar los productos en intuiciones técnicas parece una forma de hacer las cosas bastante obvia, pero es mucho más difícil llevarla a la práctica que hablar de ella. En 2009, después de realizar la revisión de productos que demostraba la importancia capital de seguir esta estrategia, pedimos a los gerentes de producto que describieran en unas cuantas frases la intuición técnica sobre la que estaban apoyando su plan. Algunos lo pudieron hacer, pero muchos no lo lograron. «¿Cuál es tu intuición técnica?» resulta ser una pregunta muy fácil de formular pero difícil de responder. Así que formula esta pregunta en el caso de tus productos. Si no logras articular una buena respuesta, tienes que repensar el producto.

Optimiza para crecer

Solía suceder que las empresas crecían lenta y metódicamente. Crea un producto, logra el éxito local o regionalmente y luego crece paso a paso aumentando las ventas, mejorando la distribución, dando servicio a los canales y mejorando la capacidad manufacturera para estar a la altura de tu progreso. Todo requería su tiempo. La bellota, después de largas y lentas décadas, se convertía en roble.

---

escribe que antes de construir él un auto, la gente ya había estado debatiendo la idea de un carruaje sin caballos durante muchos años. Karl Benz construyó el primer coche alimentado con gasolina en 1885, mismo que Ford vio más tarde descalificándolo por no tener "características que parecieran valiosas". Así que tal vez Ford no buscaba caballos más rápidos, sino más bien un Benz más rápido.

Llamamos a esto *crecimiento* y aún puede haber industrias en que esto es suficientemente bueno. Me refiero al tipo de empresas en que se dice «Este trimestre creció la línea principal en 8 por ciento», y eso basta para obtener un bono o para ser ascendido. Bien, disfruta de esos días porque están por terminarse. Si tratas de hacer algo en grande, no basta con sólo crecer, sino que necesitas *escalar*. No me refiero a la escala de la báscula en la que te paras cada mañana para ver cómo va la dieta, ni al verbo que significa subirte a algo (aunque escalar las cosas es un buen ejercicio que lleva a mejores resultados cuando escalas la escala). No, estamos ante un nuevo tipo de escalamiento; significa hacer crecer algo muy rápido y globalmente.

En el Siglo de Internet, este tipo de crecimiento global está al alcance de cualquiera. Estamos ante la democratización de casi todo —la información, la conectividad, el cómputo, la manufactura, la distribución, el talento—, así que ya no se requiere un ejército de personas y una red extendida de oficinas para crear una empresa con alcance e impacto globales. Eso no significa que tu estrategia pueda ignorar la pregunta de cómo escalar, sino justo lo opuesto. Escalar debe ser parte esencial de tus cimientos. La competencia es mucho más intensa y las ventajas competitivas no duran mucho, así que debes contar con una estrategia de crecimiento rápido.

El ecosistema importa mucho. Los líderes más exitosos en el Siglo de Internet serán los que entiendan cómo crear y desarrollar rápidamente plataformas. Una plataforma es, fundamentalmente, un conjunto de productos y servicios que reúnen a grupos de usuarios y proveedores que conforman mercados multifacéticos.[12] Las plataformas se basan cada vez más en la tecnología

---

[12] ¿Y qué es un mercado multifacético? Un lugar en que dos o más grupos de usuarios distintos pueden conectarse y proveerse servicios benéficos. Los periódicos son un buen ejemplo (conectan a los lectores con los anunciantes),

(si es que no lo hace exclusivamente). Por ejemplo, YouTube es una plataforma que permite a cualquiera hacer videos y distribuirlos a una audiencia global (o, en la mayoría de los casos, a una audiencia familiar). Otro ejemplo clásico es el teléfono, cuya plataforma (la red de alambres e interruptores que conecta a los aparatos y permite que la gente hable entre sí) era bastante inútil cuando se conectó a ella el primer teléfono, puesto que no se podía llamar a nadie. Pero conforme se fueron agregando teléfonos, la red se tornó más útil para todos los usuarios (ya que había más personas a las que podían llamar).

Hablar de teléfonos fijos a estas alturas puede parecer hasta pintoresco. En aquella época, escalar significaba llegar a los millones de usuarios. La red global de telefonía requirió de 89 años para llegar a los 150 millones de teléfonos.[13] Hoy, las plataformas pueden crecer para incluir a miles de millones y en mucho menos tiempo. Facebook, que surgió de una red de sitios sociales para convertirse en una plataforma y en una aplicación, llegó a los mil millones de usuarios no mucho después de celebrar su octavo aniversario.[14] Android, el sistema operativo líder en telefonía celular, activó su aparato número mil millones a los cinco años de comenzar.[15] En tanto que los analistas financieros se angustian por

---

como sucede con las tarjetas de crédito (conectan a los consumidores con los mercaderes). Para una descripción más detallada de las plataformas y de los mercados multifacéticos, ver Thomas Eisenmann, Geoffrey Parker y Marshall W. Van Alstyne, "Strategies for Two-Sided Markets" (*Harvard Business Review*, octube de 2006).

[13] Jessi Hempel, "How Facebook Is Taking Over Our Lives" (*Fortune*, 17 de febrero de 2009).

[14] Helen A. S. Popkin, "Facebook Hits One Billion Users" (*NBCNews.com*, 4 de octubre de 2012).

[15] "Mobile Makeover", infografía (*MIT Technology Review*, 22 de octubre de 2013).

su rentabilidad, Amazon siempre se concentra en crecer. Ahora es una de las fuerzas más disruptivas en al menos tres industrias diferentes: las ventas al menudeo, los medios de comunicación y la computación.

Cuando Jonathan conoció a Larry Page en un día de 1999, caminaban por el estacionamiento de Google en dirección al auto de Jonathan cuando Larry mencionó, casi al paso, que sabía que tenía que haber un modo de convertir en dinero la búsqueda. Después de todo, Larry razonaba, cuando alguien buscaba algo, estaba diciendo a Google exactamente qué le interesaba. En esa época, el tráfico de la búsqueda de Google crecía, pero la empresa no estaba ganando mucho dinero. Larry y Jonathan discutían una eventual sociedad entre Google y Excite@Home, que era una empresa bien financiada formada al fusionar @Home, pionera en el negocio de los módems de cable, y Excite, uno de los primeros buscadores de la red. Pero en tanto que Excite@Home trataba de capitalizar su tráfico de cualquier manera posible, Google se concentró pacientemente en el crecimiento. Había muchas oportunidades de capitalización; conforme el tráfico de Google.com crecía rápidamente, la empresa pudo haber seguido el camino de los otros sitios web comerciales y poner anuncios en la página de inicio. Pero no lo hizo. En vez de ello, invirtió en mejorar el motor de búsqueda.

Tomamos una ruta similar con nuestra plataforma de anuncios AdWorks. Hicimos tratos con los socios editores como America Online (AOL) y Ask Jeeves, que usaban el sistema de anuncios de Google para poner anuncios en sus sitios. Al hacer estos tratos, la división de los ingresos fue el tema que siempre nos preocupó. Digamos que poníamos un anuncio en el sitio de AOL o en el de Ask Jeeve's y el usuario hacía clic en él. El anunciante pagaría entonces a Google cierta cantidad de dinero, que compartiríamos con el socio editor. ¿Pero cuánto compartir? Usualmente, nuestra idea era tratar de compartir lo más posible. Recuerda: la prioridad era crecer, no hacer más dinero. Esto hacía muy felices a los socios. Todos tenían objetivos ambiciosos respecto a las ganancias, mismos que cada vez eran más difíciles de cumplir cuando el buscador de Google ganaba impulso. Así que para cerrar la brecha y generar más retorno al final del trimestre, ellos siempre optaron por mostrar más anuncios. Jonathan llegó al extremo de visitar a sus contrapartes de AOL para aconsejarles que no aumentaran el volumen de sus anuncios. Estás lastimando la experiencia del usuario, les dijo, y eso eventualmente impactará tu tráfico. No importaba. Ellos priorizaban las ganancias sobre el crecimiento; nosotros hicimos justo lo opuesto.

Con el riesgo de afirmar lo obvio, diremos que un cimiento exitoso debe proveer una buena base para la generación de utilidades. El viejo mantra de las empresas .com en el sentido de: «No tenemos idea de cómo vamos a hacer dinero (¡pero mira nuestro títere hecho con un calcetín!)» no servía entonces y no sirve ahora. Los fundadores de Google supieron que harían más dinero con la publicidad. En principio no sabían exactamente cómo, y estaban al tanto de que el tiempo pasaba mientras escalaban su plataforma, pero tenían muy claro el modelo general de retorno.

Existe otro beneficio importante de las plataformas: conforme crecen y se hacen más valiosas, atraen más inversión, lo que ayuda a mejorar los productos y servicios que la plataforma ofrece. Por esta razón, en la industria tecnológica, las empresas siempre piensan «plataformas, no productos».

Coase y la naturaleza de la firma

Un aspecto muy atractivo —y poco apreciado— de Internet es cómo ha expandido en gran medida el potencial de construir plataformas no sólo en el negocio de la tecnología, sino en cualquier industria.

Las empresas siempre han construido redes, pero históricamente esas redes han sido internas y estaban diseñadas para reducir costos. De este modo, siguieron los principios del economista de la Universidad de Chicago y premio Nobel Ronald Coase, quien propuso que suele tener sentido para las empresas hacer las cosas internamente y no externamente, porque son altos los costes de transacción para encontrar proveedores, negociar contratos y asegurarse de que las cosas se hagan bien. Como dice Coase: «Una firma tenderá a expandirse hasta que los costos de organizar cualquier transacción extra dentro de la firma sean iguales a los costos de llevar a cabo la misma transacción por medio de un intercambio en el mercado abierto o los costos de organizarlo en otra firma».[16] Muchas empresas inteligentes del siglo XX hicieron números y descubrieron que, para gran parte de las cosas que querían hacer, Coase tenía razón: los costos gerenciales internos eran más bajos que los costos de la transacción hecha fuera de la empresa. Esto les llevó a realizar todo lo que podían dentro de la organización, y, cuando salían de sus cuatro paredes, trabajaban con un pequeño grupo de socios estrechamente controlados. Así, el siglo XX fue dominado por corporaciones que eran grandes jerarquías —o, en su versión más expansiva, redes cerradas—.

Hoy, el marco general de las ideas de Coase sigue siendo verdadero, pero conduce a resultados radicalmente distintos a los obtenidos en el siglo XX. En lugar de crecer conformando las redes cerradas más grandes, las empresas están recurriendo a los servicios externos para más funciones y trabajando con una red de socios cada vez más mayor y más diversa. ¿Por qué? Don Tapscott lo dijo bien en *Wikinomics* al escribir que «Internet ha causado que los costos de transacción hayan bajado tanto que se ha hecho mucho más útil leer la Ley de Coase, de hecho, al revés: En nuestros días, las firmas deben reducirse hasta que el costo de realizar una transacción internamente ya no exceda el costo de realizarla

---

[16] Ronald Coase, "The Nature of the Firm" (*Economica*, noviembre de 1937).

externamente».[17] La mayor parte de las empresas han adoptado esta postura solamente para reducir costos y por razones operativas: ahorran dinero recurriendo al *outsourcing* para contratar en mercados que demandan menor salario.

Pero están pasando por alto un punto importante. En el Siglo de Internet, el objetivo de crear redes no sólo es el de bajar costos y hacer las operaciones más eficientes, sino crear productos fundamentalmente mejores. Muchas empresas tejen redes para reducir sus costos, pero menos lo hacen para transformar sus productos o modelos de negocio. Ésta es una enorme oportunidad perdida para las empresas preponderantes en numerosas industrias, creando una abertura gigante para los nuevos competidores.

Twitter no es una empresa tecnológica, es una empresa editorial. Airbnb es una plataforma para la industria del alojamiento, en tanto que Uber lo es una para los servicios de transportación personal. 23andMe es una plataforma de juego y también una empresa de servicios al consumidor. Por una cuota, hará un mapa de código genético personal del cliente; si suma todos los datos puede crear una poderosa plataforma de datos. Las empresas farmacéuticas, por ejemplo, podrían usar los datos de 23andMe para identificar a los participantes en nuevos estudios, y cuando lo hacen, aportan cualquier dato adicional creado de vuelta a la plataforma.

La lista sigue: Square para los pagos a pequeños negocios. Nike FuelBand para el buen estado físico, Kickstarter para financiamiento. MyFitnessPal para la pérdida de peso, Netflix para el entretenimiento en video, Spotify para la música. Estas empresas ensamblan componentes de tecnología existente dándoles una nueva disposición para reimaginar los negocios existentes. Disponen plataformas para que sus clientes y socios interactúen y usen

---

[17] Don Tapscott y Anthony D. Williams, *Wikinomics: How Mass Collaboration Changes Everything* (Portfolio/Penguin, 2006), página 56.

éstas para crear productos y servicios altamente diferenciados. Este modelo puede aplicarse en casi cualquier ámbito: los viajes, los automóviles, el vestido, los restaurantes, los alimentos, las ventas al menudeo —hay formas de hacer mejores productos en casi cualquier industria puesto que más gente los usa—.[18]

Ésta es la diferencia entre las economías de los siglos XX y XXI. En tanto que el siglo XX fue dominado por redes monolíticas, cerradas, el siglo XXI es conducido por redes globales, abiertas. Abundan las oportunidades en el área de las plataformas a nuestro alrededor. Los líderes exitosos son aquellos que las descubren.

Especialízate

Otra aproximación es encontrar maneras de especializarse; a veces, la mejor manera de crecer una plataforma es encontrar una especialidad que tenga el potencial de expandirse.[19] Para crecer su plataforma de búsqueda a fines de los noventa, Google se concen-

---

[18] Nathan Rosenberg señaló el valioso papel que dichas empresas juegan en la aplicación de tecnologías existentes de nuevas maneras. Él propuso que una buena definición de innovación es algo que "establece un nuevo marco de referencia para la elaboración de innovaciones incrementales", lo que suele llevar a una industria enteramente nueva.

[19] Tomando prestada una imagen de un ensayo escrito por el filósofo Isaiah Berlin, Jim Collins llama a la idea de especializarse "el concepto del erizo". (El mismo Berlin explotaba un críptico verso del poeta griego Arquíloco: "El zorro sabe muchas cosas, pero el erizo sabe una gran cosa".) Collins encontró que, entre las firmas que analizó en su obra *Good to Great*, las grandes eran todas erizos. Los académicos han hecho concluir a Collins que el concepto del erizo debe ser clave para el éxito, dado que la especialización es una estrategia riesgosa que puede llevar a grandes ganancias o a grandes pérdidas. Ver, por ejemplo, Phil Rosenzweig, *The Halo Effect* (Free Press/Simon & Schuster, 2007). Sin embargo, nos gusta el concepto del erizo, incluso si no tenemos idea de cuál es la gran cosa que el erizo sabe.

tró en una sola cosa: ser excelente en la búsqueda, lo que medimos por medio de cinco ejes: velocidad (rápido siempre es mejor que lento), precisión (¿qué tan relevantes son los resultados para la consulta del cliente?), facilidad de uso (¿pueden usar Google los abuelos de todos?), exhaustividad (¿estamos buscando en todo Internet?) y frescura (¿qué tan recientes son los resultados?). La compañía estaba tan empeñada en llevar a los usuarios las respuestas correctas, que los resultados de la búsqueda solían incluir vínculos a Yahoo, AltaVista y Ask Jeeves al final de la página para que los usuarios pudieran probar esos sitios si no les agradaban los resultados de Google.

En esa época, la mayoría de los sitios competitivos estaba en el trance de convertirse en "portales", sitios multifuncionales de medios que atendían una amplia variedad de intereses y necesidades. Algunas de estas compañías —Netscape, Yahoo, America Online (AOL)— no estaban tan interesadas en la búsqueda, y estuvieron felices de hacer cortas asociaciones con Google para dejarnos a nosotros el manejo de la tarea.[20] En tanto que Google ciertamente creía que la búsqueda era una de las más importantes aplicaciones en el floreciente negocio de Internet, no elegimos especializarnos en dicha área porque nuestra bola de cristal nos dijera que, en última instancia, sería más lucrativa e impactante que el otro modelo de negocio más popular, basado en portales. Más bien nos concentramos en la búsqueda porque era algo en lo

---

[20] El primer convenio de colaboración, con Netscape en 1999, generó tanto tráfico cuando accionamos el interruptor que tuvimos que inhabilitar temporalmente nuestro propio sitio (Google.com) para poder servir a los usuarios de Netscape. De acuerdo con nuestro colega Craig Silverstein, el código que escribimos para apagar Google.com aún reside en los programas de Google; permanece dormido gracias a la línea de comentario "#ifdefMAKE_GOOGLE_UNAVAILABLE_BECAUSE_DISASTERS_ ARE_HAPPENING".

que sentíamos que éramos mejores que cualquier otro.[21] Así que, en esos días tempranos de Internet, mientras que estos líderes de la industria estaban ocupados atendiendo sus negocios de construir portales de Internet, la búsqueda de Google mejoró cada vez más en ofrecer grandes respuestas a los usuarios. (Mejorar la búsqueda de Google también ha tenido el efecto benéfico de incrementar el tráfico a los sitios de los editores, puesto que fue más fácil para los usuarios encontrar las noticias, la información y el entretenimiento ofrecido en esos sitios. Esto ayudó a estimular la migración de más contenido en línea.)

Abierta por *default*, no cerrada

Generalmente, las plataformas escalan más rápido cuando son abiertas. Fíjate en la plataforma más grande de todas, el Internet. A principios de los años setenta, cuando Vint Cerf y Robert Kahn[22] desarrollaron los protocolos TCP/IP (Protocolo de Control de Transmisión/Protocolo de Internet), que permitían que las redes dispares de computadoras (como el antepasado de Internet, ARPANET) se conectaran y comunicaran, no estaban muy seguros del tamaño de las redes que estaban conectando, o de cuántas había. De modo que no establecieron un límite superior al nú-

---

[21] Sin saberlo, Larry y Sergey estaban construyendo sobre una idea clave de Michael Porter, quien escribió: "Una estrategia efectiva para lograr resultados por encima del promedio puede consistir en especializarse en un grupo de productos muy apretado… esto también podría permitir el aumento de la diferenciación de producto con el cliente como resultado de la experiencia e imagen percibida por el especialista en el área particular del producto." Michael Porter, *Competitive Strategy: Techniques for Analyzing Industries and Competitors* (Free Press, 1980), páginas 208-209.

[22] Vint, considerado como uno de los fundadores de Internet y ejemplo perfecto de creativo inteligente, es en la actualidad el Jefe Evangelista de Internet de Google.

mero de redes que podían ser conectadas y, de hecho, decidieron dejar que cualquier red conectara a cualquier otra usando su protocolo. Esta singular decisión de mantener Internet abierto (que no era una conclusión inevitable en ese momento) llevó directamente al notable red que usamos cada día. (Hal Varian llama a Internet «un experimento de laboratorio que se escapó».)

O fíjate de nuevo en el ejemplo clásico del teléfono fijo. Concebido como una plataforma de una sola aplicación —la comunicación de voz—, el crecimiento de la red de AT&T en Estados Unidos eventualmente se redujo. Prácticamente no hubo innovaciones y el único crecimiento se debió al crecimiento poblacional y a los adolescentes del *baby boom* que ordenaban segundas líneas. Pero entonces, bajo el mandato gubernamental, AT&T abrió su red a nuevos aparatos y a otros proveedores, y la innovación despegó. Nuevos tipos de teléfonos, máquinas de fax, módems de datos, llamadas baratas de larga distancia —¿Recuerdas esa voz que decía: «Llamada de larga distancia»? Vaya tiempos—, todas las innovaciones se hicieron posibles sólo después de que la plataforma pasó de ser cerrada a abierta.[23]

Otro ejemplo es el de la PC IBM, que fue lanzada en 1981 con una arquitectura que permitía a los desarrolladores de *software* y a los fabricantes construir aplicaciones y componentes suplementarios, y hasta su propia PC clon, sin pagar a IBM cuotas por concepto de licencias. Esta decisión ayudó a establecer a la PC IBM como el estándar definitivo en el mercado emergente de las microcomputadoras, dando un gran impulso a un par de empresas jóvenes llamadas Microsoft e Intel.[24] También atrajo una nube de aplicaciones, accesorios y fabricantes competitivos al ecosistema

---

[23] Phil Lapsley, *Exploding the Phone: The Untold Story of the Teenagers and Outlaws Who Hacked Ma Bell* (Grove/Atlantic, 2013), páginas 298-299.

[24] James M. Utterback, *Mastering the Dynamics of Innovation* (Harvard Business School Press, 1994), página 15.

y, en última instancia, creó la plataforma de cómputo dominante por los siguientes veinticinco años. Nada de esto habría sucedido si la PC hubiera sido una plataforma cerrada.[25]

"Abierto" puede ser un término tipo Rashomón: diferentes empresas lo definirán de diferente manera para alcanzar sus propios objetivos, pero generalmente significa compartir más propiedad intelectual como el código de *software* o los resultados de la búsqueda, apegándote a estándares abiertos más que creando los tuyos, y dando a los clientes la libertad de salir fácilmente de tu plataforma. Esto puede parecer herético a quienes piensan con el estilo enseñado en las maestrías tradicionales, que dictan que debes construir una ventaja competitiva sostenible sobre los rivales y luego cerrar la fortaleza y defenderla con aceite hirviendo y flechas encendidas. Como casi todo lo herético, lo abierto es aterrador para la mentalidad del *establishment*. Es mucho más fácil competir al meter a tus clientes en tu hermoso mundito cerrado que aventurarte en el mundo abierto y competir con base en la innovación y el mérito. Con el esquema abierto, cambias el control por el escalado y la innovación.[26] Y confía en que tus creativos inteligentes se las arreglarán.

---

[25] En contraste, la Apple Macintosh, que fue lanzada en 1984, fue un sistema cerrado. Bill Gates escribió en un memo dirigido al entonces director general de Apple, John Sculley, en 1985: "La arquitectura IBM, cuando se compara con la Macintosh, probablemente tiene más de 100 veces los recursos de ingeniería aplicada a ella cuando se incluye la inversión de los fabricantes compatibles." Ver Jim Carlton, "They Coulda Been a Contender" (*Wired*, noviembre de 1997).

[26] Un académico líder de la innovación abierta es el economista Henry Chesbrough, autor de Open Innovation: The New imperative for Creating and Profiting from Technology (Harvard Business School Press, 2003, and Open Business Models: How to Thrive in the New Innovation Landscape (Harvard Business School Press, 2006).

Si estás atacando a una empresa dominante atrincherada, puedes usar su atrincheramiento en tu favor. Tu porcino competidor probablemente se está atracando en un comedero cerrado, y puedes hacerle frente haciendo coincidir tu producto disruptivo con un modelo de negocio también disruptivo. Lo abierto puede jugar ese papel con mucha eficiencia. Atrae a la innovación al ecosistema (nuevas características para la plataforma, nuevas aplicaciones de los socios) y baja los costos de los componentes complementarios. Todo esto lleva a más valor para los usuarios y más crecimiento para el nuevo ecosistema, usualmente a expensas de la plataforma (presumiblemente) cerrada. Mira, por ejemplo, cómo las organizaciones tipo Khan Academy, Coursera y Udacity están tratando de ganar terreno en el mercado educativo.[27] Combinan las tecnologías del Siglo de Internet (video en línea, herramientas sociales e interactivas) con un negocio de modelo abierto (cualquiera puede tomar cualquier clase gratis) que es radicalmente distinto del que operan las empresas predominantes atrincheradas (altas cuotas para cubrir altos costos de operación). Nadie puede predecir cuál de estas empresas disruptivas crecerá y seguirá adelante, si es que lo logra alguna, o si alguno de los predominantes en el sector terminará por sacarlas del camino. Pero lo que parece cierto es que esta combinación de tecnología + apertura llevará a un mejor ecosistema de aprendizaje que ofrece, según afirma la misión de Khan: «Una educación gratuita de calidad mundial para cualquiera, en cualquier parte.»

El esquema abierto también te permite aprovechar el talento de miles de personas, porque, como anota el cofundador de Sun, Bill Joy, «Sin importar quién seas, la mayoría de la gente más inteligente trabaja para otros».[28] El modelo impulsa la innovación

---

[27] Eric es miembro del consejo directivo de la Khan Academy.

[28] Karim Lakhani y Jill A. Panetta, "The principles pf Distributed Innovation" (Innovations, Volume 2, Number 3, Summer 2007).

puesto que la gente no tiene que reinventar el trabajo que ya se ha hecho y, en lugar de ello, puede concentrarse en empujar al sistema entero con nuevas invenciones. Netflix es un caso ilustrativo: en 2006, la empresa de renta de películas quería mejorar su algoritmo de recomendaciones, pero los esfuerzos internos estaban estancados. Así que tomaron una base de datos anteriormente privada con cien millones de *ratings* anónimos de películas y la publicaron; al mismo tiempo anunciaron que la primera persona o equipo que lograra mejorar la precisión del algoritmo actual por al menos 10 por ciento ganaría un premio de un millón de dólares. Hasta el concurso fue abierto: Netflix reportó el progreso de los mejores equipos en una clasificación pública y, tres años después, emergió una solución.[29]

Hay otro beneficio del código abierto que es menos obvio pero igualmente importante. Al poner toda tu información en línea indicas que no hay agendas ocultas. En el caso del *software*, cuando abrimos el código fuente, todos pueden constatar si el código ofrece o no cualquier beneficio particular a una empresa, y, si lo hace, se puede actuar para rectificar esa ventaja. Al abrir el código de algo, en efecto, se está diciendo que estamos comprometidos con el crecimiento de una plataforma, una industria y un ecosistema como un todo. Permite que todos vean que el campo de juego es parejo y que no se concede ninguna ventaja injusta a un determinado jugador. Al remover estas sospechas de ventajas injustas se ayuda al crecimiento.[30]

---

[29] Steve Lohr, "Netflix Awards \$1 Million Prize and Starts a New Contest" (blog *Bits*, *The New York Times*, 21 de septiembre de 2009).

[30] Hasta los pequeños negocios y las incubadoras pueden optar por el código abierto. YCombinator, que aporta financiación inicial a los proyectos prometedores, publica, para que lo use cualquiera sin costo, hojas de preconvenio y demás documentos legales originalmente utilizados por empresas a las que YC apoyó con fondos para obtener capital de trabajo de

Una última reflexión sobre el esquema abierto debe dedicarse al concepto de la libertad de usuario, práctica opuesta al secuestro de los clientes: facilita el que los clientes se vayan. En Google tenemos un equipo cuyo trabajo es facilitar tanto como sea posible el que los clientes nos dejen. Queremos competir en un campo de juego igualitario y ganar la lealtad de los usuarios con base en el mérito. Cuando los clientes pueden salir fácilmente, debes trabajar para mantenerlos contigo.

Dispuesto a abrir, excepto cuando...

La apertura no es un argumento de tipo moral. La disposición a la apertura suele ser la mejor manera de manejar la innovación y reducir costos en un ecosistema, así que vela como otra estrategia táctica que está a tu disposición: ¿Abrirte te ayudará a escalar y a aumentar la rentabilidad? El virtuoso halo de lo abierto puede ayudarte a atraer creativos inteligentes, casi siempre debido a que, como cantó alguna vez el poeta, nada puede cambiar más al mundo que una plataforma global. (Bueno, el poeta debió haber cantado eso, pensamos.)

Con algunas excepciones, Google tiende a la apertura, y por esas excepciones se nos suele criticar diciendo que somos hipócritas, puesto que alentamos la apertura en ciertas áreas pero, en ocasiones, ignoramos nuestro propio consejo. No hay hipocresía alguna, sino mero pragmatismo. En tanto que por lo general creemos que el sistema abierto es la mejor estrategia, existen ciertas circunstancias en que permanecer cerrado funciona también. Cuando tienes un producto que es ostensiblemente superior (por

---

"inversionistas ángeles". El propósito explícito de abrir estos documentos es hacer que sea más fácil obtener financiamiento (y más barato) para ambas partes. Ver Michael Arrington, "Y Combinator To Offer Standarized Funding Legal Docs" (*TechCrunch*, 13 de agosto de 2008), y "Series AA Equity Financing Documents" (ycombinator.com/seriesaa).

lo general debido a que está basado en fuertes intuiciones técnicas) y estás compitiendo en un mercado nuevo de rápido crecimiento, puedes crecer rápidamente sin abrir la plataforma. Éste fue el caso de la búsqueda de Google y de los programas de anuncios en los primeros tiempos, pero se trata de una circunstancia bastante rara.

Más aún, hay situaciones en que las plataformas abiertas *no* funcionan en beneficio de los usuarios y de la innovación. La mayoría de las empresas predominantes que mantienen sus plataformas cerradas usan el argumento de que abrir sus sistemas afectará la calidad, así que manteniendo cerrada su plataforma estas empresas están siendo buenos ciudadanos corporativos que cuidan los intereses de sus clientes. En algunos casos, como el nuestro, este argumento es en realidad verdadero. Abrir nuestra búsqueda y añadir algoritmos comprometería severamente la calidad, dado que hay muchos involucrados en el mundo de las búsquedas que hacen dinero a partir de una peor experiencia del usuario. No quieren que los usuarios hagan clic en los resultados y anuncios más relevantes, quieren que los usuarios vean y hagan clic en *sus* resultados y *sus* anuncios, incluso si se le ofrece una experiencia despreciable al usuario. Así que creemos que el ecosistema de las búsquedas se beneficia manteniendo en secreto los algoritmos con los que hacemos coincidir los resultados y las preguntas del usuario.

En 2005, cuando compramos el que entonces era un pequeño sistema operativo para teléfonos móviles llamado Android, hubo debate entre nuestro equipo gerencial relativo a si debíamos o no mantenerlo abierto. Andy Rubin y el equipo de Android pensaban inicialmente que debía ser cerrado, pero Sergey sugirió lo opuesto: ¿Por qué no hacerlo abierto? Mantener a Android abierto nos ayudaría a escalar rápidamente en el muy fragmentado espacio de los sistemas operativos móviles. Y eso hicimos. Entretanto, Apple lanzó el iPhone, basado en un sistema operativo cerrado, optando por el control en lugar de la escalabilidad. Android permaneció abierto, creció extraordinariamente y ayudó a que Google navegara tranquilamente por el cambio de plataformas de la PC al teléfono móvil, al darnos una plataforma que era muy complementaria a la función de búsqueda (más personas en línea con teléfonos inteligentes significa que hay más gente buscando más seguido). iOS se mantuvo cerrado y logró ambas cosas, el escalamiento masivo y la rentabilidad. Desde la perspectiva de una nueva empresa, cualquier camino es una victoria, pero ten en mente que el éxito de Apple con el iPhone, al igual que el de Google con el motor de búsqueda, estuvo basado en un grupo de intuiciones técnicas inusuales que llevaron a un producto obviamente superior dentro de un espacio de rápido crecimiento. Si puedes lograr ese tipo de impacto extremo con un sistema cerrado, entonces inténtalo. De otro modo, opta por la apertura.

No sigas a la competencia

Nos sorprende constantemente cuánto se obsesionan los líderes empresariales con su competencia. Cuando te metes en un cuarto con un montón de ejecutivos *senior* de grandes empresas, su atención suele perderse al checar sus teléfonos inteligentes y pensar en el resto del día, pero saca a colación el tema de la competencia y de pronto tendrás la atención plena de todos. Es como si, una vez que llegas a un determinado nivel en una compañía, tuvieras que preocuparte de igual forma por lo que hace tu competencia que por el desempeño de tu organización. En los niveles más altos de los negocios, la mentalidad predominante casi siempre es la del cerco.

Esta fijación conduce a una espiral infinita que lleva a la mediocridad. Los líderes corporativos pasan buena parte de su tiempo observando y copiando a la competencia, y cuando finalmente se olvidan de ella e intentan con algo nuevo, suelen poner mucha atención en los riesgos, desarrollando cambios mínimos y de bajo impacto. Estar más cerca de tu competencia es cómodo. Se parece a las tácticas de cobertura en las carreras entre dos veleros: el que está adelante imita todos los movimientos del que lo sigue para evitar que éste tome una dirección distinta encontrando viento más fuerte. Las empresas dominantes se unen para que nadie encuentre una brisa fresca por ningún lado. Pero como dice Larry Page: ¿Qué tan emocionante puede ser llegar al trabajo si lo mejor que puedes hacer es imitar a otra empresa que hace algo semejante?[31]

Si te concentras en la competencia nunca ofrecerás algo verdaderamente innovador. Mientras tú y tu competencia luchan por fracciones de un punto porcentual del mercado, existe alguien que no está interesado en eso y que construirá una nueva plataforma que cambiará completamente las reglas del juego. Larry de nuevo: «Obviamente, pensamos en nuestra competencia en algún grado. Pero siento que mi empleo se trata principalmente de hacer que la gente no piense en la competencia. En general, pienso que hay una tendencia de la gente a pensar en las cosas que existen. Nuestro trabajo es pensar en una cosa que no se te ha ocurrido y que en verdad necesitas. Y por definición, si tus competidores conocen esa cosa, no nos lo dirían a nosotros ni a nadie más.»[32]

Esto no equivale a decir que debes ignorar a la competencia. La competencia te hace mejor. Te mantiene agudo. Todos somos humanos y estamos sujetos a la complacencia, sin importar qué tan seguido nos decimos a nosotros mismos que debemos estar atentos. Nada enciende un fuego como un competidor. Cuando Microsoft lanzó el buscador Bing en 2009, nos preocupamos lo suficiente como para echar a andar un proceso tipo "todos a la obra" con el fin de intensificar nuestros esfuerzos en la búsqueda. Este proceso sembró semillas que llevaron a nuevas características como Google Instant (buscar conforme se va escribiendo) e Image

---

[31] Steven Levy, "Google's Larry Page on Why Moon Shots Matter" (*Wired.com*, 17 de enero de 2013).

[32] Miguel Helft, "Larry Page on Google" (*Fortune*, 11 de diciembre de 2012).

Search (arrastra una imagen al recuadro de búsqueda y Google averigua de qué se trata y lo usa para buscar). Se puede trazar una línea que va del lanzamiento de Bing a estas grandes nuevas características.

Como escribió Nietzsche en *Así habló Zaratustra*: «Debes estar orgulloso de tu enemigo; entonces los éxitos de tu enemigo serán también tus éxitos.»[33] Siéntete orgulloso de tu competencia. Sólo evita seguirla.

Las notas de Eric para una reunión sobre estrategia

Hemos pasado incontables horas trabajando en la estrategia con nuestro equipos. Se trata de una experiencia que llegarás a disfrutar en algún punto, cuando hayas reunido un grupo de creativos inteligentes y estés listo para escribir los fundamentos de tu nueva aventura. Así que, cuando estés de camino a esa primera sesión estratégica, considera estas perlas de (espero) sabiduría que hemos coleccionado a partir de nuestras sesiones estratégicas a lo largo de los años, entresacadas de los pizarrones blancos de las salas de juntas, de *post-its* pegados en las paredes, de notas garabateadas y de correos electrónicos intercambiados entre nosotros.

La estrategia correcta tiene una belleza especial, da una sensación de que muchas personas e ideas trabajan en armonía para llegar al éxito.

Comienza preguntándote qué será cierto dentro de cinco años y trabaja en retrospectiva. Examina cuidadosamente las cosas que puedes afirmar que cambiarán rápidamente, en es-

---

[33] Friedrich Nietzsche, editado y traducido por Stanley Appelbaum, *Thus Spake Zarathustra (selección)* (Dover Publications, 2004).

pecial los factores de la producción en que la tecnología ha bajado exponencialmente las curvas de precios, o las plataformas que pueden surgir.

En una línea de tiempo de cinco años debe haber elementos que cambian las reglas del juego —y oportunidades— en muchos mercados. ¿Cuáles serán los obstáculos que te afectarán?

Ahora hay una información de mercado casi perfecta y una amplia disponibilidad de capital, así que necesitas ganar con base en el producto y en la plataforma. Gasta la mayor parte de tu tiempo pensando en el producto y la plataforma. Cuando se presenta un elemento disruptivo en un mercado, hay dos escenarios posibles: si eres la empresa dominante, puedes adquirir, construir o ignorar a ese retador disruptivo. Ignorarlo funcionará por poco tiempo. Si optas por adquirir o construir, debes entender a fondo las intuiciones tecnológicas y las opciones que el retador utilizará para atacar.

Si eres el retador, necesitas inventar un nuevo producto y construir un negocio alrededor de él, además de comprender las herramientas (relaciones de negocios, regulaciones y demandas) y obstáculos que la empresa dominante usará para detenerte.

Considera el papel de otros participantes cuyos incentivos pueden alinearse para ayudarte. Tu estrategia debe incluir alguna manera de hacer que exista gente ajena al marco de referencia (la división, la compañía, el equipo) que piense en la innovación junto con las personas de adentro.

El crecimiento es lo que más importa. Todos los grandes éxitos en el Siglo de Internet implicarán grandes plataformas que mejoran y se fortalecen conforme crecen.

Articula un plan para contingencias y el objetivo que deseas alcanzar.

No uses la investigación de mercado y los análisis competitivos. Las diapositivas matan el debate. Pide la opinión de todos los presentes.

La iteración es la parte más importante de la estrategia. Debe ser muy, muy rápida, y siempre debe basarse en el aprendizaje.

Muchas empresas grandes y exitosas comenzaron con lo siguiente:

1. Resolvieron un problema de forma novedosa.
2. Usaron esa solución para crecer y extenderse rápidamente.
3. El éxito se basó en buena medida en sus productos.

¿Y el grupo que requieres para trabajar en esta estrategia? Escógelo sabiamente. No debe estar integrado sólo por la gente que conoces hace más tiempo o por los que tengan títulos más impresionantes, sino que debe incluir a los mejores creativos inteligentes y a quienes puedan tener una buena perspectiva de los cambios venideros.

El talento: la contratación es la más importante de tus actividades

Cuando Jonathan se dirigía a Mountain View un día de febrero de 2000, para entrevistarse con Sergey para ser el líder de producto en Google, asumió que la reunión era una mera formalidad. Como vicepresidente ejecutivo de Excite@Home, estaba muy contento en su actual empleo y no estaba seguro de querer cambiar de barco. Pero lo hizo. Se consideraba un experto en la búsqueda en línea y en publicidad, y lo había recomendado para el trabajo John Doerr, socio de Kleiner Perkins y miembro del consejo de Google y de Excite@Home. Así que el trabajo sería suyo con sólo pedirlo, y Sergey probablemente pasaría la mayor parte del tiempo de la entrevista convenciéndolo de que aceptara.

Entonces llegó a la atestada oficina en Bayshore Parkway, a tiro de piedra de la autopista 101, y siguió a Sergey hasta una sala de conferencias. Después de algunas bromas, Sergey hizo una de sus preguntas favoritas en este tipo de entrevistas: «¿Puedes enseñarme algo complicado que no sepa?» Jonathan tenía una maestría en economía en el Claremont McKenna College y era hijo de un economista de Stanford, de modo que, después de superar la sorpresa y de hacerse a la idea de que estaba en una entrevista de trabajo, se lanzó al pizarrón blanco para probar la ley económica que afirma que el costo marginal biseca el costo promedio en su mínima expresión. Luego pensó que podía sorprender a Sergey demostrándole cómo usar las funciones del costo y el retorno para encontrar el punto óptimo de producción y ganancia, maximizando las cantidades de salida de la firma. (Para los graduados en economía, esto es conversación de café.) Pronto se dio cuenta, cuando Sergey comenzó a juguetear con sus patines Rollerblade al tiempo que miraba por la ventana, de que no estaba respondiendo todos los aspectos de la pregunta. No estaba enseñando nada a Sergey, la ley económica en cuestión no era interesante y, siendo un genio de las matemáticas, había buenas probabilidades de que Sergey ya conociera el cálculo necesario para resolver fórmulas económicas en el pizarrón. Jonathan necesitaba cambiar la táctica en ese mismo momento. Así que dejó a un lado la lección de economía y se embarcó en un nuevo tema: el cortejo. Comenzó con una explicación de cómo colocar el anzuelo, usando el método de Jonathan para conseguir una primera cita, usando a su esposa como caso de estudio.[1] Sergey empezó a poner atención y Jonathan obtuvo el empleo.[2]

Si preguntas a los gerentes de las empresas grandes: «¿Qué es lo más importante que haces en el trabajo?», la mayoría responderá reflexivamente diciendo «Ir a las juntas». Si persistes —«No. No me refiero a lo más *aburrido* que haces en el trabajo, sino a lo más *importante*»— probablemente responderán repitiendo alguno de los principios estándar que aprendieron en la escuela de negocios, algo como «diseñar estrategias inteligentes y crear sinergias

---

[1] Le mandó rosas y un acertijo, las rosas para alentar su curiosidad por el tipo que todavía no conocía, y el acertijo para determinar si era inteligente. Lo era, pero de todos modos salió con Jonathan.

[2] Jonathan recibió una oferta para unirse a Google en febrero de 2000 y, por varias razones, ninguna de las cuales se acercaba siquiera a ser inteligente, la rechazó. Cuando Eric hizo otra oferta dos años después, en febrero de 2002, Jonathan aceptó.

de oportunidad para obtener efectos financieros acumulativos en un mercado cada vez más competitivo». Ahora imaginemos que se formula la misma pregunta a los mejores entrenadores deportivos o a los mejores directores generales. También van a juntas todo el día, pero probablemente responderían que su labor más importante es *reclutar a los mejores jugadores que pueden*. Los entrenadores inteligentes saben que ninguna cantidad de estrategia puede sustituir al talento, y eso es tan cierto en el ámbito de los deportes como lo es en el ámbito corporativo. La búsqueda de personal es como rasurarse; si no lo haces todos los días, se nota.

Para los gerentes, la respuesta correcta a la pregunta «¿Qué es lo más importante que haces en el trabajo?» es *contratar*. Cuando Sergey entrevistaba a Jonathan ese día, no estaba cumpliendo con los pasos establecidos, sino que pretendía hacer un gran trabajo. Al principio, Jonathan atribuyó esto al hecho de que sería un miembro veterano del equipo y a que trabajaría cerca de Sergey, pero al llegar a Google se percató de que los líderes de la empresa entrevistaban con el mismo nivel de intensidad a cada candidato. No importaba si la persona sería ingeniero en *software* principiante o ejecutivo *senior*, los googleros priorizaban la inversión de tiempo y energía para asegurarse de tener a la gente más capaz.

Podrías pensar que este nivel de compromiso es común, pero a pesar de que la mayoría de los gerentes llegan a sus puestos por medio del proceso de contratación familiar —currículum, llamada telefónica, entrevistas, más entrevistas, oferta, regateo, más regateo, aceptación—, una vez contratados, parecen hacer todo lo posible para evitar verse envueltos en la contratación de alguien más. El reclutamiento es para reclutadores. La revisión de currículums puede delegarse a los asistentes jóvenes o a alguien de recursos humanos. Entrevistar es un trabajo rutinario. Esa hoja de retroalimentación es tan larga e intimidante que la labor de llenarla inevitablemente toma toda la tarde del viernes; cuando terminan de llenarla, los detalles de la entrevista se han tornado borrosos.

De modo que los reclutadores escriben un mínimo reporte superficial y esperan que sus colegas hagan un mejor trabajo con la retroalimentación de *sus* entrevistas. Mientras más alto llegas en la mayoría de las organizaciones, más se alejan los ejecutivos del proceso de contratación. Debería ser al revés.

Existe otro aspecto incluso más importante para contratar bien en el Siglo de Internet. El modelo tradicional de contratación es jerárquico: el gerente contratante decide quién se queda con el trabajo, en tanto que otros miembros del equipo dan su opinión y los ejecutivos de mayor jerarquía estampan su firma con un sello de goma avalando cualquier decisión que el gerente tome. El problema es que, una vez que la persona empieza a trabajar en la empresa, el modelo de trabajo es (o debe ser) colaborativo, con diversos grados de libertad y transparencia y con un desdén por el rango. De modo que un solo gerente reclutador ha tomado una decisión que impacta directamente a numerosos equipos además del propio.

Existe otra razón por la que no funciona la contratación jerárquica. Los líderes (y los autores de libros de negocios), suelen decir que contratan gente más inteligente que ellos, pero en la práctica esto sucede muy rara vez en el proceso de contratación jerárquico. La decisión racional de contratemos-a-este-tipo-porque-es-muy-listo suele ser sustituida por una decisión más emocional: pero-entonces-puede-que-él-sea-mejor-que-yo-y-eso-me-haría-ver-mal-y-luego-no-me-promoverán-y-mis-niños-pensarán-que-soy-un-perdedor-y-mi-esposa-se-irá-con-el-tipo-ese-del-café-Peet-y-se-llevará-a-mi-perro-y-mi-camioneta. En otras palabras, la naturaleza humana se interpone en el camino.

Desde el principio, los fundadores de Google entendieron que para contratar a la mejor gente posible consistentemente, el modelo a seguir no era el de la América corporativa, sino el de la academia. Las universidades no suelen correr a los profesores, así que invierten mucho tiempo en hacer que la contratación de facultativos y el sistema de ascensos sea el correcto, valiéndose normalmente de comités. Por eso pensamos que la contratación se debe hacer en persona, no jerárquicamente, con decisiones colegiadas y concentrándose en que el mejor personal llegue a la compañía, incluso si la experiencia no caza con la que pide el puesto disponible. Eric contrató a Sheryl Sandberg a pesar de no tener un puesto para ella. No pasó mucho tiempo antes de que asumiera la tarea de construir nuestro pequeño equipo de ventas corporativas, puesto que no existió formalmente hasta que ella ayudó a crearlo. (Por supuesto, Sheryl nos dejó después y se convirtió en directora de operaciones de Facebook y en autora de muy buenas ventas. Cuando contratas a creativos inteligentes, algunos de ellos se las ingeniarán para crearse oportunidades personales fuera de la empresa. Abundaremos en este asunto después, en este mismo capítulo.) En un proceso de contratación presencial, el énfasis se pone en la gente, no en la organización. Los creativos inteligentes importan más que el puesto; la empresa importa más que el gerente.

«Nuestro personal es el capital más importante» es un cliché bien conocido, pero para conformar un equipo de creativos inteligentes que esté a la altura de esa frase se requiere más que palabras: necesitas cambiar la forma en que los miembros del equipo son contratados. Lo bueno de estos cambios es que cualquiera puede hacerlos. Algunas de las recomendaciones relativas a la cultura que hicimos en un capítulo anterior pueden resultar de difícil adopción para empresas en operación, pero cualquiera puede cambiar su forma de contratar. La no tan buena noticia es que contratar bien requiere de tiempo y trabajo. Pero es la mejor inversión que puedes hacer.

El efecto rebaño

Una fuerza de trabajo de gente grandiosa no sólo hace un gran trabajo, sino que atrae a más gente grandiosa.[3] Los mejores trabajadores son como el ganado: tienden a seguirse. Consigue a unos cuantos y te garantizamos que pronto llegarán muchos más. Google es reconocido por sus fabulosas amenidades, pero la mayoría de los creativos inteligentes no se sintió atraído por la comida gratuita, los masajes subsidiados, los verdes prados o las oficinas en que se permiten perros. Ellos vinieron porque querían trabajar con los mejores creativos inteligentes.

Este "efecto rebaño" puede funcionar de dos maneras: en tanto que el personal A tiende a contratar personal tipo A, el personal B no sólo contrata a otros B, sino a C y a D también. Si pones en riesgo los estándares o cometes un error y contratas a un B, pronto tendrás B, C y D por toda la oficina. E independientemente de si esto obra en detrimento o en favor de tu empresa, el efecto rebaño es más poderoso cuando los empleados son creativos inteligentes y la empresa es nueva. En ese caso, la importancia relativa de cada persona es magnificada; los primeros empleados son más conspicuos. También, cuando pones a la gente grandiosa junto a otras personas grandiosas, creas un ambiente en que se pueden compartir ideas y trabajar en ellas. Esto siempre es así, pero sucede particularmente en épocas tempranas de una empresa.

Un efecto rebaño positivo puede orquestarse. «Eres brillante, estamos contratando.» La frase que adornaba los primeros anuncios de reclutamiento[4] de Google era en realidad un astuto

---

[3] ¿Recuerdas el modelo ASA? Ver Benjamin Schneider, "The People Make the Place" (*Personnel Psychology*, septiembre de 1987).

[4] Marissa Mayer originalmente vio esta frase en un volante de reclutamiento en el edificio CS, cuando era estudiante en Stanford. La frase captó su atención y la trajo consigo a Google.

truco marxista. No nos referimos a Karl Marx, sino Groucho, puesto que fue diseñada para inspirar una respuesta tipo «¡Sí, *quiero* pertenecer a este club que me quiere como miembro!». La intención era dejar que el mundo supiera que poníamos la vara bastante alta, y más que disuadir a los aspirantes, esto se convirtió en una herramienta de reclutamiento en sí. Jonathan solía tener sobre su escritorio un altero de currículums de las personas a quienes había contratado, y cuando trataba de cerrar un pacto, ofrecía los currículums al interesado para que supiera con qué tipo de personas estaría trabajando. No se trataba de un grupo seleccionado para representar a los mejores contratados por Jonathan, sino que representaban al total. Ése era un club al que, por lo regular, querían pertenecer nuestros Grouchos creativos e inteligentes. Así que pon la vara alta desde el principio y luego grítalo a los cuatro vientos.

Esto es especialmente importante para la gente de producto, porque pueden tener un gran impacto. Pon mucha atención al contratarlos, y cuando tu proceso garantice la excelencia en el corazón productivo de tu empresa, lo hará también con los demás equipos. El objetivo es crear una cultura del reclutamiento que resista el canto de la sirena del compromiso, un canto que se escucha más fuerte entre los caóticos torbellinos del hipercrecimiento.

La gente apasionada no usa esa palabra

Un buen indicador de los creativos inteligentes es la pasión. Les importan las cosas. ¿Cómo darte cuenta si una persona es verdaderamente apasionada, dado que la gente en verdad apasionada casi no utiliza la palabra «pasión»? De acuerdo con nuestra experiencia, muchos candidatos a un puesto se han dado cuenta de que la pasión es un rasgo de carácter muy solicitado. Cuando alguien comienza una frase con la sospechosamente obvia construcción de: «Me apasiona…» y luego procede a hablar de algo genérico como los viajes, el futbol o la familia, de inmediato vemos una bandera roja, señal de que su única pasión es pronunciar sospechosamente la palabra pasión en las entrevistas de trabajo.

La gente apasionada no usa su pasión en las mangas; la llevan en el corazón. La viven. La pasión es demasiado honda para los currículums, porque sus principales atributos —la persistencia, la firmeza de carácter, la seriedad y una absorción casi total— no pueden calibrarse a partir de una lista. Tampoco es siempre sinónimo de éxito. Si alguien es verdaderamente apasionado por algo, lo harán por mucho tiempo incluso si no tienen éxito al principio. El fracaso suele ser parte del trato. (Por esta razón valoramos a los atletas, porque los deportes enseñan a reponerse de las derrotas, o al menos te dan muchas oportunidades de hacerlo.) La persona apasionada casi siempre suele hablar largamente sobre sus intereses. Éstos pueden ser profesionales. En nuestro mundo, *perfeccionar la búsqueda* es un buen ejemplo de algo a lo que la gente puede dedicar su carrera entera, encontrando que cada día es atractivo y constituye un reto. Pero también puede tratarse de un *hobby*. Andy Rubin, quien empezó a desarrollar Android, ama los robots (y ahora es punta de lanza de los incipientes esfuerzos de Google en este campo). Wayne Rosing, el primer jefe de ingenieros de Google, ama los telescopios. El capitán Eric ama los aviones y volar (y ama contar historias de aviones que vuelan).

Con cierta regularidad, estas pasiones aparentemente extracurriculares pueden dar beneficios directos a la empresa. El gran mapa estelar, Sky Map, de Android, es una aplicación astronómica que convierte el teléfono en un mapa estelar. Fue elaborada por un equipo de googleros en su tiempo libre (lo que llamamos "el 20 por ciento del tiempo" —más sobre esto en páginas subsecuentes—), no porque amen programar computadoras, sino porque son entusiastas astrónomos aficionados.[5] Nos impresionó

_____

[5] Sky Map se desarrolló en Google y fue lanzado en 2009. El código se hizo abierto en 2012.

mucho un candidato que estudiaba sánscrito y otro que amaba restaurar viejas máquinas de pinball. Su hondo interés los hacía más interesantes, y ésta es la razón de por qué, en el contexto de una entrevista, jamás aplicamos el principio de procurar que no se extiendan demasiado. Cuando se trata de las cosas que más les importan, queremos que hablen.

Una vez que empiezan a hablar, escucha con mucho cuidado. Pon atención a *cómo* es que son apasionados. Por ejemplo, los atletas pueden ser muy apasionados, pero ¿quieres a un triatleta o a un ultramaratonista que suelen hacer todo a solas, o a alguien que entrena en grupo?, ¿el atleta es solitario o gregario, exclusivo o inclusivo? Cuando la gente habla de su experiencia profesional, saben las respuestas correctas a estas preguntas —en general a la gente no le agradan los solitarios en el ambiente de trabajo—. Pero cuando logras que la gente hable de sus pasiones, por lo regular bajan la guardia y puedes tener una mejor idea de su personalidad.

Contrata a gente ávida de aprendizaje

Piensa en tus empleados. Honestamente, ¿cuál de ellos es más inteligente que tú? ¿A cuál de ellos no te gustaría enfrentar en un tablero de ajedrez, o jugando *Jeopardy!*, o en un duelo de crucigramas? El adagio reza que siempre debes contratar a gente más inteligente que tú. ¿Qué tanto has respetado esta frase?

La frase sigue siendo cierta, pero no por razones obvias. Claro que la gente inteligente sabe mucho y, por lo tanto, puede lograr más que otros menos dotados. Pero no los contrates por el conocimiento que poseen, sino por las cosas que todavía no saben. Ray Kurzweil dijo que «las tecnologías de la información están creciendo exponencialmente… y nuestra intuición sobre el futuro no es exponencial, sino lineal».[6] Según nuestra experiencia, la

---

[6] Citado en "IT Growth and Global Change: A Conversation with Ray Kurzweil" (*McKinsey Quarterly*, enero de 2011).

capacidad cerebral en bruto es el punto de inicio de todo pensador exponencial. La inteligencia es el mejor indicador de la habilidad de una persona para manejar el cambio.

Sin embargo, no es el único ingrediente. Conocemos a mucha gente brillante que, cuando se enfrenta con la montaña rusa del cambio, elegirá mejor quedarse en el juego de las tazas giratorias. Preferirían evitar todos esos giros espeluznantes; en otras palabras, preferirían evitar la realidad. Henry Ford dijo que «cualquiera que deja de aprender es viejo, sin importar si tiene veinte u ochenta años. El que no deja de aprender permanece joven. Lo mejor de la vida es mantener joven tu mente».[7] Nuestros candidatos ideales son los que prefieren las montañas rusas, los que no dejan de aprender. Estas "personas ávidas de aprendizaje" tienen la inteligencia necesaria para enfrentar el cambio masivo y el carácter para amarlo.

La psicóloga Carol Dweck tiene otro término para designar esto. Lo llama "mentalidad de crecimiento".[8] Si piensas que las cualidades que te definen están labradas en la roca, te atascarás tratando de probarlas una y otra vez, sin importar las circunstancias. Pero si tienes una mentalidad de crecimiento, crees que las cualidades que te definen pueden modificarse y cultivarse por medio del esfuerzo. Puedes cambiarte a ti mismo; puedes adaptarte; de hecho, te sientes más cómodo y haces las cosas mejor cuando te obligan a hacerlo. Los experimentos de Dweck demuestran que tu mentalidad puede echar a andar toda una cadena de pensamientos

---

[7] Como suele suceder con los aforismos atribuidos a Ford, no tenemos la certeza de quién dijo esto.

[8] Al menos lo llama así cuando habla con personas que no son académicos. (El término que usa en sus investigaciones es que esta gente tiene una "teoría incremental" de la inteligencia, la personalidad o cualquier otra cualidad positiva.) Su libro de divulgación es: Carol S. Dweck, *Mindset: The New Psychology of Success* (Random House, 2006).

y conductas: si crees que tus habilidades son fijas, te propondrás las que ella llama "metas de desempeño" para mantener esa imagen personal, pero si tienes una mentalidad de crecimiento, establecerás "metas de aprendizaje",[9] metas que te llevarán a asumir riesgos sin preocuparte mucho por cómo, por ejemplo, te hará ver una pregunta tonta o una respuesta errónea . No te importará porque eres una persona ávida de aprendizaje y, a la larga, aprenderás más y llegarás a nuevas alturas.[10]

La mayor parte de la gente, cuando contrata para un puesto, busca a personas que hayan destacado antes en ese puesto. Ésta no es la manera de encontrar a alguien ávido de aprendizaje. Echa un vistazo a cualquier listado de ofertas de empleo y uno de los criterios que encontrarás para casi cualquier puesto es tener

---

[9] Elaine S. Elliot y Carol S. Dweck, "Goals: An Approach to Motivation and Achievement" (*Journal of Personality and Social Psychology*, volumen 54, número 1, enero de 1988), páginas 5-12.

[10] Para saber más de la explicación pionera de Dweck sobre cómo las mentalidades influencian la motivación y el aprendizaje en los niños, ver Carol S. Dweck, "Motivational Processes Affecting Learning" (*American Psychologyst*, volumen 41, número 10, octubre de 1986). Las personas ávidas de aprendizaje también tienen una cualidad relacionada, una combinación de pasión y perseverancia que los psicólogos llaman "grit" [término sin traducción que suele denotar una combinación de ambición, disciplina, resistencia, algo así como "tener garra". N. del T.]. La psicóloga Angela Duckworth y sus colegas han encontrado que las personas que tienen esta característica están más dispuestas a perseverar a pesar de los fracasos y las tentaciones —y, como resultado, llegan más lejos en las metas a largo plazo, como graduarse de la universidad, salir con una buena calificación en el examen nacional de ortografía y tener éxito en el programa de entrenamiento de West Point llamado "Barrack Beasts"—. Ver Angela L. Duckworth, Christopher Peterson, Michael D. Matthews y Dennis R. Kelly, "Grit: Perseverance and Passion for Long-Term Goals" (*Journal od Personality and Social Psychology*, volumen 92, número 6, junio de 2007).

experiencia relevante. Si el puesto es para un diseñador en jefe de programas accesorios, es un hecho que al principio de la lista de requisitos pedirán entre cinco y diez años de experiencia diseñando programas accesorios y un título expedido por la Universidad de los Programas Accesorios.

Favorecer la especialización sobre la inteligencia es precisamente erróneo, especialmente en el mundo de la alta tecnología. El mundo está cambiando tan rápidamente todas las industrias y actividades que prácticamente es un hecho que el puesto para el que estás contratando cambiará. El programa accesorio de ayer será obsoleto mañana, y contratar a un especialista en un ambiente tan dinámico puede resultar contraproducente. Un especialista trae consigo una manera inherente de solucionar problemas que proviene de su experiencia misma, que es su ventaja putativa. Esta persona bien puede sentirse amenazada por una nueva clase de solución que requiere nueva experiencia. Un generalista inteligente no tiene inclinaciones, así que es libre de revisar el amplio rango de soluciones y gravitar en torno a la mejor de ellas.

Encontrar gente ávida de aprendizaje puede ser un reto. El *modus operandi* de Jonathan es pedir a los candidatos que reflexionen sobre un error del pasado. A principios de este siglo, solía preguntar a los candidatos: «¿Qué gran tendencia de Internet pasaste por alto en 1996? ¿En qué tuviste razón y en qué te equivocaste?» Se trata de una pregunta truculenta. Hace que los candidatos definan lo que esperaban, vinculándolo con lo que observaron para explorar las revelaciones, y los obliga a admitir un error, y no al estilo de mi-mayor-debilidad-es-que-soy-perfeccionista. Es imposible fingir la respuesta.

La pregunta puede adaptarse a cualquier evento importante del pasado reciente. El punto no es ver si alguien tiene poderes proféticos, sino cómo evolucionó su pensamiento y qué aprendió de sus errores. Poca gente responde bien esta pregunta, pero cuando lo hacen, es un gran indicador de que estás hablando con alguien ávido de aprendizaje. Por supuesto, pueden limitarse a decir: «No tengo talentos especiales. Sólo soy apasionadamente curioso.»[11] Eso dijo Albert Einstein y lo hubiéramos contratado al instante (a pesar de usar la palabra que empieza con «p»; la creación de la teoría de la relatividad opaca eso).

Una vez que has contratado a la gente ávida de aprendizaje, ¡haz que sigan aprendiendo![12] Crea oportunidades para que todos los empleados aprendan constantemente cosas nuevas —incluyendo habilidades y experiencias que no son directamente benéficas para la empresa— y luego puedes esperar que las utilicen. Esto no será ningún reto para las verdaderas personas ávidas de aprendizaje, quienes gustosamente atenderán al entrenamiento y demás oportunidades. Pero echa el ojo a las personas que no lo hacen; tal vez no sean las personas ávidas de aprendizaje que creíste que eran.

La prueba LAX

Así que la pasión es esencial para un potencial empleado, y lo mismo pasa con la inteligencia y una mentalidad predispuesta al aprendizaje. Otra cualidad esencial es el temperamento. No nos referimos solamente a alguien que trate bien a los demás y que sea confiable, sino que también esté equilibrado y que se relacione con el mundo. Pensamos en alguien que resulte *interesante*.

Juzgar el carácter durante un proceso de entrevista solía ser bastante fácil, puesto que las entrevistas de trabajo solían incluir un almuerzo o cena en un restaurante y tal vez una o dos copas, al estilo *Mad Men*. Esos ambientes permitían al ejecutivo que contrataba observar cómo se comportaba el candidato "como civil". ¿Qué pasa cuando baja la guardia? ¿Cómo trata al mesero

---

[11] En una carta a su biógrafo, Carl Seelig, fechada el 11 de marzo de 1952, Archivos Einstein 39-013, tomado de *The Expanded Quotable Einstein* (Princeton, 2000).

[12] Puedes empezar por enseñarles gramática básica.

y al cantinero? Las grandes personas tratan bien a los demás, sin importar el nivel social o la sobriedad.

Hoy, no es común emborrachar a los candidatos, así que debes ser más observador, especialmente antes y después de la entrevista. Jonathan se entrevistó para obtener un empleo en una gran firma de consultoría cuando estaba en el segundo año de la escuela de negocios. Su competidor para el puesto era un afortunado individuo con un gran pedigrí —Jonathan está seguro de que su nombre era Hodsworth Bodsworth III—, quien no sólo estaba más calificado que Jonathan, sino que también era más guapo. Ciertamente Jonathan estaba condenado: Bodsworth tenía muchas posibilidades de quedarse con el trabajo. Pero mientras Jonathan esperaba a que comenzara su entrevista, conversó con la asistente administrativa y supo que planeaba un viaje a California, su estado natal. Pronto se puso a darle consejos de viaje y a recomendar lugares que visitar. Cuando la firma llamó al día siguiente para discutir una oferta, pensó que habían cometido un error o que estaban contratando a dos personas. Pero no era el caso. Bodsworth no fue contratado porque, de acuerdo con el entrevistador, «Se portó como un imbécil con mi secretaria y a ella le caíste bien tú». Por lo regular preguntamos a nuestros asistentes qué piensan de los candidatos y escuchamos sus respuestas. Llamémosla la regla Bodsworth.

Tan importante como el carácter es si un candidato resulta o no interesante. Imagina estar atorado en un aeropuerto durante seis horas con un colega; Eric siempre escoge el aeropuerto de Los Ángeles (LAX) para aumentar la incomodidad (aunque Atlanta o Londres también cumplen el requisito). ¿Podrás pasar ese tiempo conversando agradablemente con él? ¿Será tiempo bien invertido o pronto te encontrarás buscando en tu equipaje de mano la tableta para leer tu correo electrónico, las noticias o lo que sea para no tener que hablar con esta persona aburrida? (La estrella de televisión, Tina Fey, tiene su propia versión de la prueba LAX, misma que adjudica al productor de *Saturday Night Live*, Lorne Michaels: «No contrates a nadie con quien no quisieras encontrarte en los baños de la oficina a las tres de la mañana, porque vas a estar en la oficina toda la noche.»)[13]

Institucionalizamos la prueba LAX al hacer de la "googlebilidad" una de las cuatro secciones estándar —junto con la habilidad cognitiva general, el conocimiento relacionado con el puesto y la experiencia en el liderazgo— de nuestra forma de retroalimentación. Ésta incluye también la ambición y el ímpetu, la orientación al trabajo en equipo, la tendencia a servir, las capacidades para escuchar y comunicarse, la disposición a la acción, la efectividad, las habilidades interpersonales, la creatividad y la integridad.

(Larry y Sergey llevaron la prueba LAX un paso más allá cuando buscaban director general: se llevaron a los candidatos por un fin de semana entero. Eric fue un poco más conservador y propuso: «Miren, amigos, no necesito ir a Burning Man con ustedes. ¿Qué tal si cenamos?».)

La intuición que no puede enseñarse

Una persona que pasa la prueba LAX/googlebilidad/de-las-tres-de-la-mañana tiene que ser alguien con el que puedas sostener una conversación interesante y alguien a quien respetes. Sin embargo, él o ella no tienen por qué agradarte. Imagina que la persona con la que estás atorada en LAX no tiene nada en común contigo y que, de hecho, representa el polo opuesto a tu postura política, cualquiera que ésta sea. Sin embargo, si esta persona es tu igual (o te supera) en inteligencia, creatividad y esos factores que llamamos "googlebilidad", ustedes dos tendrán una conversación

---

[13] Tina Fey citó esta frase estando con Eric, cuando él la entrevistó en el escenario en Google, el 20 de abril de 2011.

provocadora y tu empresa será afortunada al poder contar con ambos en el mismo equipo.

Es común que la gente diga que sólo querrían trabajar (o elegir como presidente) a alguien con quien les gustaría tomar una cerveza. A decir verdad, algunos de nuestros colegas más eficientes son personas con las que definitivamente no nos gustaría beber una cerveza. (Hay casos raros en que se trata de personas a las que nos gustaría vaciarles un tarro de cerveza en la cabeza.) Debes trabajar con las personas que no te agradan, porque una fuerza de trabajo compuesta por personas que son cuates de oficina resulta homogénea, y la homogeneidad en una organización produce fracaso. Una multiplicidad de puntos de vista —o sea, diversidad— es tu mejor defensa contra la miopía.

Podríamos optar por una tangente políticamente correcta y hablar de cómo la contratación de una fuerza de trabajo que es diversa en términos raciales, de orientación sexual, de capacidades físicas y de cualquier otra cosa que distinga a la gente, es el camino correcto a seguir (y lo es). Pero desde un punto de vista estrictamente corporativo, la diversidad en la contratación es, enfáticamente, lo correcto. La gente con distintos antecedentes ve el mundo de distinta manera. Mujeres y hombres, blancos y negros, judíos y musulmanes, católicos y protestantes, militares o civiles, gays o heterosexuales, latinos y europeos, klingon y romulanos,[14] asiáticos y africanos, gente unida a una silla de ruedas o con cuerpos con completa funcionalidad: todas estas diferencias de perspectiva generan intuiciones que no pueden enseñarse. Cuando reúnes estas perspectivas en un ambiente de trabajo, se integran para crear una perspectiva más amplia que no tiene precio.[15]

---

[14] Pintamos nuestra raya con los Borg, dado que el ser asimilados no promueve la diversidad.

[15] Los académicos han tratado de determinar el valor de la diversidad. Por ejemplo, en un estudio de una muestra de negocios que buscan utilidades,

El gran talento no suele verse y actuar igual que tú. Cuando vayas a esa entrevista, deja tus prejuicios en la puerta[16] y concéntrate en averiguar si la persona tiene la pasión, el intelecto y el carácter para tener éxito y destacar.

Lo mismo aplica a los gerentes una vez que se unen a ti. Al igual que en el caso de la contratación, el desempeño gerencial debe medirse con datos, con el sólo objetivo de crear una meritocracia. No puedes ser ciego al género, la raza y el color por mandato; necesitas crear métodos empíricos y objetivos para medir a la gente. Entonces los mejores florecerán, sin importar de dónde vienen o cuál es su aspecto.

Expande la apertura

El candidato ideal está allá afuera. Tiene pasión, inteligencia, integridad y una perspectiva única. Ahora, ¿cómo encontrarlo y hacer que entre a tu barco? Hay cuatro eslabones en esta cadena crítica: localizarlos, entrevistar, contratar y compensar.

---

el sociólogo Cedric Herring descubrió una asociación entre la diversidad racial y un aumento en las utilidades por ventas, más clientes, mejor participación de mercado y mejores ganancias relativas. También encontró un vínculo entre algunos de esos parámetros de desempeño financiero y la diversidad de género. Ver Cedric Herring, "Does Diversity Pay?: Race, Gender and the Business Case for Diversity" (*American Sociological Review*, volumen 74, número 2, abril de 2009). Otros académicos, sin embargo, señalan que la diversidad crea conflicto entre los compañeros de trabajo —en nuestra experiencia, el conflicto es algo bueno que normalmente lleva a decisiones más sólidas—.

[16] Es más fácil decirlo que hacerlo, razón por la cual Google invirtió en entrenar a sus empleados para detectar sus propios prejuicios inconscientes. Para más información sobre estas tendencias inconscientes, ver Anthony G. Greenwald y Mahzarin R. Banaji, "Implicit Social Cognition: Attitudes, Self-Esteem, and Stereotypes" (*Psychological Review*, volumen 102, número 1, enero de 1995).

Comencemos con la fuente de tus contrataciones, que en su momento comienza a definir el tipo de candidato que estás buscando. Nuestra socia de reclutamiento, Martha Josephson, llama a esto "expandir la apertura". La apertura es la abertura en una cámara por la que pasa la luz a los sensores que captan la imagen. Un típico gerente de reclutamiento tendrá una apertura estrecha al considerar solamente a cierto tipo de gente con ciertos títulos en ciertos campos, es decir, la que indudablemente hoy hará bien el trabajo. Pero el gerente exitoso dispone de una apertura más amplia y escoge entre aspirantes fuera de lo común.

Digamos que te gusta contratar personal que viene de una determinada empresa que es muy conocida por albergar un talento tremendo. Dicha empresa sabe que quieres a sus empleados y ha hecho muy difícil que la gente se los robe. Si expandes la apertura y buscas a alguien que pueda hacer bien el trabajo hoy y mañana, también puedes encontrar gemas y puedes ofrecerles oportunidades que su actual empleador podría no ser capaz de igualar. El ingeniero que quiere pasarse a la gerencia de producto pero no puede dejar a su equipo; el gerente de producto que quiere meterse en las ventas pero no hay vacantes. Puedes conseguir gran talento si estás dispuesto a asumir el riesgo lanzando a las personas el reto de hacer cosas nuevas. Se unirán a ti precisamente porque estás dispuesto a asumir los riesgos. Y quienes están dispuestos a arriesgarse suelen encarnar la tendencia selectiva que estás buscando.

Por ejemplo, si quieres contratar a un ingeniero en *software* y todo tu código está escrito en un lenguaje determinado, eso no necesariamente significa que tienes que contratar a un experto en ese lenguaje. Debes contratar al mejor ingeniero que puedas encontrar, sin importar qué código prefiere, porque si es el mejor podrá manejar Java, C, Python y Go.[17] Y cuando el lenguaje

---

[17] Java, C, Python y Go son nombres de lenguajes de programación.

elegido cambie (inevitablemente cambiará) seguirá siendo capaz de adaptarse mejor que nadie más. El pionero de las supercomputadoras, Seymour Cray, solía contratar deliberadamente en función de la *inexperiencia*, porque este sistema le llevaba a dar con gente que «no suele conocer lo que se supone que es imposible».[18] Hacemos algo parecido en Google con nuestro programa para los Asistentes de la Gerencia de Producto (APM, por sus siglas en inglés), que fue creado por Marissa Mayer cuando era una directora del equipo de Jonathan. Se le encargó la contratación de los más inteligentes científicos de la computación que pudiera hallar en cuanto salieran de la escuela. Esto no es inusual; muchas empresas contratan graduados recientes de gran inteligencia, y ésa es la parte fácil. La difícil es darles roles vitales en proyectos de impacto real. A los creativos inteligentes les va muy bien en estas posiciones, en tanto que los gerentes con aversión al riesgo se encogen. ¡No tienen experiencia! (¡Bien!) ¿Y qué tal si la riegan? (Lo harán, pero también tendrán éxito en formas que no puedes imaginar.) Brian Rakowski sentó el tono muy bien cuando fue nuestro primer APM, contratado directamente al salir de Stanford, de inmediato se le dio responsabilidad en la gerencia de producto en Gmail, trabajando directamente con Paul Buchheit, el jefe de ingenieros. Brian es ahora líder del equipo Android, y a Gmail no le ha ido nada mal tampoco.

Por supuesto, a veces cometemos errores nosotros mismos. En una ocasión, Salar Kamangar quedó impresionado con uno de nuestros jóvenes asociados de mercadeo y quiso transferir a este hombre al programa de APMs. Desafortunadamente, este programa sólo aceptaba candidatos con títulos en ciencia de la computación, requisito que este asociado no cumplía. Aunque Salar argumentó que el joven asociado era programador autodidacta y tenía un «historial de trabajo estrechamente relacionado

---

[18] Tracy Kidder, *The Soul of a New Machine* (Little, Brown, 1981), página 59.

con ingenieros y en el envío de cosas», varios ejecutivos influyentes, incluido Jonathan, se negaron terminantemente a expandir la apertura, y rechazaron el cambio. El joven asociado de mercadeo, Kevin Systrom, eventualmente se fue de Google. Fue cofundador de una empresa llamada Instagram, misma que después vendió a Facebook por mil millones de dólares.[19] ¡Por nada, Kevin!

Una forma de lograr que la expansión de la apertura funcione es juzgar a los candidatos con base en la trayectoria. Nuestro anterior colega Jared Smith afirma que los mejores elementos son aquellos cuyas carreras están en ascenso, porque cuando proyectas su camino hacia adelante, existe gran potencial de crecimiento y logro. Hay muchas personas fuertes y experimentadas que han llegado a un estancamiento laboral. Con esos candidatos, sabes exactamente lo que obtienes (lo que es bueno), pero existe mucho menos potencial para lo extraordinario (malo). Es importante hacer notar que la edad y la trayectoria no están correlacionados, y que hay excepciones a la guía de la trayectoria, como en el caso de las personas que dirigen su propio negocio o aquéllas que tienen carreras que no siguen el camino tradicional.

Expandir la apertura es mucho más difícil conforme vas subiendo en la cadena alimenticia corporativa. La contratación de personas mayores se hace buscando la experiencia, y la experiencia es importante, pero en la mayoría de las industrias de hoy la tecnología ha hecho que el ambiente sea tan dinámico que tener la experiencia correcta es sólo una parte de lo que se requiere para tener éxito. Las empresas suelen sobrevaluar constantemente la experiencia relevante cuando juzgan a los candidatos mayores.

---

[19] Somini Sengupta, Nicole Perlroth y Jenna Wortham, "Behind Instagram's Success, Networking the Old Way" (*The New York Times*, 13 de abril de 2012).

Deben concentrarse más en el talento que los creativos inteligentes ofrecen.

Por ejemplo, en 2003, cuando buscábamos un director de Recursos Humanos que completara nuestro equipo ejecutivo, entrevistamos a unos 50 candidatos, muchos con gran experiencia en el sentido tradicional, pero ninguno estaba calificado para hacer lo que necesitábamos que se hiciera. Teníamos una empresa que crecía tal vez al ritmo más acelerado de la historia, así que la experiencia estándar que estos candidatos ponían sobre la mesa no iba a ser suficiente. Necesitábamos ejecutivos que comprendieran cómo construir maquinarias escalonadas sobre las que la empresa pudiera operar a un ritmo fundamentalmente distinto.

Fue un proceso largo. En un punto, Eric espetó: «Encuentren a un académico de Rhodes que también sea astrofísico.» Después de discutir el asunto, llegamos a la conclusión de que el astrofísico, aunque probablemente estaba calificado para el trabajo, no vendría a Google para ser ejecutivo corporativo. «De acuerdo —dijo Sergey—, tráiganme a un asociado en derecho.» Un día, Jonathan encontró a uno de los candidatos en la oficina de Sergey; escribía furiosamente un contrato. Sergey le había asignado una tarea: escribe un contrato bien hecho, comprensible y gracioso. Media hora más tarde, el candidato entregó el contrato 666, en que Sergey Brin vendía su alma al diablo a cambio de un dólar y de muchas otras consideraciones. La pieza era brillante y graciosa, pero el abogado no obtuvo el empleo —no era lo suficientemente técnico—.

Al no funcionar la idea del abogado, nuestra socia de búsqueda, Martha Josephson, sugirió que la combinación correcta podría ser la de un socio de McKinsey sumado al académico de Rhodes, y nos trajo a Shona Brown, a quien contratamos para dirigir las operaciones corporativas a pesar de que nunca antes había tenido un trabajo semejante. Funcionó tan bien que, en 2008, cuando necesitamos un director financiero para sustituir al estimado George Reyes, Eric pidió a Martha «encontrar a otra Shona Brown». Encontró a un académico de Rhodes que había sido socio en McKinsey, Patrick Pichette, quien se convirtió en nuestro director financiero en 2008.

(La preferencia de Google por la gente talentosa va más allá de los ejecutivos de más alto nivel. Una vez, Jonathan se dirigía a la oficina en Londres. Su agenda incluía hablar ante un grupo de académicos de Rhodes, en una reunión organizada por Shona. Jonathan trataba de determinar cómo decidir a quién entrevistar en Mountain View, cuando se encontró con Sergey en un pasillo y le explicó el problema. «¿Por qué decidir? —dijo Sergey—. Ofrécele trabajo a todos.» Eso parecía una locura en principio, pero resultó no serlo tanto después de pensarlo bien. Algunos de esos académicos de Rhodes hicieron un excelente papel en Google.)

Expandir la apertura trae consigo riesgos. Lleva a algunos fracasos y los costos iniciales de contratar a una persona brillante y sin experiencia son más altos que contratar a una persona menos brillante y con experiencia. El gerente de reclutamiento puede no querer asumir los costos, pero esa preocupación debe ser dejada de lado en pro de un bien mayor. Contratar a generalistas brillantes es mucho mejor para la compañía.

Todos conocen a alguien grandioso

Probablemente conoces a alguien con un currículum francamente excepcional: alguien que ha escalado el K2, que es miembro del equipo olímpico de *hockey*, que ha publicado una novela aclamada, que se las arregló para terminar la carrera con mención honorífica, que recientemente tuvo su primera exposición pictórica, alguien que fundó una (verdadera) sociedad sin fines de lucro, que habla cuatro lenguas, que es dueño de tres patentes, que programa las mejores aplicaciones sólo por divertirse, alguien que toca la guitarra en una banda y que ha llegado a bailar en el escenario con Bruno Mars. Si conoces al menos a una persona de este tipo, es razonable pensar que todos tus compañeros de trabajo conocen también a alguien así. Entonces, ¿por qué permitir que sólo los reclutadores se encarguen del reclutamiento? Si todos conocen a alguien grandioso, ¿por qué no es trabajo de *todos* reclutar a ese gran personaje?

Para establecer una cultura exitosa de la contratación que produzca un incesante flujo de personas extraordinarias, se debe comenzar por comprender el papel de los reclutadores en encontrar a los candidatos. Indicio: no es su dominio exclusivo. No nos malinterpretes, amamos a los buenos reclutadores. Trabajamos con ellos todo el tiempo y apreciamos sus intuiciones y su duro trabajo. Pero la labor de encontrar personal pertenece a todos y este hecho debe entretejerse en el entramado de la empresa. Los reclutadores pueden conducir el proceso, pero todos deben ser reclutados para reclutar.

Esto es fácil en el caso de una empresa pequeña, puesto que resulta natural que todas las manos se apoyen en la mesa del reclutamiento. Sin embargo, cuando se alcanza determinado tamaño —de acuerdo con nuestra experiencia, ese tamaño ronda los quinientos empleados—, los gerentes empiezan a preocuparse por el *headcount* [una métrica de recursos humanos que aborda el número de trabajadores y su relación de dependencia. N. del T.] más que por la persona misma que ocupará los puestos. Escuchas cosas como "pelear por el *headcount*" mucho más que "encontrar gente excelente". ¿No se supone que los reclutadores están para esto último? No exactamente. El problema con la dependencia en los reclutadores es que se vuelve tentador para ellos dejar de buscar a la crema y nata para conformarse con un esquema de mitad y mitad o peor aún. Ellos no tienen que vivir con sus errores; la empresa sí. Por otra parte, es fácil para cualquier compañía doblar su tamaño con personal extraordinario. Sólo se requiere, como Larry solía decirnos, que cada empleado refiera a otra persona extraordinaria. Cuando delegas completamente el reclutamiento, la calidad del mismo se degrada.

La manera simple de lograr que se reclute conforme a las necesidades del puesto es la medición. Cuenta las referencias y las entrevistas realizadas. Mide qué tan rápido llena la gente las formas de retroalimentación para la entrevista. Alienta a que los empleados ayuden en los eventos de reclutamiento y lleva la cuenta de qué tan seguido lo hacen. Luego, logra que estas mediciones cuenten cuando se trate de analizar el desempeño y de promover a la gente. Reclutar es trabajo de todos, así que valora el desempeño tomando en cuenta esto.

Entrevistar es la habilidad más importante

Mientras más ambiciosas sean tus aspiraciones de contratación, más complejo e importante se torna el proceso de entrevista. La entrevista es el momento en que de verdad aprendes sobre una persona —es mucho más importante que el currículum—. El currículum te dice que la persona sacó determinada calificación en una escuela de élite mientras estudiaba ciencias de la computación y participaba en pruebas atléticas de campo; la entrevista te dice que la persona es aburrida crónica y que no ha tenido una idea original en años.

La habilidad más importante que cualquier persona de negocios debe desarrollar es el entrevistar. Probablemente no has leído nada semejante en ningún libro gerencial ni lo has escuchado en tus cursos de maestría. Los directores generales, profesores e inversionistas de riesgo siempre predican (correctamente) la excelencia de la gente cuando tiene éxito, pero no suelen decirnos cómo conseguir a esos elementos. Hablan desde una perspectiva teórica, pero los negocios son pragmáticos, y, en la práctica, tu trabajo es determinar el mérito de un candidato en el contexto de una entrevista artificial y con limitaciones de tiempo. Eso exige un conjunto único y complejo de habilidades y, a decir verdad, la mayoría de la gente no cuenta con estas habilidades.

Vuelve a pensar en la respuesta inicial que la gente dio a la pregunta hipotética «¿Qué es lo más importante que haces en el trabajo?». Recuerda que muchos dijeron «Ir a las juntas». La verdad es que pasamos la mayor parte de nuestro tiempo asistiendo a juntas. Lo bueno de las juntas es que, mientras más alto estés en la cadena alimenticia, menos tienes que prepararte para ellas. Cuando eres el perro alfa (o algo parecido en la jerarquía canina), otras personas se preparan para la junta en tanto que tú sólo debes escuchar y opinar. Tus colegas se van con acciones a emprender y tú sales de ahí sin nada que hacer excepto correr a la siguiente junta.

Para conducir una buena entrevista se requiere algo distinto: preparación. Esto es cierto sin importar que seas un alto ejecutivo o un asociado de nuevo ingreso. Para ser un buen entrevistador se requiere entender el puesto, leer el currículum y —lo más importante— preparar tus preguntas.

Primero debes hacer tu propia investigación para averiguar quién es el entrevistado y por qué es importante. Analiza el currículum, haz una búsqueda de Google, encuentra en qué han trabajado y haz una búsqueda en ese sentido también. No estás buscando la foto en que el entrevistado aparece borracho en un carnaval, sino tratando de formarte una opinión de él o ella —¿se trata de alguien interesante?—. Entonces, en la entrevista usa lo que aprendiste en la investigación para ahondar en los temas. Debes hacer preguntas desafiantes que espoleen al candidato. ¿Cuál fue el punto más difícil del proyecto? ¿Por qué fue exitoso? Tu objetivo es enterarte de si el candidato fue el martillo o el huevo, si fue alguien que causó un cambio o si sólo se dejó llevar por él.

Tu objetivo es encontrar los límites de su capacidad, no sostener una educada conversación. No obstante, la entrevista no debe ser una experiencia demasiado estresante. Las mejores entrevistas se sienten como discusiones intelectuales entre amigos («¿Qué libro estás leyendo en este momento?»). Las preguntas deben ser largas y complejas, con un rango de respuestas disponibles (para entrever los procesos de pensamiento de la persona) a las que el entrevistador puede volver (para ver cómo reacciona el entrevistado y cómo defiende una posición). Es buena idea reutilizar las preguntas con diversos candidatos, para así poder calibrar sus respuestas.

Cuando preguntes sobre el pasado de un candidato, debes formular preguntas que, más que ofrecer una oportunidad para que el entrevistado regurgite su experiencia, le permitan expresar lo aprendido en dichas experiencias. Obliga a que la gente muestre su forma de pensar, no sólo su currículum. «¿Qué te sorprendió de…?» es una buena forma de hacer esto, ya que es una pregunta suficientemente distinta como para sorprender al candidato y evitar las respuestas ensayadas. Además, esta forma de preguntar obliga a pensar en las experiencias desde una perspectiva ligeramente distinta. «¿Cómo pagaste la universidad?» es otra pregunta buena, como también lo es la siguiente: «Si me metiera a tu historial de navegación, que aprendería de ti que no aparece en tu currículum?» Ambas preguntas pueden llevar a una mejor comprensión del candidato. También son bastante específicas, lo que te ayuda a valorar qué tan bien escucha alguien y qué tan bueno es analizando preguntas.

Las preguntas que presuponen un escenario determinado son útiles, en especial cuando se entrevista a personas de mayor edad, puesto que pueden revelar cómo alguien usará a su equipo o qué tanto confiará en él. Por ejemplo: «Cuando estás en una crisis o cuando necesitas tomar una decisión importante, ¿qué haces?» es un cuestionamiento que te revelará si un candidato tiende a hacer las cosas solo o si acudirá a la gente que lo rodea. El primer tipo de respuesta refleja a una persona que puede sentirse frustrada con las personas que trabajan para ella y que se aferra al control;

la segunda respuesta denota a una persona que puede contratar a gente grandiosa y que tiene fe en ellos. Las respuestas genéricas a estas preguntas indican que alguien no llega muy hondo en los asuntos. Quieres que las respuestas sean interesantes, o al menos específicas. Si las respuestas que obtienes son puros clichés tomados de los libros de negocios, o si sólo reflejan opiniones generalmente aceptadas, entonces estás ante un candidato genérico que no tenderá a pensar hondamente las cosas.

También están los infames acertijos de Google. En años recientes, hemos consolidado la práctica de hacer preguntas confusas durante la entrevista. Muchas de las preguntas (y respuestas) terminaron en línea, así que seguir usándolas no necesariamente revelaría la habilidad racional de un candidato para abordar un problema complejo, aunque sí revela su habilidad para conducir una investigación antes de la entrevista para luego actuar como si no hubiera memorizado las respuestas de todos nuestros acertijos. (Se trata de una habilidad valiosa, sin duda; pero no se trata de la habilidad que estamos buscando.) Los acertijos también fueron objetivo de las críticas por ser una herramienta elitista. A esos críticos, les diremos de una vez por todas: Tienen razón. Queremos contratar a los mejores cerebros disponibles, porque creemos que existe una gran diferencia entre las personas que son grandiosas y las que son buenas, y hacemos todo lo posible para distinguir a unas de las otras. Y si ustedes, nuestros críticos, persisten en creer que el elitismo en la contratación está mal, pues bueno, tenemos una pregunta para ustedes: si tienes doce monedas, una de las cuales es falsa y tiene un peso distinto a las otras, y una balanza, ¿cómo identificar la moneda falsa con sólo tres oportunidades de pesar?[20]

---

[20] Al pesar por primera vez, toma cuatro monedas y pesa los otros dos grupos de cuatro monedas comparando su peso. Si esos dos grupos dejan la balanza equilibrada, entonces la moneda falsa debe estar en el tercer grupo,

Cuando te prepares para una entrevista, es útil tener en mente que el entrevistado no es la única persona que está siendo entrevistada. Un candidato altamente calificado te está juzgando a ti tanto como tú lo juzgas a él. Si desperdicias los primeros minutos de la entrevista leyendo su currículum y chachareando, el candidato que está considerando varias opciones (y los grandes candidatos siempre tienen varias opciones) no quedará muy impresionado. Las primeras impresiones ejercen su influjo para ambos participantes.

En tanto que quieres hacer preguntas inteligentes, también debes identificar a los candidatos que pueden hacer preguntas inteligentes. La gente que hace buenas preguntas es curiosa, más inteligente, flexible e interesante; además, comprende que no tiene todas las respuestas —y tal es justamente el tipo de creativo inteligente que deseas—.

La única manera de mejorar en las entrevistas es la práctica. Por eso pedimos a la gente joven que aproveche toda oportunidad que tenga para entrevistar. Algunos lo hacen, pero la mayoría no,

---

el que dejaste aparte. En este caso, toma dos monedas entre las ocho que acabas de pesar y dos del grupo de cuatro que no pesaste. Si éstas equilibran la balanza, entonces la moneda falsa está en el par de monedas que nunca ha estado en la balanza. Si no equilibran la balanza, entonces la moneda falsa está en el par que fue pesado en la segunda ocasión. En la tercera oportunidad de pesado, compara una de las monedas del par que tiene la moneda "mala" y compárala contra una moneda "buena" para efectos de control. Si quedan equilibradas, la moneda falsa es la que está en la mesa. Si no, es la que está en la balanza. Ése es el escenario más sencillo. Veamos si puedes dar con la respuesta más difícil por ti mismo, esto es, cuando la balanza no queda equilibrada en el primer pesado.

Hay dos razones por las que nos gustan las preguntas de este tipo. Primero, te dejan saber si alguien tiene el intelecto para deconstruir un problema complejo, sin importar si llegan a la respuesta correcta. Segundo, ¿disfrutan del proceso?

pues prefieren invertir el tiempo en cosas que consideran más importantes. No se dan cuenta del enorme regalo que les estamos ofreciendo. Vamos, les decimos, puedes practicar la habilidad más importante que puedes desarrollar, recibir un pago por ello y, puesto que lo más probable es que no seas el gerente del entrevistado, ni siquiera tendrás que vivir con las consecuencias de una mala contratación. Y nos ignoran. Hacer que la gente entreviste es como sacar los dientes.

Por supuesto, no todos son buenos al entrevistar y la gente que no quiere mejorar en ello no lo hará. En Google echamos a andar un programa conocido como el programa del entrevistador confiable; se trata de un grupo de élite formado por personas que son buenas entrevistando y les gusta hacerlo, y son los encargados de hacer la mayoría del trabajo (y fueron recompensados con calificaciones más altas en las revisiones de desempeño). Los gerentes de producto que quisieron unirse al programa tenían que someterse a una capacitación y observar al menos a cuatro entrevistadores cuando se encontraban con los candidatos. Una vez entrando al programa se les calificaba de acuerdo con varios parámetros de desempeño, incluyendo cuántas entrevistas habían conducido, la confiabilidad (es sorprendente enterarse de cuánta gente considera que está bien cancelar las entrevistas en el último minuto, o ni siquiera presentarse), y la calidad y velocidad de su retroalimentación (la calidad de la retroalimentación se reduce drásticamente pasadas 48 horas; nuestros mejores entrevistadores programan tiempo para realizar la retroalimentación justo después de la entrevista). Publicamos estas estadísticas y dejamos que la gente que no estaba en el programa retara a los que sí pertenecían a él, reemplazándolos si su desempeño era mejor. En otras palabras, *no* entrevistar era visto como un castigo. Con este programa, el entrevistar se convirtió en un privilegio, no en una obligación, y la calidad aumentó en todos los aspectos.

Y en relación con la foto de la borrachera en el carnaval: a menos que demuestren una seria falla de temperamento, generalmente no usamos en contra de nuestros candidatos las fotos y comentarios existentes en línea. Recuerda que contratamos por la pasión, y la gente apasionada tendrá una presencia exuberante en línea. Esto demuestra un amor por los medios digitales, una característica importante en el mundo de hoy.

Programa tus entrevistas para durar treinta minutos

¿Quién decidió que una entrevista debe durar una hora? Por lo regular, entras a una entrevista y en pocos minutos sabes si una persona no sirve para la empresa y el empleo. ¿Quién dice que debes pasar el resto de la hora conversando inútilmente? Vaya pérdida de tiempo. Por eso es que las entrevistas de Google duran media hora. La mayoría de las entrevistas resultará en decisiones negativas, así que quieres invertir menos tiempo en ellas; además, la mayoría de los entrevistadores sabe detectar los factores negativos en media hora. Si te gusta el candidato y quieres seguir hablando, siempre puedes programar otra entrevista o puedes hacer tiempo en tu agenda ahí mismo (lo que es fácil de hacer si reservaste quince minutos después de la entrevista para escribir la retroalimentación). Los tiempos más cortos para entrevistar obligan a sostener una conversación más sustanciosa y con menos desperdicio; no hay tiempo para la cháchara o las preguntas intrascendentes. Así se obliga a la gente, incluyéndote (¡especialmente!), a llevar una discusión provechosa.

Y no sólo es problemático el hecho de que casi todas las empresas hagan entrevistas demasiado largas, sino que también entrevistan a demasiados candidatos. En una ocasión, en los días tempranos de Google, entrevistamos a un candidato en particular unas treinta veces y seguíamos sin poder decidir si queríamos o no contratarlo. Eso está mal. Así que decidimos autoritariamente que ningún candidato podía ser entrevistado más de treinta veces.

Luego hicimos una investigación y descubrimos que cada entrevistador adicional a los cuatro primeros aumentaba la *precisión de la decisión* en menos de un punto porcentual. En otras palabras, después de cuatro entrevistas, el costo incremental de conducir entrevistas suplementarias sobrepasa el valor que la retroalimentación adicional aporta a la decisión de contratación definitiva. Así que bajamos el máximo a cinco, número que ofrece el beneficio suplementario (al menos para los científicos en computación) de ser primo.

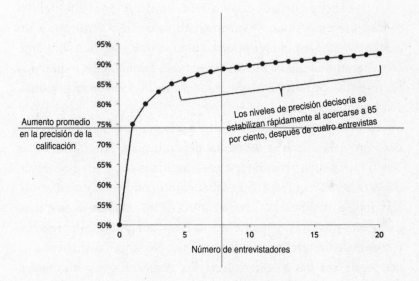

Debes tener una opinión

Recuerda: desde el punto de vista del entrevistador, *la meta de la entrevista es formar una opinión.* Una fuerte opinión. Un sí o un no. En Google calificamos a los candidatos entrevistados con una escala que va del 1 al 4. La calificación promedio suele estar cerca del 3, lo que se traduce en «me parecería bien que esta persona recibiera una oferta, pero a alguien más debe agradarle mucho». Como promedio, el 3 está bien, pero desde el punto de vista de la respuesta individual, es una excusa, dado que realmente significa que el entrevistador no puede decidir y le pasa la bolita a otro para que lo haga. Alentamos el que los entrevistadores adopten una postura. Por ejemplo, en el equipo de gerencia de producto, la calificación de 4.0 significa «la persona es perfecta para el puesto. Si no lo contratas, pronto sabrás de mí». Esto no sólo quiere decir que debemos contratar a la persona, dice además: «Si alguien quiere evitar la contratación de esta persona, lo cazaré y… discutiremos la decisión apasionadamente con base en datos objetivos incluidos en el paquete.»

El lenguaje asignado a estas calificaciones fue deliberadamente emocional —«pronto sabrás de mí»— porque a los creativos inteligentes les importa quién se une a sus filas. Es como si invitaran a alguien a formar parte de su familia. Creen que cada entrevista debe llevar a un decisión, y que la decisión es personal. No hay medias tintas.

No obstante, cuando pides a la gente que se forme una opinión, debes decirles sobre qué deben opinar. No importa si es obvio que se debe contratar a un candidato o no, los entrevistadores deben ser guiados para saber cómo conformar esa opinión. En Google, dividimos las evaluaciones de los candidatos en cuatro categorías distintas, y mantenemos estas categorías independientemente de las funciones a desempeñar. No importa si se trata de ventas, de finanzas o de ingeniería, los creativos inteligentes suelen tener buenos resultados en cada una, sin importar qué hacen o a qué nivel. Ahora, las categorías y sus descripciones:

• *Liderazgo.* Queremos saber cómo alguien ha flexionado diversos músculos en situaciones variadas para poder movilizar a un equipo. Esto puede incluir hacer valer un rol de liderazgo en el trabajo o dentro de una organización, o incluso el hecho de ayudar a que un equipo tuviera éxito cuando no eran los líderes oficialmente designados.

- *Conocimiento en relación con el puesto.* Buscamos a personas que tengan varias fortalezas y pasiones, no sólo un grupo de habilidades aisladas. También queremos asegurarnos de que los candidatos tienen la experiencia y los antecedentes necesarios que los predisponen al éxito en el puesto. Para el caso de los candidatos a puestos relacionados con la ingeniería, revisamos las capacidades de programación y las áreas técnicas en que deben tener experiencia.

- *Capacidad cognitiva general.* Nos preocupan menos las calificaciones y los expedientes académicos que saber cómo piensa un candidato. Es probable que hagamos preguntas relacionadas con el puesto que nos permiten avizorar su capacidad para la resolución de problemas.

- *Googlebilidad.* Queremos saber qué hace único a un candidato. También queremos estar seguros de que Google es un lugar en que puede prosperar, así que buscamos indicadores de qué tan cómodos se sienten respecto a la ambigüedad, su disposición a la acción y su naturaleza colaborativa.

Los amigos no permiten que los amigos contraten (o promuevan) a los amigos

Otra parte del proceso de entrevista en que la mayoría de las empresas comete errores es permitir que el gerente solicitante tome la decisión de reclutar o no. El problema con esto es que el gerente contratante probablemente será el jefe del nuevo empleado por meses o por uno o dos años; las organizaciones son altamente cambiantes. Además, en las organizaciones más eficientes, el "para quién" trabajas importa mucho menos que "con quién" quieres trabajar en el futuro. Las decisiones de contratación son demasiado importantes como para ser confiadas a un gerente que puede o no intervenir en el éxito de un empleado un año después.

Es por eso que en Google diseñamos el proceso para que la decisión de contratación sea tomada por un comité. Con los comités de reclutamiento, no importa quién eres: si quieres contratar a alguien, la decisión requiere del aval del comité, cuyas decisiones se basan en datos, no en relaciones u opiniones. El criterio principal para pertenecer a un comité de reclutamiento es que sólo tomes en cuenta lo que es mejor para la compañía. Punto. Los comités deben tener miembros suficientes para permitir una buena cantidad de puntos de vista, pero deben ser lo suficientemente pequeños como para permitir un funcionamiento eficiente; cuatro o cinco personas es un buen número. La mejor composición es la que promueve una amplia variedad de perspectivas, así que apuesta por la diversidad en su conformación. Busca la diversidad jerárquica, en habilidades y fortalezas (dado que las personas suelen favorecer a quienes están cortados con los mismos moldes que ellos), y en antecedentes. El gerente de contratación no es enteramente impotente en un proceso basado en la decisión colegiada. Esta persona (o su reclutador) puede participar en las reuniones del comité, y es la encargada de decidir si un candidato pasa de la etapa de entrevista a la de oferta, lo que significa que tiene poder de veto pero no de contratación. El comité de reclutamiento garantiza que las personas no contraten a sus amigos, a menos que esos amigos sean superestrellas.

En los primeros años de este siglo, cuando Google comenzó a sumar empleados por miles, Eric, Larry y Sergey observaron que muchos de los nuevos empleados eran buenos pero no tan buenos como se necesitaba. Tal vez no podían controlar lo que todo grupo estaba haciendo, decidió el trío, pero sí podían controlar a quién contrataban. Larry sugirió una política en el sentido de que los altos ejecutivos revisarían toda oferta. El proceso de reclutamiento resultante, que fue desarrollado por Urs Hölzle, implica una jerarquía de comités que culmina con un comité de uno: Larry, quien por muchos años revisó cada oferta. Esto dejó en claro a todos los involucrados en el reclutamiento la gran importancia que este proceso tenía para la compañía. El proceso fue diseñado para optimizar la calidad, no la eficiencia, y para mejorar el control, no la escalabilidad. Como sea, con el paso de los años hemos hecho nuestro mejor esfuerzo para escalar eficientemente, pero nuestro principio sigue siendo el mismo, incluso cuando ya hemos pasado de los 45 000 empleados: nada es más importante que la calidad de la contratación.

La moneda de cambio en este sistema es el paquete de contratación, un documento que contiene toda la información conocida sobre un candidato que ha pasado el proceso de entrevista. Un paquete de contratación debe ser comprensible y estar estandarizado, de manera que todos los miembros del comité de reclutamiento tengan exactamente la misma información y que esta información ofrezca un retrato completo del candidato. El paquete de contratación de Google fue diseñado por ingenieros con este propósito en mente (y también con el objetivo de mantener contento a Larry, puesto que supervisa a todos los que recibirán una oferta). Se basa en una plantilla estandarizada en toda la compañía (funciones, países, niveles), y deja espacio para la flexibilidad.

Cuando se completa, el paquete de contratación ideal está repleto de datos duros, no de opiniones, y esta diferencia es de importancia crítica. Si tú eres el gerente contratante o uno de los entrevistadores, no basta con expresar una opinión; necesitas apoyarla con datos. No puedes decir: «Deberíamos contratar a Jane porque es lista», debes decir: «Deberíamos contratar a Jane porque es lista y porque tiene la beca MacArthur para probarlo». La mayoría de los candidatos no es tan complaciente como para ganar la beca MacArthur, así que apoyar cada opinión con datos o con observaciones empíricas tiende a ser mucho más difícil que lo expuesto en el ejemplo. Cuando la gente no logra ser objetiva, los paquetes salen volando del comité.

La otra regla importante es que el paquete es la única fuente de información para el comité de reclutamiento. Si algo no está en el paquete, no se toma en cuenta. Esto obliga a que la gente sea exhaustiva al integrar el paquete. No puedes omitir información del paquete y luego sacarla a colación en media junta como movimiento ganador; los ases bajo la manga suelen hacer que le disparen a la gente (en sentido figurado, por lo general). La gente que es contratada es la que tiene mejores paquetes, no la que tiene a los porristas más gritones del comité.

Los mejores paquetes son como cualquier otra pieza de comunicación ejecutiva: contienen un resumen con todos los factores clave en una sola hoja y material de apoyo comprensible. El resumen consiste en datos duros y evidencia que apoye la decisión de contratación, y el material suplementario incluye reportes de entrevistas, el currículum, el historial de compensación, la información de referencia (especialmente si el candidato fue conseguido por medio de referencias internas), y cualquier otro material relevante (transcripciones académicas, una copia de las patentes o premios conseguidos por el aspirante, ejemplos de redacción o de programación).

Al compilar un paquete de contratación, los detalles importan. Por ejemplo: para quienes se graduaron recientemente, ¿el sistema de calificación por puntos de su escuela coincide con la típica escala estadounidense de cuatro puntos, o es como la de la Universidad de Ginebra, que califica con una escala de seis puntos? El lugar que ocupa el aspirante en la clase es otro factor importante para el caso de los graduados recientes; debido a la inflación de las calificaciones, una A puede no valer tanto como antes, pero el lugar que se ocupa en el grupo sigue dando una buena referencia. El paquete también debe estar bien formateado y facilitar la lectura rápida; por ejemplo, las mejores o peores respuestas del candidato deben estar resaltadas para localizarse fácilmente. Pero no todo debe tener formato: el currículum original del candidato debe incluirse tal cual, de modo que todos puedan ver los errores ortográficos o de formato (letras negritas o cursivas). El orden correcto de todos estos detalles en el paquete es lo que permite al comité conocer todo lo necesario del candidato.

Sin embargo, hasta un paquete integrado sólo por datos puede mentir. Los entrevistadores tienen inclinaciones naturales —una calificación de 3.8 de una persona equivale al 2.9 de otra (y equivale al π de otra persona más irracional)—. ¿Cuál es la solución a esto? Más datos. Todos los paquetes incluyen estadísticas sobre las calificaciones pasadas asignadas por los entrevistadores (se incluye el número de entrevistas, el rango de calificaciones otorgadas, el promedio) para que los miembros del comité puedan tomar en cuenta para su decisión qué entrevistadores calificaron más alto y cuáles calificaron a la mitad de la campana. (Sabiendo que estos datos forman parte del paquete, los entrevistadores suelen ser más conscientes y más estrictos para calificar, con lo que se obtienen calificaciones más fundadas.)

Algunos gerentes quieren tener control absoluto sobre la integración de su equipo. Cuando instituimos el sistema de comités, algunas personas lo odiaron y hasta amenazaron con irse. Está bien. Si a alguien le importa tanto tener el control absoluto sobre su equipo, tal vez no los quieras en tu empresa. Las tendencias dictatoriales rara vez se limitan a un solo aspecto del trabajo. Los buenos gerentes se darán cuenta de que contratar por comité es mejor para la empresa como un todo.

Igualmente, decidir quién es ascendido debe hacerse vía comité y no por decisión gerencial jerárquica. Nuestros gerentes pueden nominar a la gente que piensan que debe ser promovida y pueden actuar como abogados durante todo el proceso, pero la decisión misma no está en sus manos. Las razones para esto son las mimas que en el caso de la contratación: los ascensos tienen un impacto muy grande en las organizaciones, por lo que resultan demasiado importantes como para dejarlas en manos de un solo gerente. Pero en el caso de las promociones, existe un factor adicional que favorece la decisión colegiada. Muchos creativos inteligentes (la mayoría, de acuerdo con nuestra experiencia), sienten aversión al conflicto y les cuesta trabajo decir «no». Con los comités el rechazo no proviene de un individuo sino de un comité que carece de rostro. Este pequeño detalle puede tener un gran efecto tranquilizador en las tasas de promoción.

(Hay mucho más sobre cómo Google contrata a la gente de lo que podemos ofrecer en este libro. Si quieres aprender más y meterte en la ciencia que está detrás, no sólo del reclutamiento, sino de todas nuestras prácticas de recursos humanos, lee el futuro libro de nuestro colega Laszlo Bock, *Work Rules!* Laszlo es el jefe de operaciones de personal en Google, y en su libro detalla cómo los principios establecidos en los primeros tiempos crecieron hasta convertirse en un sistema que cualquier equipo o negocio puede emular.)

La urgencia para la ocupación del puesto no es suficientemente importante como para comprometer la calidad del reclutamiento

Nuestro énfasis en la contratación de calidad no significa que el proceso ha de ser lento. De hecho, todo lo que hemos descrito sobre nuestro método está pensado en pro de la rapidez. Limitamos las entrevistas a media hora y limitamos el número de entrevistas a cinco por candidato. Decimos a los entrevistadores que, en cuanto termina la cita con un candidato, deben indicar al reclutador si su impresión es positiva o negativa *inmediatamente*. Diseñamos los paquetes de candidatos para que los comités reclutadores que toman la decisión final puedan revisar un paquete en 120 segundos. (Literalmente. Los cronometramos.) Estos pasos hacen que el proceso de contratación sea escalable y que obligue a la claridad. También favorecen a los candidatos, puesto que apilar entrevistas y dilatar la decisión es injusto. Después de todo, si se trata del tipo de personas que quieres contratar, también querrán moverse rápido.

Pero existe una regla de oro de la contratación que no puede ser violada: *la urgencia para la ocupación del puesto no es suficientemente importante como para comprometer la calidad del reclutamiento.* En el inevitable enfrentamiento de la velocidad y la calidad, debe prevalecer la calidad.

Recompensas desproporcionadas

Una vez que has reclutado a tus creativos inteligentes, necesitas pagarles; la gente excepcional merece una paga excepcional. En este caso, también podemos tomar como referencia el mundo deportivo: los atletas destacados reciben cantidades destacadas por concepto de sueldo. No es raro que los mejores jugadores de los equipos profesionales sean compensados con tratos que valen cientos de millones, en tanto que el sueldo del novato que está al final de la banca sólo llega a los cientos de miles de dólares. ¿Lo valen esas estrellas? Cuando a Babe Ruth, el gigante del beisbol, le preguntaron si consideraba correcto que su sueldo fuera mayor que el del presidente Herbert Hoover, respondió: «¿Por qué no? Tuve un mejor año que él.» Nosotros tenemos una respuesta más racional. Sí, se justifica (cuando se desempeñan de acuerdo a las expectativas), porque los atletas exitosos poseen habilidades raras que son tremendamente apalancables. Cuando hacen las cosas bien, tienen un impacto desproporcionado. Ayudan a los equipos a ganar y la victoria lleva a grandes beneficios comerciales: más fanáticos, más espectadores, más camisetas y gorras vendidas. Por eso el gran dinero.

Puede que los creativos inteligentes de hoy no compartan muchas características con los atletas profesionales, pero sí comparten algo muy importante: el potencial de tener un impacto desproporcionado. Los atletas de gran desempeño son muy bien remunerados y lo mismo debe suceder en los negocios. Si quieres el mejor desempeño de los mejores, celébralos y recompénsalos desproporcionadamente.

Esto no significa que debas dar un cheque en blanco a los recién contratados. De hecho, la curva de compensación debe comenzar siendo baja. Puedes atraer a los mejores creativos inteligentes con factores que van más allá del dinero: las grandes cosas que pueden hacer, la gente con la que trabajarán, la responsabilidad y las oportunidades que se les otorgarán, la inspiradora cultura de la compañía, sus valores y, sí, incluso la comida gratuita y los perros contentos que se sientan al lado del escritorio. (Uno de los ingenieros de los primeros tiempos de Google quería traer a su hurón a la oficina. Dijimos que sí. No regateó el salario.) Pero cuando esos creativos inteligentes se convierten en empleados y empiezan a tener un desempeño, págales apropiadamente. Mientras más grande sea el impacto, mayor debe ser la compensación.

Al otro lado de la escala, los gerentes deben recompensar a la gente generosamente sólo cuando hacen un gran trabajo. Están manejando *profesionales*, no entrenando a un equipo de las ligas menores en que todos se llevan una ovación de pie y un trofeo, hasta el soñador del jardín derecho que se pasa el tiempo recogiendo margaritas y buscando tréboles de cuatro hojas. Todos los hombres y las mujeres fueron creados iguales en cuanto a que les corresponden ciertos derechos inalienables, pero eso no significa que son igualmente buenos en lo que hacen. Así que no les pagues o los promuevas como si lo fueran. Tradicionalmente, el mundo de los negocios recompensa a la gente por estar más cerca de la cima (el caso de los exagerados salarios de los directores generales) o por estar más cerca de las transacciones (inversionistas, banqueros, vendedores).[21] Pero lo más importante en el Siglo de Internet

---

[21] Usualmente, los economistas explican este fenómeno por medio de la "teoría del torneo", que comienza con la observación de que muchos

es la excelencia en el producto, por lo que se deduce que las grandes recompensas deben darse a las personas que están más cerca de los grandes productos e innovaciones. Esto significa que sí, el empleado de bajo nivel que ayuda a crear un producto revolucionario o una característica igualmente revolucionaria, debe ser muy generosamente recompensado. Paga extraordinariamente bien a la gente extraordinariamente buena, sin importar su ocupación o puesto. Lo que cuenta es su impacto.[22]

---

campos están diseñados como concursos de largo aliento para alcanzar los puestos más elevados, con una paga desproporcionada como premio al ganador. La teoría original fue presentada por los economistas Edward Lazear y Sherwin Rosen en "Rank-Order Tournaments as Optimum Labor Contracts" (*Journal of Political Economy*, volumen 89, número 5, octubre de 1981).

[22] Estamos tan confundidos como los economistas con los sistemas de pago igualitarios, en que la gente que hace contribuciones muy distintas recibe más o menos el mismo pago. ¿No sucede que los bajos salarios recompensan el poco esfuerzo y desalientan a la gente que tiene un desempeño grandioso? Para una discusión académica de este asunto, ver George P. Baker, Michael C. Jensen y Kevin J. Murphy, "Compensation and Incentives: Practice vs. Theory" (*Journal of Finance,* julio de 1988). Una explicación posible es que los sueldos muy diferentes son malos para la moral de equipo y pueden reducir la productividad. Ver, por ejemplo, David I. Levine, "Cohesiveness, Productivity, and Wage Dispersion" (*Journal of Economic Behavior and Organization*, volumen 15, número 2, marzo de 1991). Creemos que realizar este intercambio vale la pena: en nuestra experiencia, obtener un gran trabajo de la gente que tiene mejor desempeño supera cualquier problema surgido de una injusticia percibida. En la mayoría de los casos, la gente se siente feliz por sus colegas y se esfuerza por realizar algo grandioso, de modo que puedan ganar un sueldo parecido.

Intercambia los M&M y quédate con las pasas

Has realizado todo este trabajo para crear un sistema de reclutamiento que lleve a tu oficina a estos maravillosos creativos inteligentes, ¿y cómo te pagan? ¡Se van! Así es. Flash informativo: cuando contratas gente grandiosa, algunos de ellos pueden darse cuenta de que existe un mundo además del tuyo. Esto no es malo. De hecho, es un subproducto inevitable en un equipo saludable e innovador. Aún así, lucha con uñas y dientes para quedártelos.

La mejor manera de retener a los creativos inteligentes es no permitir que se sientan demasiado cómodos y procurar que siempre haya una manera de hacer interesante su trabajo. Cuando Georges Harik —quien era parte del equipo que creó AdSense y que ayudó a resolver el problema de «estos anuncios apestan» que discutimos en páginas anteriores— estaba pensando en irse de la empresa, Eric sugirió que él podría interesarse en sentarse con él en las juntas de personal. Así que a las juntas de personal de Eric asistían los fundadores, todos los ejecutivos que reportaban a Eric... y Georges, cuyo correo electrónico fue agregado a la lista de notificación de estas juntas. Eric y el resto de los líderes de la empresa tenían ahora una mejor comprensión de los factores de ingeniería y Georges aprendió mucho sobre negocios. Le intrigó tanto lo que escuchaba que terminó uniéndose al equipo de gerencia de producto y se quedó en la compañía dos años más. Estamos hablando de dos años de contribuciones de Georges que, de otra manera, no hubiéramos tenido.

Jonathan empleó el mismo sistema cuando buscaba ayuda para manejar sus juntas con el equipo. Por lo regular, los altos ejecutivos llevan consigo a un jefe de equipo que hace justo esto, pero tener un jefe de equipo de tiempo completo sólo alienta la politiquería. La solución de Jonathan fue rotar a una serie de gerentes de poder dándoles el puesto por seis meses, con lo que servían como jefes de equipo de hecho y trabajaban directamente con Jonathan al tiempo que conservaban sus trabajos originales. Se procuró que otros de estos gerentes se anotaran para labores especiales, que eran proyectos colaterales que se publicaban en un sitio interno para que cualquiera se ofreciera como voluntario. Por ejemplo, una labor creada en septiembre de 2003 consistía en ayudar a Larry Page a aprender más sobre cómo se ejecutaban los proyectos en Google. Puede que no sea la tarea más emocionante, pero muchos gerentes de poder jóvenes saltaron ante la oportunidad de trabajar con el cofundador de la compañía. La intención de estas tareas no era avivar las juntas de personal o aprovecharnos de personal con bajo salario. La intención era hacer que las vidas de nuestros talentosos empleados fueran más interesantes y desafiantes.

Pero suele suceder que se requiere de más que proyectos colaterales interesantes para mantener a la gente interesada y evitar que se vaya. Necesitas dar prioridad a los intereses del individuo altamente valorado sobre las restricciones de la compañía. Salar Kamangar, a quien los fundadores reclutaron en cuanto salió de Stanford, es un buen ejemplo de esto. Salar ayudó a inventar Ad-Words y pasó muchos años en la organización de productos, pero cuando estaba listo para expandir sus responsabilidades y convertirse en gerente general, no teníamos un puesto para él. Así que creamos uno y lo nombramos cabeza de YouTube. Hay muchos otros casos como éste en que los creativos inteligentes necesitan o quieren hacer algo nuevo y la empresa encuentra la manera de que eso suceda. Haz lo mejor para la persona y obliga a que la empresa se ajuste.

Hacer que la gente acepte nuevos roles puede institucionalizarse bajo la forma de rotaciones, pero debe hacerse bien o el tiro saldrá por la culata. El programa para los APMs (y sus réplicas en el ámbito del *marketing* y las operaciones de personal) obliga a la rotación cada 12 meses. Esto funciona muy bien en el caso de un programa pequeño con empleados de nuevo ingreso, pero es difícil crear un programa estructurado de rotación en segmentos mayores de la empresa. Nuestra aproximación ha sido siempre promover la movilidad laboral, facilitarla lo más posible y hacer que sea un tema fijo en la discusión gerencial. Hablamos de ella en las juntas de personal o en las reuniones uno a uno: ¿Quién de tu equipo es un buen candidato para la rotación? ¿A dónde quieren ir? ¿Crees que sea lo mejor para él o ella?

Asegúrate de que los empleados en cuestión sean los buenos. Los gerentes son como niños intercambiando dulces después de pedir Halloween: cuando los obligas a rotar a la gente de su equipo, suelen quedarse con los chocolates Reese's y con los M&M y se libran de las cajas de pasas. Esto puede ser bueno para ellos, pero es malo para la empresa. Al hacerlo se provoca que el mejor personal, el que quieres mantener atareado e inspirado, se quede encerrado en un equipo. Cuando Eric dejó que Georges Harik se sentara en sus juntas de personal, no lo hizo porque Georges fuera un hombre de desempeño mediocre que debía mejorar, lo hizo porque Georges era un empleado con un desempeño excelente y trataba de conservarlo. Haz que los gerentes intercambien sus M&M y deja que se queden con las pasas.

Si los amas, déjalos ir (pero sólo después de haber tomado estas medidas)

Incluso si mantienes a tus mejores empleados en desafío y ocupados, algunos de ellos considerarán la posibilidad de ir en busca de pastos más verdes. Cuando eso suceda, concentra tus esfuerzos de retención en las estrellas, los líderes y los innovadores (no necesariamente son la misma gente), y haz todo lo posible por mantenerlos contigo. Muchas de estas personas pueden tener el efecto de las ondas en el agua, puesto que a veces inspiran a que sus seguidores se vayan también. Dado que la gente rara vez se va por cuestiones salariales, el primer paso para conservarlos es escuchar. Ellos quieren ser oídos, relevantes y valorados.

En estas conversaciones, el líder del rol no es ser el abogado de la organización («¡Quédate, por favor!»), sino el abogado del creativo inteligente que está pensando en irse. Muchos empleados, particularmente los más jóvenes, tienden a pensar en términos de ciclos temporales más cortos (quizás influidos por los ritmos del año escolar). Pueden reaccionar exageradamente cuando se encuentran un obstáculo en el camino, extrañando los días en que podías empezar cada semestre con un cuaderno limpio y sin calificaciones registradas todavía. Ayúdalos a obtener una perspectiva a largo plazo. ¿Cómo es que quedarse en la empresa terminará por darles mucho mayor éxito cuando decidan irse? ¿Han considerado las ramificaciones financieras de renunciar? ¿Tienen un plan financiero claro y un buen sentido de lo que estarían dejando atrás? Escucha sus razones para querer irse y encuentra la manera en que puedan recargar sus cristales de dilitio permaneciendo en la empresa. Luego, si quieren seguir con la conversación, piensa en cómo pueden desarrollar su carrera quedándose. Esto demuestra tu compromiso con su éxito, no sólo con la empresa.

Los mejores creativos inteligentes suelen querer irse para fundar un negocio propio. No desalientes esto, pero pregúntales cuál es su "factor elevador". (El *factor elevador* es la típica reacción de los inversionistas de riesgo: «Habla, pues, tienes treinta segundos para impresionarme con tu idea de negocio.») ¿Cuál es tu fundamento estratégico? ¿Qué tipo de cultura tienes en mente? ¿Qué me dirías si yo fuera un inversionista potencial? Si no dan buenas respuestas, es obvio que no están listos para irse. En ese caso, solemos aconsejarles que se queden y que sigan contribuyendo a la empresa mientras trabajan en su idea; también les decimos que, cuando logren convencernos de invertir, los dejaremos ir con nuestros mejores deseos (¡y tal vez hasta con un cheque!). Esta oferta es difícil de resistir y nos ha ayudado a retener a muchas personas talentosas.

Luego tenemos el caso en que el valorado creativo inteligente tiene una oferta atractiva de otra empresa. A veces esta persona negociará con una amenaza: «O haces esto, o me voy de aquí.» Cuando eso sucede, lo usual es que el juego haya terminado, pues alguien que opera así ya no está emocionalmente apegado a la empresa y es poco probable que se pueda reconstruir ese compromiso. Pero si todavía existe un vínculo y quieres hacer una contraoferta, hazlo muy rápido, en menos de una hora, de ser posible. Después de ese tiempo, el empleado empieza a asentar a la nueva empresa en su mente.

Y, por supuesto, si en verdad le conviene a la persona irse, déjala marchar. Como dijo Reid Hoffman, antiguo colega de Jonathan en Apple y fundador de LinkedIn: «La relación con tu empleado no tiene por qué terminar cuando termina una relación de trabajo… lo primero que debes hacer cuando un empleado te comenta que se va es tratar de cambiar su decisión. Lo segundo, es felicitarlo por su nuevo empleo y darle la bienvenida a la red de alumnos de la empresa.»[23]

Nosotros tuvimos el caso de una joven y talentosa gerente, Jessica Ewing, quien nos ayudó a lanzar iGoogle (que permite a los usuarios adaptar la página principal de Google y que fue retirado en 2013) y tenía un muy brillante futuro en la compañía. Pero también tenía un deseo ardiente de probar suerte como escritora. «Piensa en tu trayectoria —le aconsejamos—. Piensa en todo lo que dejas atrás». Se fue de todos modos. Jessica: ¡no hemos escuchado de ti en un rato! ¿Por qué no escribes?

Despedir apesta

Seguro que no apesta tanto como ser despedido, pero sigue siendo bastante malo. Si algunas vez has tenido que hacerlo, sabes lo difícil que es llamar aparte a alguna pobre alma para decirle que las cosas no están funcionando. Tal vez el empleado la vea venir y lo tomará bien; tal vez no lo hará y empezará a arrojar cosas. Y tal vez

---

[23] Reid Hoffman, Ben Casnocha y Chris Yeh, "Tours of Duty: The New Employer-Employee Compact" (*Harvard Business Review*, junio de 2013).

usará las leyes laborales como balas de plata en una empresa vengativa para hacer tu vida miserable. Todos los factores que hacen de los creativos inteligentes grandes contrataciones, pueden convertir algunos en fuego del infierno: su intensidad, su confianza, su audacia. Así que ten en mente desde el principio que la mejor manera de evitar tener que despedir a quienes no se desempeñan a la altura, es no contratarlos. Ésta es la razón por la que preferimos que nuestro proceso de contratación nos dé más falsos negativos (personas que debíamos haber contratado, pero no lo hicimos) que falsos positivos (gente a la que no debíamos contratar y que fue contratada).

Ponte a prueba: si pudieras cambiar al 10 por ciento menos eficiente de tu equipo con nuevas contrataciones, ¿mejoraría tu organización? De ser así, entonces, debes revisar el proceso de contratación que te llevó a contratar a esa gente de bajo desempeño para ver cómo mejorarlo. Otra prueba: ¿Hay miembros de tu equipo que, si te dijeran que se van, no te harían luchar mucho por su permanencia? Si tienes empleados a los que dejarías ir, entonces tal vez debas hacerlo.

Una última prueba: hay gente a la que le gusta despedir. Cuidado con ellos. Despedir promueve una cultura en el sentido de que todo terminará por fallar, y el decir «Pues los despediré y ya» es una excusa por no invertir el tiempo necesario para implementar correctamente el sistema de reclutamiento.

Contratación Google:
qué hacer y qué no hacer

Contrata personas que sean más inteligentes y que sepan más que tú.
No contrates personas de las que no puedes aprender o que no te puedan poner a prueba.

Contrata gente que agregará valor al producto y a la cultura.
No contrates gente que no contribuirá bien en los sentidos antes mencionados.

Contrata personas que harán las cosas.
No contrates a quienes sólo piensan en los problemas.

Contrata gente entusiasta, motivada y apasionada.
No contrates personas que sólo quieren una chamba.

Contrata gente que inspire y que trabaje bien con los demás.
No contrates personas que prefieren trabajar solas.

Contrata a quienes vayan a crecer con tu equipo y con la empresa.
No contrates a quienes tienen pocas habilidades o intereses.

Contrata gente bien integrada, con talentos e intereses únicos.
No contrates a quienes sólo viven para trabajar.

Contrata a los que son éticos y se comunican abiertamente.
No contrates a quienes son manipuladores o tienden a la politiquería.

Contrata solamente cuando hayas encontrado a un gran candidato.

No te conformes con menos.

Carrera: escoge a los F-16

Frecuentemente nos piden consejos sobre cómo llevar una carrera. Los emprendedores en ciernes, los "nooglers" o nuevos empleados de Google recién salidos de la escuela, las superestrellas emergentes, todos quieren saber qué deben hacer para manejar su camino. Y si llegamos a tener la suerte de volver a ser invitados a dar otro discurso de graduación, digamos en una de nuestras *alma mater* (¿están poniendo atención Princeton y Claremont McKenna?), podría sonar así:

Trata tu carrera como si estuvieras surfeando

Cuando Jonathan estaba en la escuela de negocios y se interesaba en la gerencia de producto, fue a un par de presentaciones hechas por empleadores potenciales. Una de ellas era de una empresa líder en artículos de consumo empacados, cosas como el champú y limpiadores para el hogar. Describieron la gerencia de producto en su industria como si fuera ciencia, determinada por datos precisos obtenidos a partir de grupos focales y desempeño del producto. «Es como manejar hacia adelante mirando por el espejo retrovisor», dijeron, y lo dijeron como si se tratara de algo bueno.

Luego fue a una presentación hecha por una de las principales firmas tecnológicas de Silicon Valley. Dijeron que la gerencia de producto en Silicon Valley era como «pilotear un

F-16 en match 2 a dos metros del suelo y en un entorno lleno de rocas. Además, si chocas pasa lo mismo que en los juegos de video de las maquinitas, ¡y tenemos muchas monedas para seguir jugando!». ¡Bien! Las mejores industrias son aquellas en que vuelas un F-16, con el bolsillo lleno de monedas y tratando de no chocar.

En los negocios, y particularmente en el sector de la alta tecnología, no basta con ser bueno en lo que haces, tienes que tomar al menos una ola grande y lograr montarla hasta que te lleve a la orilla. Cuando la gente acaba de salir de la escuela, tiende a dar prioridad a la empresa, luego al trabajo y luego a la industria. Pero en este punto de su carrera ese orden está equivocado. La industria correcta es importantísima, porque es muy posible que cambies de empresa varias veces en tu carrera y es mucho más difícil cambiar de industria. Piensa en la industria como si fuera el lugar en que surfeas (al norte de California, las mejores olas están en Mavericks, amigo), y en la empresa como si se tratara de la ola en la que te montas. Siempre querrás estar en el lugar que tiene las mayores y mejores olas.

Si eliges la empresa equivocada o si tienes mala suerte y te topas con uno de esos jefes que te deja solo en tu primera ola, la pasarás muy bien si estás surfeando en una industria con olas excelentes. (De acuerdo, señor Spicoli, ya está bien de hablar de surf.) A la inversa, si eliges mal la industria al principio de tu carrera, las oportunidades de crecimiento en tu compañía serán limitadas. Tu jefe no se moverá y te quedarás estancado y sin mucho apalancamiento cuando estés listo para buscar empleo en otras empresas.

Por fortuna, las fuerzas tectónicas que conducen el Siglo de Internet logran que muchas industrias constituyan buenos lugares para surfear. Y no sólo las empresas dedicadas a Internet tienen grandes ventajas, sino las dedicadas a la energía, las farmacéuticas, las de manufacturas de alta tecnología, las de publicidad, los medios, las dedicadas al entretenimiento y a los electrónicos de consumo. Las industrias más interesantes son las que tienen ciclos de productos que se están acelerando, porque esto crea más posibilidades disruptivas y da más oportunidades al talento fresco. Pero hasta los negocios como las farmacéuticas y la industria energética, en que los ciclos de producto son largos, están maduras para la transformación masiva y las oportunidades.

Desde el punto de vista de la compensación, las opciones accionarias para empleados y demás instrumentos no suelen ser ofrecidos cuando una carrera comienza, así que es más lucrativo desarrollar experiencia en la industria correcta que apostar a una empresa en particular. Luego, conforme vayas ganado experiencia (¡y edad!), se hace más importante elegir la ola correcta. En ese momento puedes empezar a recibir paquetes de compensación más jugosos, de modo que la prioridad cambia.

Siempre escucha a quienes saben entender la tecnología

Después de elegir la industria, llega el momento de elegir la compañía. Al hacerlo, escucha a la gente que en verdad sabe de tecnología. Me refiero a los creativos inteligentes de nivel genio que ven, antes que el resto de nosotros, hacia dónde va la tecnología y cómo transformará las industrias. Bill Gates y Paul Allen se percataron de que los circuitos y las computadoras se abarataban y que el *software* sería clave en el futuro de la computación, por lo que fundaron Microsoft.

Chad Hurley notó que las cámaras de video se abarataban, que el ancho de banda aumentaba y que las capacidades de almacenamiento transformarían la manera en que el entretenimiento se producía y se consumía, así que fundó YouTube. Reid Hoffman sabía que el poder de conexión de la red sería vital para los profesionales, así que inauguró LinkedIn. Marc Benioff creía que el *software* poderoso viviría en la nube, así que basó Salesforce.com sobre ese principio y ni se inmutó durante la crisis de las empresas puntocom. Steve Jobs avizoró que las computadoras serían productos de consumo, y la tecnología y el mercado requirieron de más de dos décadas para darle alcance.

¿Cómo saber si alguien tiene lo necesario? Es útil analizar su historia. Por lo común, están jugando con la tecnología y la actividad empresarial desde antes de pensar en eso como una carrera. Reid Hoffman obtuvo su primer trabajo (a los doce años) presentando a un desarrollador de juegos una copia del instructivo de una computadora marcada con sus sugerencias para la mejora del producto.[1] No buscaba empleo, quería un mejor juego. Marc Benioff vendió su primer programa de computadora («How to Juggle») y fundó una empresa que hacía juegos para el Atari 800 a los quince años. Larry Page construyó una impresora con Legos. (Era de matriz de punto, pero cuenta.)

Estos son los ejemplos famosos, pero hay muchos otros realizados por gente que puede no ser tan conocida pero que brilla por sus intuiciones. Ellos son los que montan las me-

---

[1] Evelyn Rusli, "A King of Connections Is Tech's Go-To Guy" (*The New York Times*, 5 de noviembre de 2011).

jores olas en los mejores lugares. Encuéntralos, contacta y persiste.

Planifica tu carrera

El desarrollo de una carrera requiere de esfuerzo y reflexión —necesitas planearlo—. Se trata de un punto tan obvio que resulta sorprendente el gran número de personas que han llegado a nosotros con el paso de los años y que no han logrado hacerlo. Jonathan suele dar a estos amigos un conjunto de ejercicios de carrera, acompañado de su cita favorita de Tom Lehrer: «La vida es como una cloaca: lo que saques de ella dependerá de lo que le hayas metido»[2], y les promete que si se esfuerzan realmente con estos ejercicios, les ayudará.

He aquí algunos pasos simples para crear un plan. Piensa en el trabajo ideal, no para hoy, sino dentro de cinco años. ¿En dónde quieres estar? ¿Qué quieres hacer? ¿Cuánto quieres ganar? Escribe una descripción del trabajo: si vieras este trabajo en un sitio web, ¿cómo sería? Ahora adelanta la cinta cuatro o cinco años y asume que estás en ese empleo. ¿Qué tal se ve tu currículum a cinco años de este día? ¿Qué camino tomaste desde ahora hasta entonces para llevarte al mejor lugar posible?

Sigue pensando en el empleo ideal, y analiza tus fortalezas y debilidades bajo su óptica. ¿Qué debes mejorar para llegar ahí? Este paso requiere de información externa, así que habla con tu gerente o con tus colegas para que te den su opinión. Finalmente, ¿cómo llegarás ahí?, ¿qué preparación necesitas?, ¿qué experiencia laboral?

---

[2] Tom Lehrer, "We Will All Go Together When We Go", *An Evening Wasted with Tom Lehrer* (Marathon Media, 2010).

Dicho sea de paso, si concluyes que estás listo para tu empleo ideal desde hoy, entonces no estás siendo suficientemente ambicioso. Vuelve a empezar y haz que el empleo ideal implique un esfuerzo, no una dádiva.

Si sigues estos pasos, funcionará. Si no los sigues, probarás que Yogi Berra tenía razón al decir que «Debes tener cuidado si no sabes a dónde vas, porque puedes no llegar ahí».[3]

Las estadísticas son el nuevo plástico

Las estadísticas son sexys. Trata con ellas. Los trabajos más sexys en el Siglo de Internet tendrán que ver con las estadísticas, y no sólo en un mundo paralelo *geek* y fantástico. Hal Varian afirma que siempre es buena idea que los individuos ganen experiencia en áreas que complementan cosas que se están abaratando, y los datos, junto con el poder de cómputo para procesarlos, definitivamente se están abaratando. Estamos en una era de grandes datos, y los grandes datos requieren de expertos en estadística que sepan interpretarlos. La democratización de los datos significa que, quienes sepan interpretarlos bien, ganarán. Los datos son la espada del siglo XXI, y los que sepan manejarla bien serán los samuráis. Así que empieza a afilar la hoja, *uruwashii*,[4] y adopta las estadísticas.

«*¡Pero no soy una persona de números!*» Ya podemos escuchar este típico lamento de algunos, especialmente tú, el que está hasta atrás con una playera magenta. No te

---

[3] Yogi Berra, *The Yogi Book: I Really Didn't Say Everything I Said!* (Workman Publishing, 1998), página 102.

[4] Guerrero culto.

preocupes. Hay esperanza. Hacer las preguntas e interpretar las respuestas es tan importante como las respuestas mismas. No importa a qué te dediques, aprende los datos indicados, interpretados correctamente, y así podrás tomar mejores decisiones. Aprende qué preguntas formular a la gente que es buena con los números y cómo utilizar mejor sus respuestas. Incluso si no eres una persona de números, puedes aprender a usarlos para hacerte más inteligente.

Lee

La mayoría de las organizaciones tiene un archivo impresionante de información escrita. Encuentra lo mejor de este archivo y lee. En Google siempre decimos a la gente que acude a nosotros en busca de consejo que lea la carta de los fundadores de la oferta pública de venta de 2004 y todos los memos internos que Eric y Larry escribieron subsecuentemente. Estas son las explicaciones más claras y concisas de nuestros valores y estrategias que podrán encontrar y, sin embargo, mucha gente está demasiado ocupada para leer estos documentos. No cometas ese error.

Y no te detengas en los límites de tu empresa. La red tiene muchísima información escrita y, en tanto que una buena parte son puras tonterías, hay muchas cosas excelentes también. Arréglatelas para usar las herramientas que tienes a tu disposición y adéntrate en los sitios y autores que respetas. Crea círculos con otras personas inteligentes de intereses afines e intercambia libros y artículos. Una de las formas más sencillas y mejores para obtener ventaja es saber más del campo en que te desarrollas. La mejor manera de hacerlo es la lectura. La gente siempre dice que no tiene tiempo para leer, pero lo que en verdad dicen es que no quieren convertir a la lectura en una prioridad para aprender todo lo posible sobre su negocio. ¿Sabes quiénes leen mucho sobre su negocio? Los directores generales. Así que piensa como un director general y lee.

Conoce tu "factor elevador"

Digamos que te encuentras con el jefe de tu jefe en el pasillo y que te pregunta en qué estás trabajando. ¡Qué diablos! Pretendamos que te encuentras con el director general de la empresa y que te hace esa pregunta. ¿Qué le responderías? No se trata de una pregunta retórica, trata de responder ahora mismo. Vamos: tienes 30 segundos.

Ugh. No sonaste muy bien que digamos. Obviamente no has practicado tu "factor elevador". Trabaja en él. Lo que digas debe explicar aquello en lo que trabajas, la intuición técnica que es guía y tu medición del éxito (particularmente el beneficio del cliente), y tal vez también debes agregar algo para acomodar tu proyecto en la foto más grande de las cosas. Debes saber todo esto y practicar tu respuesta para ser capaz de explicarte con convicción.

Los buscadores de empleo deben contar con algo parecido. No debe tratarse de una versión condensada de tu currículum, sino que debe destacar las partes más interesantes, armonizándolas con lo que quieres hacer y con el impacto que sabes que tendrás —el beneficio para el cliente y para la empresa—. ¿Qué puedes decir que nadie más pueda decir?

Ve al extranjero

Los negocios, sin importar su tamaño o alcances, siempre son globales, en tanto que los humanos son provinciales por naturaleza. Así que no importa en dónde estás ni de dónde vienes: debes salir de allí en cuanto puedas. Vive y trabaja en otra parte. Si perteneces a una empresa grande, busca las tareas de corte internacional. Tus gerentes te amarán por ello y, como resultado, serás un empleado mucho más valioso.

Si trabajar del otro lado del mar no es opción, entonces viaja, y cuando estés haciéndolo no te olvides de ver el mundo como lo ven tus clientes. Si te dedicas a las ventas al menudeo, entra en una o dos tiendas. Si estás en los medios, mira un periódico o prende el radio. Es sorprendente lo que la gente puede aprender en sus viajes de negocios al extranjero, muchas veces gracias a la conversación del taxista que los llevó del aeropuerto al hotel. ¡Si esos choferes supieran del gran poder que tienen al definir la estrategia global de los negocios!

Combina la pasión con la contribución

Esta frase es de nuestra estimable excolega Sheryl Sandberg: «El lujo más extremo consiste en combinar la pasión con la contribución. Éste también es un camino bastante claro hacia la felicidad.»[5] No podía tener más razón. No serás todo lo exitoso que puedes ser si sólo te gusta lo que haces y no lo amas. Trillado, tal vez, pero cierto. Sheryl también tiene razón al decir que combinar la pasión con la contribución es un lujo: no es que sea caro, sino raro. Se trata de algo que la gente no logra entender (¿cuánta gente en verdad conoce su pasión al inicio de su carrera?) o que no se puede costear (puede que te gusten los gnomos para el jardín, pero el mundo ama a los ingenieros y tu esposa e hijos aman la regularidad de un cheque quincenal).

---

[5] Sheryl Sandberg, inicio de cursos del Barnard College, 17 de mayo de 2011.

Por eso solemos hacer de éste el último punto a considerar en nuestras carreras y no el primero. Encontrar tu pasión no siempre es fácil. Tal vez al empezar te dabas por bien servido con el solo hecho de tener trabajo, independientemente de tu pasión. Luego, conforme tu carrera avance, te encontrarás con que ésta no es el cohete espacial que esperabas que fuera. Tal vez no has logrado desentrañar los dos aspectos de la ecuación pasión/contribución.

Podrías mandar todo al diablo y empezar de nuevo. «Hola, amor... Bien... Oh, por cierto, renuncié a mi trabajo y compré un rancho ganadero en Montana... ¿amor?»

O podrías adoptar una postura más prudente. Ajusta el curso. Procura que tu trabajo te acerque al empleo ideal que imaginaste tener dentro de cinco años y trata de que esto sea posible desde la senda en la que te encuentras. Hemos sido testigos de cómo el simple hecho de establecer el objetivo correcto cambia la carrera de la gente.

Decisiones: el verdadero significado del consenso

En diciembre de 2009, supimos que Google estaba bajo el ataque de los *hackers*. El que estuviéramos bajo alguna forma de ataque no era inusual, pues prácticamente sucedía todos los días. Pero esta vez las cosas eran distintas. Nunca habíamos experimentado un ataque tan sofisticado, y ese era el objetivo. Un criminal (o, más probablemente, un grupo de criminales) había hallado la manera de entrar a los servidores corporativos de Google. Hasta entonces, la mayoría de los tipos malos que nos atacaban intentaban afectar los servicios de Google, hacer que apagáramos nuestro sitio o dificultar el acceso a los usuarios. Esta vez los malos querían nuestra información confidencial.

Sergey comenzó de inmediato a trabajar en frenar el ataque y en dilucidar quién lo llevaba a cabo y cómo. En cuestión de horas formó un equipo con los más inteligentes expertos en seguridad computacional que pudo encontrar, y los reunió en un edificio cualquiera cercano a nuestras oficinas de Mountain View. Durante las siguientes dos semanas, el equipo dispuso sistemas que, en última instancia, nos permitieron observar los ataques en el momento mismo de la acción, y lo que se encontraron nos heló la sangre, Los *hackers* no sólo estaban robando propiedad intelectual, sino que también estaban tratando de entrar a las cuentas de

Gmail, incluyendo algunas de los activistas en derechos humanos. Y los ataques provenían de la nación con la economía de más rápido crecimiento del mundo: China.

Unos cinco años y medio antes, a mediados de 2004, comenzamos a involucrarnos en el mercado chino. Desde un punto de vista corporativo, entrar a China no fue una decisión controversial. China era (y es) un mercado enorme con más gente que cualquier otro país, con decenas (ahora cientos) de millones de usuarios de Internet y una economía que crece muy rápido. Había un competidor local, Baidu, que ya había desarrollado una presencia formidable en el ámbito de la búsqueda, y Yahoo también estaba buscando su momento. Larry y Sergey visitaron el país y regresaron muy impresionados por todas las innovaciones y energía de las que fueron testigos. Siempre habían querido contratar a los mejores ingenieros del mundo, y muchos de esos ingenieros estaba en China.[1]

No obstante, en tanto que los indicadores de negocio indicaban sin dudas que debíamos entrar a ese mercado, los indicadores *no seas malo* daban una respuesta mucho menos clara. La información no fluía libremente en el Internet chino. Sabíamos esto por experiencia propia: la mayor parte de los días, se les permitía a los ciudadanos chinos acceder al servidor de Estados Unidos, Google.com, y obtener sus resultados de búsqueda (o sea, en inglés) sin retoques. Pero ocasionalmente, el tráfico chino caía a cero, y la gente de ese país que trataba de entrar a Google.com era redirigida a Baidu (y a sus resultados filtrados). ¿Sería mejor para el pueblo chino que abriéramos una oficina en su país, incluso si teníamos que soportar las regulaciones locales o si corríamos el riesgo de terminar siendo cómplices de la censura gubernamental, algo que iba en contra de la esencia de la cultura y los valores de nuestra compañía? ¿Establecernos como un negocio local nos

---

[1] En 2005 abrimos nuestro primer centro de ingeniería en China.

daría la oportunidad de mejorar el acceso a la información y arrojar luz sobre las cuestionables (y nada transparentes) prácticas de otros proveedores de búsqueda en China?

Desde el principio, Sergey defendió la postura de no entrar a ese mercado. Su familia había emigrado a Estados Unidos desde la Unión Soviética cuando era niño, así que tenía experiencia de primera mano con los regímenes comunistas y no quería apoyar al chino en modo alguno. Pero muchos otros miembros del equipo de Eric estaban en desacuerdo, y los factores corporativos —sumados a la esperanza de poder cambiar el clima informativo en China— inclinaron la balanza en favor de entrar a dicho mercado. Sukhinder Singh Cassidy, quien estaba encargado de las operaciones asiáticas en esa época, se movió rápidamente y en pocos meses estableció la subsidiaria china de Google. Pusimos una oficina en Beijing y de mala gana decidimos cumplir con las regulaciones de censura local, pero con un giro especial: informaríamos a los usuarios cuando los resultados fueran bloqueados. No podrían acceder a la información bloqueada, pero al menos estarían informados de que la censura estaba operando.[2]

Algo que nos sorprendió fue que muchas de las solicitudes de censura recibidas trataban de suprimir vínculos a contenido que no violaba ninguna ley escrita y clara. A veces estas solicitudes trataban de mitigar disputas entre varios departamentos gubernamentales (una agencia censuraba las afirmaciones públicas de otra agencia) o suprimían escándalos que habían llegado a tener

---

[2] Había un precedente a esta forma de hacer las cosas: según la Digital Millennium Copyright Act, una ley estadounidense publicada en 1998, los dueños de los derechos de autor pueden notificar a los sitios web (en nuestro caso, YouTube, Blogger y otros sitios propiedad de Google) sobre el contenido que supuestamente infringe sus derechos de autor. Si Google remueve contenido debido a una de estas notificaciones, tratamos de hacerlo saber a los usuarios.

presencia en línea. Por ejemplo, comenzaron a circular rumores de que las nuevas y relucientes oficinas en Beijing de la CCTV (China Central Television) tenían un diseño basado en imágenes por demás salaces. Así que recibimos, y cumplimentamos, una solicitud para censurar las búsquedas relacionadas con, entre otras cosas, la CCTV, los genitales y los chistes colorados. (Y para todos los que acaban de buscar en Google esos términos: 1. qué vergüenza, y 2. ¡esperamos que no estés en el trabajo!)

En enero de 2006, lanzamos nuestro sitio ubicado en China, Google.cn, con servidores ubicados en dicho país, y pocos meses después Eric visitó Beijing para promocionar el sitio. Durante una de sus entrevistas con la prensa, de alguna manera terminó sentado directamente debajo de una fotografía de Mao Tse-Tung con Ho Chi Minh. La prensa estadounidense ya se mos-

traba ambivalente de que Google entrara a China y tuvo un día muy divertido gracias a esa foto. Pero las cosas marcharon bien después de ese comienzo poco auspicioso: nuestros ingenieros locales ayudaron a que el producto mejorara mucho y el tráfico y las utilidades crecieron sostenidamente entre 2006 y finales de 2009.

Con los ataques de los *hackers*, todo ese progreso peligraba repentinamente. Eric siempre había creído que entrar en China estaba bien no sólo desde el punto de vista corporativo, sino desde el punto de vista moral. En tanto que Sergey siempre había estado en desacuerdo, Larry se había unido a la postura de Eric. Sin embargo, a la luz de los ataques, Larry empezaba a cambiar de opinión. La conducta de que éramos testigos era malvada, le dijo a Eric, y no se iba a detener; de hecho, lo más probable era que el acoso empeorara. Eric estuvo de acuerdo con esta aseveración, pero le sorprendió que el autodesalojo fuera nuestra respuesta. No olvidemos que ambos fundadores se oponían firmemente a la censura a nuestros resultados en Google.cn.

Para los líderes, las decisiones marcan el comienzo del trabajo duro; y hay una razón por la que la palabra *difícil* suele seguir a la palabra *decisión*. (En décadas recientes, el término también suele estar ligado a la palabra *amor*, pero la implementación de esa política está más allá de los alcances de este libro.) La decisión de Google de dejar China fue emblemática de cómo llegamos a las decisiones, de cómo funciona nuestro proceso. Formular una estrategia, contratar a la gente correcta y crear una cultura única son sólo preliminares para la actividad fundamental de todo negocio y de los líderes de negocios: la toma de decisiones.

Distintas instituciones tienen ideas diversas sobre la toma de decisiones basada en su estructura jerárquica. Los marinos (de arriba abajo) hacen las cosas simples: un tipo ordena tomar una colina y todos los demás toman dicha colina. «Diablos, sólo hay un tipo a cargo aquí, así que ponte el casco y andando.» La mayoría de las grandes corporaciones (burocráticas) tiene muchos más análisis que realizar antes de decidir el mejor curso de acción. ¿Tienen todos los datos necesarios? ¿Los revisaron los analistas? ¿Calcularon los ingresos pro forma y el EBITDA?[3] Pasan las

---

[3] No tenemos nada contra los contadores, quienes tienen buenas razones para calcular el ingreso pro forma y el EBITDA (ganancias antes de intereses, impuestos, depreciación y amortización).

semanas, las estaciones y la colina sigue frente a ellos, sin ser tomada. «Quizás el siguiente trimestre; la colina es definitivamente uno de nuestros objetivos.» Y en el caso de los que empiezan con tendencia *hip* (iluminados), el director general proclama que trabaja para los empleados, de modo que las decisiones se toman por consenso. Todos tienen algo que decir y las discusiones son colegiadas, consideradas y duran por siempre. «Relajémonos, tomemos un capuchino y volvamos en media hora para ver en qué estamos con ese asunto de la colina.»

Así que, ¿quién tiene razón? —¿los jerárquicos marinos, las corporaciones burocráticas o los directores generales iluminados?—. El cambio en el ritmo de los negocios en el Siglo de Internet dicta que las decisiones deben tomarse rápidamente; los marinos ganan en este sentido. Los clientes más informados y exigentes, y la competencia en aumento dictan que deben estar tan bien informadas como sea posible; las corporaciones pueden tener la ventaja en este rubro. Tener un equipo de creativos inteligentes dicta que todos tienen algo que decir; hola, principiantes. Así que todos ellos tienen razón, por supuesto. Y también están equivocados.

La respuesta está en entender que, cuando se trata de tomar decisiones, no sólo debes concentrarte en tomar la decisión correcta. El proceso por el que llegas a la decisión, el tiempo que tardas en hacerlo y la forma de implementar son factores tan importantes como la decisión misma. Quita cualquiera de estos factores y es probable que el resultado sea negativo. Y dado que siempre hay otra decisión que tomar, el impacto de un proceso de decisiones pobremente ejecutado puede tener efectos más allá de la decisión tomada.

Conforme Sergey y su equipo continuaron la investigación a lo largo de la segunda mitad de diciembre de 2009, Eric sabía que una de las decisiones más importantes de la historia de la empresa estaba cerca. Aunque pensaba que quedarse en el mercado chino era lo mejor para la empresa, también sabía que ahora ambos fundadores no estaba de acuerdo con él. Ya no sentían que nuestra presencia en el mercado ayudaba a cambiar las prácticas de la censura gubernamental, y no querían participar en modo alguno en dicha censura. Sería una lucha cuesta arriba tratar de hacerlos cambiar de parecer, así que el enfoque de Eric cambió. No sólo se trataba de tomar la mejor decisión para la compañía, sino de orquestar el proceso para que la empresa llegara a dicha decisión de la mejor manera posible. Llegarían nuevas crisis y otras decisiones importantes, y los creativos inteligentes que abundaban en su equipo y que dirigían la empresa pondrían atención y aprenderían a partir de esta crisis. El asunto era todo un reto, pues tenía confianza razonable en que estaría en desacuerdo con el resultado.

Sergey y su equipo de investigación confirmaron concluyentemente el origen y la escala del ataque a principios de enero, y las noticias eran malas. No sólo los *hackers* trataban de robar el código fuente, sino que también habían tratado de comprometer las cuentas de Gmail de varios disidentes políticos chinos. Sergey sintió que era importante anunciar muy pronto el ataque y cuál sería la reacción de Google. Hubo poco de desacuerdo en ese punto. En la junta del equipo de Eric celebrada en la primera semana de enero, Sergey defendió decididamente la idea de que, como respuesta a los ataques de los *hackers*, debíamos dejar de cumplir con las políticas de censura del gobierno. Quería que dejáramos de filtrar las búsquedas de Google.cn, incluso si eso significaba que el gobierno clausuraría el sitio, lo que echaría por tierra todo lo que con tanto esfuerzo se había logrado en ese mercado. Se puso de pie en la reunión para dejar en claro su opinión; por lo regular, Sergey sólo está de pie en las juntas cuando está usando sus patines. Eric estaba de viaje ese día y asistía a la reunión vía videoconferencia, de modo que aconsejó a su equipo que consideraran todos los datos y que asistieran a la siguiente reunión preparados para expresar y defender una postura relativa a lo que la empresa debía hacer.

Debido a la urgencia de la situación, Eric convocó a la siguiente junta de equipo para la tarde del siguiente domingo (10 de enero de 2010), a las cuatro de la tarde. La junta empezó con una exposición en que Sergey detalló las cuestiones técnicas de la situación durante más de una hora. Luego reiteró la postura que había expresado en la semana: deberíamos dejar de filtrar los resultados. Eric sabía que Larry estaba de acuerdo con Sergey, lo que significaba que la decisión estaba prácticamente tomada. Pero era de gran importancia que todos los miembros del equipo fueran escuchados y votaran. Todos tendrían que ser solidarios y apoyar la decisión, sin importar cuál fuera su postura ante el asunto. De modo que la reunión continuó durante varias horas. Revisamos los hechos y tuvimos largas y a veces acaloradas discusiones. Finalmente, Eric llamó a votar. La percepción en la sala de juntas era que la mayoría favorecía la postura de Sergey, y que el voto no era necesario en realidad, pero Eric sintió que era importante que cada persona tuviera una oportunidad de dejar un registro de su decisión. Algunos estaban de acuerdo con Eric en que dejar China equivalía a salir de ese mercado durante los siguientes cien años. La mayoría apoyaba a Sergey, quien creía que el gobierno chino eventualmente cambiaría su conducta porque su modelo actual no era sostenible, dejando abierta la puerta para que, en un futuro, Google pudiera volver a ese mercado.

La decisión final, la que el cansado equipo tomó alrededor de las nueve de esa noche, no fue salir inmediatamente. En vez de ello, revelaríamos el ataque de los *hackers* con toda la transparencia posible; hasta donde sabemos, de las numerosas empresas que fueron afectadas, fuimos la única que hizo públicos los detalles. Y anunciaríamos nuestros planes de dejar de censurar los resultados de las búsquedas en Google.cn. No haríamos este cambio inmediatamente, prefiriendo darnos tiempo para —como escribió en su blog nuestro abogado en jefe, David Drummond, después de anunciar la decisión— «discutir con el gobierno chino la base sobre la cual operaríamos nuestro motor de búsqueda sin filtrar los resultados y permaneciendo dentro de la ley, si es que nos quedamos». El lunes, Eric discutió la decisión con el consejo, y el martes 12 de enero de 2010 la anunciamos públicamente.

En la mañana que hicimos el anuncio, recibimos en nuestras oficinas de Beijing varias llamadas de oficiales del gobierno que se preguntaban si lo que hacíamos era algún tipo de broma. «Nadie hace esto —nos dijo uno de ellos—. Todos se limitan a irse calladamente».

Nosotros no lo haríamos. Era un ultimátum público y Eric tenía muy claro lo que iba a suceder. Seguiríamos hablando con los oficiales chinos para ver si podíamos encontrar una solución que fuera consistente con nuestra nueva postura pública y la ley china, pero eso fallaría. Google no se alejaría de su postura pública y China no revocaría sus leyes. Así que, como se esperaba, en marzo tomamos el paso previsto de apagar la búsqueda en Google. cn. Los usuarios que visitaban la página y que trataban de realizar búsquedas, eran dirigidos a nuestro sitio en Hong Kong, Google. com.hk. A partir de ese momento, los resultados de la búsqueda serían bloqueados por el Gran Firewall de China. Nuestro tráfico descendió precipitadamente.

La reunión "Gracias a Dios que es viernes" del 15 de enero de 2010 estuvo dominada por la discusión del tema de China. Sergey y el equipo de seguridad presentaron en gran detalle lo sucedido y repasaron el proceso mediante el cual el equipo gerencial había tomado su decisión. Pero antes de poder comenzar siquiera, los googleros dieron al equipo de altos ejecutivos una larga y estruendosa ovación de pie. Por supuesto que la respuesta de los empleados de China fue muy distinta. Temían por sus empleos e incluso por su seguridad. El jefe de ingeniería, Alan Eustace, junto con varios miembros del equipo chino, fueron instrumentales para hacer que la moral recobrara su cauce, asegurándose de que el equipo chino estuviera seguro, que estuviera involucrado y

que fuera exitoso durante esos tiempos turbulentos. Como resultado, el legado del asunto chino fue una dosis gigante de buena voluntad de los googleros de todo el mundo, y el legado del sensato proceso que llevó a la toma de decisión fue la reafirmación de los principios que gobiernan cómo deberían tomarse todas las decisiones difíciles.

Decide con base en datos

Uno de los desarrollos más transformadores del Siglo de Internet es la capacidad de cuantificar casi cualquier aspecto de los negocios. Las decisiones que antes se tomaban con base en una opinión subjetiva y en evidencia anecdótica, ahora dependen primariamente de los datos. Las empresas como la nuestra reúnen señales anónimas de los teléfonos móviles para tener datos precisos del tráfico en tiempo real. Las tuberías de agua de Londres son monitoreadas por miles de sensores que reducen las fugas en 25 por ciento.[4] Los rancheros injertan en su ganado sensores que transmi-

---

[4] Roman Friedrich, Matthew Le Merle, Alex Koster y Michael Peterson, "The Next Wave of Digitalization: Setting Your Direction, Building Your Capabilities" (Booz and Company, 28 de junio de 2011).

ten información sobre la salud del animal y su localización; cada vaca transmite unos 200 megabytes de datos al año,[5] permitiendo a los rancheros afinar cómo, cuándo y cuánto alimentar a su ganado. ¡Vaya cambios!

John Dewey, filósofo y escritor estadounidense, dijo que «un problema bien planteado está medio resuelto».[6] En tiempos de Dewey, que ocuparon la segunda mitad del siglo XIX y la primera mitad del XX, el planteamiento correcto de un problema usualmente implicaba una opinión y una anécdota. Pero como observó alguna vez Raymond Wolfinger, profesor de Ciencia Política de Berkeley, «el plural de la anécdota son los datos»,[7] que significa, según nuestra interpretación, que si no tienes los datos, no puedes decidir. (Wolfinger llegó a afirmar que el singular de data es «datum», y luego dio por terminada la clase antes de tiempo porque tenía una cita.)

Por esta razón, la mayoría de las salas de juntas de Google cuenta con dos proyectores. Uno de ellos se usa para las videoconferencias con las otras oficinas o para proyectar las notas de la reunión, el otro es para los datos. Cuando discutimos opciones y opiniones, comenzamos las reuniones con datos. No buscamos convencer diciendo «yo pienso». Convencemos diciendo «permíteme mostrarte».

---

[5] Ver Dave Evans, "The Internet of Things" (Cisco Internet Business Solutions Group, abril de 2011).

[6] Aparentemente, esta frase ya era popular en la época en que Dewey vivió. Ver Larry A. Hickman, *The Essential Dewey, volumen 2: Ethics, Logic, Psychology* (Indiana University Press, 1998), página 173.

[7] Wolfinger hizo este comentario durante un seminario que dictó en Stanford, en 1969 o 1970. Se trató de una réplica a un estudiante que desechó una afirmación factual, basada en datos, diciendo que se trataba de una mera anécdota. Ver Nelson W. Polsby, "Where Do You Get Your Ideas?" (*PS: Political Science and Politics*, volumen 26, número 1, marzo de 1993).

Tender a los datos puede ser una gran manera de acabar con el síndrome-de-muerte-por-PowerPoint. ¿En cuántas reuniones has participado en que las primeras diez o doce láminas están repletas de palabras, y el presentador se limita a pararse y repetirlas? La gente que presenta un punto de vista en una reunión no debe necesitar las muletas de las diapositivas para presentar un argumento, sólo debe hacerlo para apoyarlo. Las proyecciones no deben utilizarse para guiar una reunión o para discutir un tema. Sólo deben contener los datos, de modo que todos los participantes dispongan de los mismos hechos. Si los datos son erróneos o irrelevantes, no puedes arreglar el asunto con elegantes diapositivas. Edward Tufte, el supergurú de la visualización y presentación de datos, defiende la postura de poner más datos en menos diapositivas: «El razonamiento visual usualmente funciona mejor cuando se muestra la información relevante lado a lado. Por lo regular, mientras más intenso sea el detalle, mayor la claridad y la comprensión.»[8]

Sobra decir —pero normalmente no sobra decir nada, así que lo diremos— que los datos son mejor comprendidos por quienes están más cerca del tema, mismos que no suelen representar a la gerencia. Como líder, es mejor no perderte en detalles que no comprendes, sino que es preferible confiar en que son comprendidos por la gente inteligente que trabaja para ti. Cuando se toman decisiones financieras, por ejemplo, no te preocupes por el ABC de las maestrías y por el CPA, el EBITDA, el ADR y el RPM; concéntrate en lo importante, que normalmente es el dinero y los ingresos. (Ahora un aforismo recurrente de Eric en los debates financieros: «Los ingresos solucionan todos los problemas conocidos.») Esto aplica para las decisiones técnicas y para las relativas a los productos. Eric estaba una vez en una reunión con el director general de un socio de Google. Los ejecutivos debatían

---

[8] Edward Tufte, "PowerPoint Is Evil" (*Wired*, septiembre de 2003).

algunas cuestiones técnicas y lo estaban haciendo bastante mal. Así que una joven googlera que estaba escuchando desde un rincón, se puso de pie y presentó varios datos para aclarar la postura de Google. En una reunión llena de títulos impresionantes, esta joven con menor rango era, obviamente, la persona mejor informada. Digamos que salvó el día con sólo tener una mejor noción de los hechos.

Cuídate del "sí automático"

Puede que estés familiarizado con esos muñecos cabezones que mueven la cabeza solos y que los equipos de beisbol suelen regalar durante sus partidos —Jonathan tiene en su oficina uno de estos muñecos que representa al *catcher* de los Gigantes de San Francisco, Buster Posey—.[9] Lo que tal vez no sepas es que estos muñecos también se suelen encontrar en las salas de juntas, sentados alrededor de una mesa y asintiendo casi al mismo ritmo. Tim Armstrong, director general de America Online y antiguo googlero, llamaba a este fenómeno el "sí automático". (Cuando Eric era director general de Novell, llamaba a este fenómeno con otro nombre: el "sí Novell".) Los que asienten como muñecos cabezones son distintos de los clásicos sí-señor porque, a diferencia de ellos, los muñecos cabezones tienen una fea tendencia a quejarse y gimotear y no apoyar justo aquello que acaban de aceptar en cuanto salen de la sala de juntas. Esto es algo que el muñeco cabezón de Buster Posey jamás haría.

Hacer que todos digan que sí en una reunión no significa que has alcanzado un acuerdo, significa que tienes un montón de muñecos cabezones. Muchos líderes luchan por implantar un esquema de decisiones guiado por el consenso pero, fundamentalmente, malinterpretan el significado del consenso. Para aquellos

---

[9] Buster juega como *catcher* del equipo de beisbol de los Gigantes de San Francisco y fue el jugador más valioso de la Liga Nacional en 2012.

de ustedes que no asistieron a su clase de etimologías, el término deriva del latín *cum*, que significa «junto con» y *sentire*, que significa «pensar o sentir», así que literalmente significa «pensar o sentir juntos». Nota que esto nada tiene que ver con la unanimidad; el consenso no es lograr que todos estén de acuerdo. Más bien, es llegar a la mejor idea para la empresa y darle vueltas.

Para llegar a esta idea se requiere conflicto. La gente necesita estar en desacuerdo y debatir sus ideas en un ambiente abierto, porque no llegarás al acuerdo hasta que *todas* las posturas hayan sido expuestas abiertamente. De nos ser así, asentirán como los muñecos cabezones y se irán de la junta a hacer lo que ellos quieren hacer. De modo que, para lograr un verdadero consenso, necesitas la disensión. Si tú estás a cargo, no comuniques tu postura al principio del proceso. El trabajo consiste en asegurarse de que la voz de todos sea escuchada, sin importar el rol funcional, lo que es más difícil de lograr cuando el jefe deja clara su postura.

Como reza el famoso dicho del general Patton: «Si todos piensan parecido, entonces alguien no está pensado.»[10] Si has contratado bien, tenemos buenas noticias: Hay disensión en las filas. Mucha gente está pensando. Los creativos inteligentes, especialmente en los niveles más altos del liderazgo, deben pensar y piensan como si fueran los dueños mismos del negocio más que los líderes de un área en particular. Por lo tanto, deben tener opiniones, y muy posiblemente intuiciones valiosas, incluso en relación con las decisiones que salen de su campo de acción. Promueve esta actitud, puesto que ayuda a establecer lazos más fuertes entre el equipo y un mayor apoyo para la decisión que, en última instancia, se tome.

---

[10] Aunque esta cita se suele atribuir a Patton, no pudimos encontrar ninguna prueba directa de que en verdad la dijera, al menos no en sus memorias, *War As I Knew It*, o en su famoso discurso ante la Tercera Armada. Pero Internet dice que lo dijo, así que debe ser verdad (es una broma).

Usar datos puede ser útil para hacer que todos participen, dado que los datos no son personales.[11] Debes estar especialmente pendiente de la gente silenciosa; pide la intervención de quienes no han hablado. Puede tratarse de personas que están en desacuerdo pero que tienen miedo de disentir contigo en público (deben superar ese miedo), o tal vez sean del tipo brillante pero tímido. O quizás en verdad no tienen nada que decir, en cuyo caso tal vez no deberían estar en la junta. Una técnica consiste en lanzar algunas "bolas lentas estúpidas", que hacen que la gente se atreva a meter el dedo en el agua del desacuerdo con el jefe. («Pienso que todos debemos arrojarnos ácido clorhídrico. ¿Qué piensan?».) Haz tu mejor esfuerzo para que todo el desacuerdo surja desde el principio del proceso; hay una tendencia natural (y válida) a rechazar el desacuerdo mientras más tarde surja durante el proceso de toma de decisiones.[12]

Una vez que todos han aportado su opinión, comenzará la discusión y todos pueden participar en la toma de decisiones y ser escuchados. Un proceso bien guiado de consenso tiene los elementos de la inclusión (involucrar a todos los interesados de manera participativa), la cooperación (procurar la mejor decisión

---

[11] Ver Kathleen M. Eisenhardt, Jean L. Kahwajy y L. J. Bourgeois III, "How Management Teams Can Have a Good Fight" (*Harvard Business Review*, julio-agosto de 1997). Estos investigadores, que estudiaron a los ejecutivos mientras tomaban decisiones colegiadas, escriben: "Algunos gerentes piensan que trabajar con demasiados datos aumentará el conflicto interpersonal por expandir el rango de temas a discutir. Descubrimos que, mientras más información se tenga, es mejor —si los datos son objetivos y están actualizados— porque alienta a que la gente se concentre en los temas centrales, no en las personalidades… Existe un vínculo directo entre la confianza en los hechos y los bajos niveles de conflicto interpersonal."

[12] Ver Arie W. Kruglanski y Donna M. Webster, "Group Members' Reactions to Opinion Deviates and Conformists at Varying Degrees of Proximity to Decision Deadline and of Environmental Noise" (*Journal of Personality and Social Psychology*, volumen 61, número 2, agosto de 1991).

para el grupo, a veces a expensas de una minoría o individuo), y la igualdad (todos los miembros del equipo cuentan y pueden, al menos temporalmente, tener una actitud opositora). Pero sobre todo, debe estar orientado a la solución: la decisión correcta es la mejor decisión, no el menos peor de los denominadores comunes con el que todos coinciden. Y no siempre se tratará de tu solución. Como dijo una vez el entrenador Wooden: «Interésate en encontrar la mejor vía, no en que las cosas se hagan a tu manera.»[13]

Debes saber cuándo hacer sonar la campana

Esta aproximación basada en el conflicto sólo funciona si es manejada por una sola persona que toma las decisiones, quien determina los tiempos y que puede romper un empate. No es raro que haya muchos datos, o que los datos sean poco concluyentes. Cuando eso sucede, la gente puede debatir durante horas, tiempo desperdiciado que suele terminar en un compromiso mediocre y que siempre incurre en un fuerte costo de oportunidad, dado que siempre hay mejores cosas que un creativo inteligente puede hacer en vez de repasar una decisión por centésima ocasión. Llega un momento en que más análisis no llevará a una mejor decisión. Ésta es una de las labores más importantes de quien toma la decisión: poner un límite, llevar el proceso y obligar al cumplimiento en tiempo. Es algo parecido a lo que sucede con los niños que juegan en el recreo; jugarán por siempre, pero cuando suena la campana saben que deben terminar con todo para volver a clases. (Esperamos que los empleados se porten mejor y tiendan a jugar menos con los pasamanos.) Quien toma la decisión dicta cuánto dura el recreo y luego hace sonar la campana.[14]

---

[13] John Wooden y Steve Jamison, *Wooden on Leadership* (McGraw-Hill, 2005), página 2.

[14] Lo mismo que sucede cuando a un equipo se le impone un tiempo límite y esto ayuda a que el equipo alcance una decisión en un tiempo

Nuestro *coach* y mentor, Bill Campbell, nos contó una historia sobre cómo recién se había unido a Intuit como director general cuando escuchó de una importante decisión de producto que se había estancado. El ejecutivo a cargo del producto había reunido bastantes datos, pero los números no eran muy concluyentes, de modo que ordenó investigar más. Entonces, cuando los nuevos datos tampoco resultaron muy útiles, solicitó todavía más datos. A Bill no le agradó esto y ordenó terminar con el deshojar de la margarita. «Haz algo —dijo al ejecutivo— incluso si está mal».

Tom Peters diría que la actitud de Bill en esta ocasión fue un «llamado a la acción», y en su libro *In Search of Excellence* lo menciona como uno de los grandes atributos de las empresas que estudió.[15] Muchos diseñadores también piensan que el llamado a la acción es una fuerza positiva, nada menos que «la esencia… de la mentalidad del pensamiento del diseño», de acuerdo con la escuela de diseño de Stanford (también conocida como la d.escuela, porque "escuela de diseño" no es suficientemente sofisticado).[16] En ésta se promueve una actuación tipo manos a la obra y también de prueba y error: si no estás seguro de que un curso de

---

conveniente. Ver Connie J. G. Gersick, "Marking Time: Predictable Transitions in Task Groups" (*Academy of Management Journal*, junio de 1989). Además, Kathleen Eisenhardt, quien ha estudiado por mucho tiempo la toma de decisiones en las empresas dedicadas a la tecnología, encuentra que los equipos ejecutivos que toman decisiones rápidas en realidad consideran más y no menos opciones. Ver Kathleen M. Eisenhardt, "Making Fast Strategic Decisions in High-Velocity Enviroments" (*Academy of Management Journal*, volumen 32, número 3, septiembre de 1989).

[15] Ver Thomas J. Peters y Robert H. Waterman Jr., *In Search of Excellence: Lessons from America's Best Run Companies* (Harper & Row, 1982).

[16] La escuela tiene el nombre oficial de Instituto de Diseño en Stanford.

acción sea correcto, lo mejor que puedes hacer es ponerlo a prueba y luego corregir el curso.[17]

Pero algunos economistas conductistas creen que el llamado a la acción puede ser perjudicial, dado que puede favorecer decisiones apresuradas y mal pensadas, y sí, estamos de acuerdo en que, en algunas situaciones, ése puede ser el caso. En una negociación, por ejemplo, la regla PIA de Eric puede ayudar a obtener el mejor resultado: ten paciencia, información y alternativas. La «P» es especialmente importante. Quieres esperar tanto como se pueda antes de comprometerte a un curso de acción. Esto también resulta cierto en campos que no tienen que ver con los negocios: los porteros de futbol que enfrentan a los tiradores de penales pueden duplicar sus posibilidades de éxito simplemente al no hacer nada en el momento en que el tirador le pega al balón, en lugar de tratar de adivinar la trayectoria del tiro, como se recomienda popularmente, y lanzarse en esa dirección.[18] De esa manera, los porteros podrían aprender de los pilotos, que son entrenados para no actuar instantáneamente en las emergencias, sino que deben tomarse un momento para valorar la situación antes de decidir qué hacer.

Entonces, el trabajo de quien toma las decisiones es lograr que éstas se realicen justo a tiempo. Usa el llamado a la acción para

---

[17] Ver Ingo Rauth, Eva Köppen, Birgit Jobst y Christoph Meinel, "Design Thinking: An Educational Model Towards Creating Confidence" (*Proceedings of the 1st International Conference on Design Creativity*, 2010).

[18] Si un tirador de penales asume que el portero, impelido a la acción, va a lanzarse en una dirección u otra en el momento en que el balón es pateado, puede limitarse a disparar al centro, lo cuál es sencillo. Ver Michael Bar-Eli, Ofer H. Azar, Ilana Ritov, Yael Kaidar-Levin y Galit Schein, "Action Bias Among Elite Soccer Goalkeepers: The Case of Penalty Kicks" (*Journal of Economic Psychology*, octubre de 2007). Para un debate de las semejanzas entre este caso práctico y el llamado a la acción en las decisiones de inversión, ver Carl Richards, "In Soccer and Investing, Bias Is Toward Action" (blog *Bucks, The New York Times*, 13 de mayo de 2013).

cortar el debate y el análisis que ya no son valiosos, y comienza a mover al equipo en pos de una decisión. Pero no te hagas esclavo de esta sensación de urgencia. Conserva la flexibilidad hasta el último momento posible.

Toma menos decisiones

Cuando Eric se unió a Google, estaba bien consciente del no tan buen historial de directores generales contratados por los fundadores para sus empresas. Típicamente, el fundador contrata al director general y eventualmente entra en desacuerdo con él en algo fundamental, el consejo apoya a uno de los dos y el otro se va. El clásico ejemplo de esto es la contratación que hizo Steve Jobs de John Sculley, un ejecutivo de Pepsi que lo sucedió en 1983 como director general de Apple. Ambos chocaron y Sculley (con el apoyo del consejo) despidió a Steve en 1985.[19]

Para evitar un destino similar cuando se unió a Google, Eric decidió que dejaría que Larry y Sergey hicieran lo que hacen mejor y él se concentraría en las cosas necesarias para construir la empresa a un ritmo tan increíble, de modo que pudiera seguir operando efectiva y eficientemente. El escenario de tener un mando tripartita era tan único que Larry y Sergey lo describieron en algún detalle en la carta que acompañó la entrada de Google a la bolsa, en 2004. De hecho, codificar las asignaciones de funciones del trío fue muy útil. La carta afirmaba que Eric «se

---

[19] En una conferencia dictada en 2013, Sculley reflexionó sobre la decisión de despedir a Jobs: "En ese tiempo, no tenía la amplia experiencia para apreciar qué tan diferente es el liderazgo cuando estás dando forma a una industria, como lo hicieron Bill Gates o Steve Jobs, comparado con el hecho de ser un competidor en una industria o en una empresa pública en las que no se cometen errores, pues si pierdes, estás fuera… Pienso que pudo darse un resultado diferente". Ver Daniel Terdiman, "John Sculley Spills the Beans on Firing Steve Jobs" (CNET, 9 de septiembre de 2013).

concentra en la administración de nuestros vicepresidentes y de la organización comercial. Sergey se concentra en la ingeniería y en los acuerdos de negocios. [Larry se concentra] en la ingeniería y en la gerencia de producto» y se dice que los tres líderes se reunían diariamente (lo que sucedió durante la mayor parte de la estancia de Eric como director general). Más importante, se decía que el arreglo «funciona porque tenemos una tremenda confianza y respeto entre nosotros y, generalmente, pensamos de forma similar».

Todo esto funcionaba muy bien siempre y cuando los tres estuvieran de acuerdo en cuestiones capitales, lo que sucedía casi todo el tiempo. No obstante, a veces se llegaban a presentar situaciones difíciles; cuando tienes tres líderes con una voluntad férrea, a veces entrarán en desacuerdo. Cuando eso ocurría, el proceso que Eric empleaba para lograr una resolución final del conflicto era semejante a su proceso general para la toma de decisiones: identificar el problema, discutir (solos, los tres líderes), y fijar un plazo límite. Y solía añadir un corolario: dejar que los fundadores decidan.

La tendencia de un director general y, particularmente de un nuevo director general (lo decimos por experiencia) que trata de tener un impacto en una empresa conducida por su fundador, es tratar de tener un impacto demasiado grande. Es difícil dejar el ego del director general en la puerta para dejar que otros tomen las decisiones, pero eso es precisamente lo que debe hacerse. Por lo regular, cuando eres director general debes tomar muy pocas decisiones. Los lanzamientos de producto, las adquisiciones, los temas de políticas públicas —todas éstas son decisiones que el director general debe tomar o en las que debe influir poderosamente—. Pero hay muchos otros temas en los que está bien dejar que otros líderes de la empresa decidan, e intervenir sólo cuando se sabe que están tomando una muy mala decisión. Así que, como director general o como líder de altura en una empresa, debes saber qué decisiones tomar y cuáles dejar que sigan su curso sin tu intervención.

Esta habilidad es todavía más importante cuando te encuentras en la situación en que se encontraba Eric, conduciendo una empresa en presencia de dos fundadores activos, respetados e inteligentes. Por ejemplo, hubo una reunión de producto en que Eric, Sergey y Larry terminaron en desacuerdo sobre una característica clave de un producto nuevo. Había unas veinte personas en la junta y, después de unos minutos, Eric suspendió la discusión para retomarla después, esa misma tarde, a solas con los fundadores. Fue allí donde descubrió que los fundadores no sólo estaban en desacuerdo con él, sino que tampoco se ponían de acuerdo entre sí. Así que Eric dijo que estaba bien, que dejaría que ellos dos decidieran, pero que debían hacerlo al día siguiente. Cuando llegó a la oficina que compartían en el edificio 43, al mediodía siguiente, les preguntó: «¿Quién ganó?», y la respuesta fue típica: «En realidad, dimos con una nueva idea.» Resultó ser la mejor solución y la decisión fue tomada.

Reúnete todos los días

Uno de los aspectos frustrantes de ser un líder de creativos inteligentes es el muy poco poder que se tiene en realidad. Fíjate en lo que llevamos de este capítulo. Incluso si eres el director general de la empresa, dice, no puedes golpear la mesa con el puño y dictar las decisiones (bueno, puedes hacerlo, pero si ése es tu *modus operandi,* pronto perderás a la mayoría de tus creativos inteligentes), y, de hecho, no conviene que tomes muchas decisiones. En vez de ello, debes analizar datos y orquestar el consenso alentando el debate y luego sabiendo, por medio de alguna habilidad divina, cuál es el momento exacto para interrumpir ese debate y tomar la decisión. La verdad es que uno llega a suspirar por esos días en que Darth Vader podía aniquilar a alguien tomándolo del cuello con el poder de la Fuerza para luego destruir el planeta.

Sin embargo, sí hay algo que los líderes aún pueden controlar, y hablo del calendario de la empresa. Cuando se enfrenta una decisión crítica, hay un valor real en usar tu poder de convocatoria como líder para celebrar juntas regulares. Si la decisión es suficientemente importante, las juntas deben celebrarse diariamente. Programar reuniones con esta frecuencia permite que todos sepan la importancia de la decisión que está por tomarse. Y existe otro beneficio muy simple: cuando te reúnes diariamente, pasas menos tiempo de cada junta repitiendo lo que se discutió en la junta previa, puesto que todos tienen lo sucedido fresco en la memoria. Eso deja más tiempo para considerar nuevos datos u opiniones.

Eric usó esta forma de hacer las cosas con buenos resultados en 2002, cuando Google negociaba un pacto con AOL para encargarse de las búsquedas y del programa de anuncios en el popular portal. Fue una negociación difícil, y a Eric le preocupaba particularmente el compromiso financiero que Google podía llegar a aceptar. AOL tenía un cierto número de anunciantes en su plataforma que todavía no se anunciaban en Google, así que el trato tenía un tremendo valor estratégico: llevaría a esos anunciantes a nuestra plataforma. Sin embargo, Eric sentía que el compromiso a asumir era demasiado grande para una empresa pequeña como la nuestra.

Omid Kordestani, nuestro jefe de ventas, llevó las negociaciones con AOL, que se acababa de fusionar con Time Warner a principios de 2001 y estaba ansioso por las utilidades que este trato les traería. Omid acordó con Eric que no debíamos aceptar los términos de AOL. Pero Larry y Sergey querían asumir el riesgo; siempre habían defendido la idea de que ser agresivamente generosos con los socios en cuanto a la repartición de las utilidades, terminaría por beneficiar a la compañía («Si antes no nos manda a la quiebra», pensó Eric cuando expresaron dicho punto). David Drummond, el abogado principal de la empresa, estuvo de acuerdo con ellos y lo mismo sucedió con el consejo directivo, que pensaba que siempre se tendría la posibilidad de pedir prestado si presentaba alguna falta de dinero. Había un desacuerdo honesto y el equipo no avanzaba mucho en las reuniones. Así que Eric actuó. Programó todavía más reuniones e impuso una fecha límite. Durante las siguientes seis semanas, el equipo se reuniría todos los días a las cuatro de la tarde para revisar el trato con AOL. Terminado dicho periodo, se tomaría una decisión y se concluirían las negociaciones con AOL de una u otra forma.

Al principio no avanzaron gran cosa, pero el penoso trabajo de repetir el mismo argumento todos los días ayudó a que el equipo se involucrara todavía más con los datos que teníamos sobre el desempeño de nuestro motor de anuncios. Con el paso de las semanas, realizamos análisis que demostraron que el trato no era tan riesgoso como habíamos pensado originalmente. Comenzamos a darnos cuenta de que podíamos costearlo y teníamos razón. Hicimos el trato adoptando básicamente los términos propuestos por AOL y nuestro desempeño excedió todas las previsiones. Pero nadie sabía esto en el momento de las negociaciones; llegamos a la respuesta correcta por medio de un proceso riguroso que tomó mucho tiempo en considerar todos los detalles. Fue una decisión crítica, y cuando consideras algo que es fundamental para la existencia de la compañía, debes reunirte todos los días.

«Ambos tiene razón»

Hay un error que cometen tanto los científicos como los técnicos. Pensamos que si tenemos un argumento astuto y concienzudo, basado en datos y en un análisis inteligente, la gente cambiará de parecer. Esto no es verdad. Si quieres cambiar la conducta de la gente debes tocar su corazón, no sólo ganar el debate. Llamamos a esto la regla de Oprah Winfrey. (También es la forma en la que operan los buenos políticos, pero Oprah lo hace mejor que cualquiera.)[20] Cuando las compañías son dirigidas por creativos

---

[20] El crédito por esta regla debe atribuirse en realidad a Aristóteles, cuya discusión sobre los atractivos del *logos* (argumento), *ethos* (carácter) y *pathos*

inteligentes y por la gente de producto, deben aprender la regla de Oprah. De no ser así, corren el riesgo de tomar decisiones inteligentes pero fracasarán a la hora de ejecutarlas correctamente.

Hay un truco sencillo que sirve para dejar esto en claro. Cuando termine un debate y se tome una decisión que no tiene 100 por ciento de apoyo, recuerda estas tres palabras: «Ambos tienen razón.» Para comprometerse emocionalmente con una decisión con la que no están de acuerdo, la gente tiene que saber que no sólo se escuchó su opinión, sino que se valoró. La frase «ambos tienen razón» logra esto. Dice a la persona cuyo argumento perdió que había elementos de verdad entre las ruinas de su postura fracasada. Da aliento emocional: a la gente le gusta escuchar que tiene razón. Y afortunadamente, suele ser cierto, puesto que en un grupo de creativos inteligentes suele haber elementos de verdad en la posición de todos. Es raro que una buena persona esté 100 por ciento equivocada.

Luego, después de reafirmar el argumento de los perdedores y articular lo que se debe hacer, el que toma la decisión debe asegurarse de que todos los involucrados hagan una de dos cosas: estar en desacuerdo pero comprometerse, o escalar el asunto *públicamente*. Si se hace lo segundo, entonces el escalador debe hacer saber al que toma la decisión las razones que llevan a sus objeciones, y cómo y a qué instancia de mayor jerarquía planea escalar. («Lo siento, todavía no pienso que sea la decisión correcta porque...

(emoción) influyeron en incontables políticos, abogados litigantes y vendedores. Ver la traducción realizada por George A. Kennedy, *On Rethoric: A Theory of Civic Discourse* (Oxford University Press, 1991), páginas 37-38. Sin embargo, es Oprah quien encarna esta verdad en cada presentación de televisión que realiza y en cada discurso inicial que pronuncia. «Tienes que narrar la historia de modo que la gente sienta algo», dijo ella. «Sólo querrán hacer algo después de sentir algo.» Ver «Oprah Winfrey Talks to Dan Pink, Part 2» (YouTube.com/watch?v=kRfT8ujRfOA).

¿Por qué no vemos qué opina Barack?».) La escalada pública es una opción válida y debe alentarse, porque si no lo haces sucederá de todos modos, sólo que con mayor rencor de por medio.

Toda junta necesita un dueño

El foro de la toma de decisiones casi siempre es una junta, que puede ser la más odiada de todas las prácticas corporativas, a excepción del intercambio de regalos. La gente se queja de las juntas y del desperdicio de tiempo que representan, pero en realidad, una junta *bien llevada* es algo muy positivo. Es la forma más eficiente para presentar datos y opiniones, para debatir temas y sí, para en verdad tomar decisiones. Fíjate en las cursivas aplicadas a la frase «bien llevada», puesto que la mayor parte de las juntas no cumplen con este requisito. Una mala reunión —y probablemente ni siquiera tendríamos que decirte esto— es un desperdicio de tiempo gigante y desmoralizante.

Los científicos en computación odian la ineficiencia, así que, con el paso de los años, el equipo de Eric desarrolló una serie de reglas para las juntas que consideramos muy efectivas.

Las juntas deben ser presididas por una sola persona que tome las decisiones/dueño. Debe ser claro quién toma la decisión en cada punto del proceso. Nos referimos al que se la juega. Una reunión entre dos grupos de iguales no suele tener buen resultado porque terminas comprometiendo más que tomando las decisiones más duras. Incluye a alguien de mayor jerarquía que tome la decisión.

El que decide debe poner manos a la obra. Él o ella deben citar a la junta, asegurarse de que el contenido es bueno, establecer los objetivos, determinar quién participa y compartir la agenda (de ser posible) al menos con 24 horas de anticipación. Después de la reunión, el que decide (y nadie más) debe resumir lo decidido y las actuaciones correspondientes por correo electrónico y enviarlo al menos a todos los participantes —así como a otros que necesiten estar enterados— dentro de las siguientes 48 horas.

Si una junta no tiene como objetivo tomar decisiones —por ejemplo, puede estar diseñada para compartir información o para hacer una lluvia de ideas— debe tener un dueño claro y distinto. De nuevo, ese dueño debe asegurarse de que la gente indicada sea invitada a la reunión, de que exista una agenda clara, de que el trabajo necesario se haya realizado con anticipación y de que las acciones circulen prontamente.

La reuniones no son como las agencias gubernamentales: deben ser fáciles de aniquilar. Cualquier reunión debe tener un propósito y, si ese propósito no está bien definido o si la junta fracasa en lograr dicho propósito, tal vez la junta deba desaparecer. El que toma la decisión debe hacer las preguntas difíciles: ¿La junta sigue siendo útil? ¿Su frecuencia es excesiva o debería serlo más? ¿La gente obtiene la información que necesita?

Las juntas deben de tener un tamaño manejable. No más de ocho personas, diez cuando más (pero desalentamos esto seriamente). Todos los presentes deben poder dar su opinión. Si hay más gente que debe enterarse del resultado de la junta, asegúrate de tener un proceso para comunicar los resultados en lugar de convertir a los interesados en asistentes, porque esto reduce la calidad de la reunión y la capacidad de la gente para hablar abiertamente.

Asistir a las reuniones no es prueba de importancia. Si no eres necesario, vete o, mejor aún, excúsate desde antes. Esto es especialmente cierto para las reuniones con clientes o socios. Muchas veces hemos entrado a reuniones "íntimas" con algún alto ejecutivo de uno de nuestros clientes o socios, sólo para encontrarnos con una oficina llena de gente. No podemos evitar que un cliente sienta la necesidad de traer a medio organigrama a la reunión, pero controlamos lo que a nosotros atañe. Siempre es mejor que participe menos gente.

Es importante tener en cuenta el tiempo. Comienza a tiempo las reuniones. Termínalas también a tiempo. Deja suficiente tiempo al final para resumir los hallazgos y las acciones a emprender.

Si la junta ha logrado su objetivo antes del tiempo previsto, termina antes. Recuerda que somos humanos: programa tiempo para descansos y para que la gente se ocupe de sus necesidades y sé respetuoso con los empleados que trabajan en otras zonas horarias. También a ellos les gusta pasar tiempo con sus familias. Estas cortesías comunes se suelen olvidar con demasiada frecuencia. Ponerles atención te ganará el respeto de tus empleados y colegas.

Si asistes a una junta, asiste a una junta. La función multitareas no funciona. Si estás en una reunión y usas tu laptop o teléfono para algo que no está relacionado con la junta, es obvio que tu tiempo estaría mejor invertido en otra parte. Todos los asistentes deben concentrarse en la junta, no en otro tipo de trabajo. Y si la gente tiene tantas juntas que no logran trabajar, existe una solución simple: priorizar y asistir a menos juntas.

Entre todas las reglas, ésta última ha sido la más difícil de implementar. En nuestra reuniones de equipo, la gente ignoraba a tal grado nuestras peticiones de cerrar las laptop que tuvimos que darnos por vencidos. ¡Pero la regla sigue siendo buena!

La ley ecuestre

Los abogados tienden, por formación, a mirar al pasado. Esto tiene sentido, dado que gran parte de la ley es determinada por los precedentes. Lo que pasó antes dicta que es correcto seguir adelante. También presentan aversión al riesgo, y esto tiene sentido, una vez más, porque muchos abogados corporativos trabajan en despachos, y el trabajo de un despacho corporativo es mantener a sus clientes fuera de cualquier conflicto. Así que, cuando pides a un abogado que dé su opinión de alguna situación, y esa situación es 99 por ciento segura y uno por ciento cuestionable, ten por seguro que pasarán la mayor parte de su tiempo contigo analizando lo cuestionable.

El caso del letrero es un buen ejemplo. Jonathan captó una imagen representativa de esto un día en que cruzaba la calle para checar los campos de atletismo que Google recién había inaugurado. El letrero al que nos referimos incluye un bonito mapa de los campos, pero un cuarto de su superficie está ocupado por una advertencia legal que básicamente dice que si te lastimas en estos campos, no nos demandes. (Algún abogado que lee esto estará a punto de corregir nuestra interpretación de la muy cuidadosa redacción legal. Por favor, no lo hagan.) Un abogado bien intencionado, con mirada retrospectiva y con aversión al riesgo, decidió que aunque los googleros que usarían los campos eran

adultos inteligentes, existía aún un riesgo infinitesimal de que uno de ellos se parara en los prados, se torciera un tobillo y demandara a Google. De ahí que tengamos ese texto legal más que obvio contaminando nuestro paisaje.

Los abogados también pueden ser creativos inteligentes, y por eso nos sorprende tanto ver ese letrero en Google. El ojo de la ley, retrospectivo y con aversión al riesgo, que es tan común en la América corporativa, no funciona en el Siglo de Internet, cuando los negocios evolucionan a una velocidad que es muchísimo mayor al ritmo del cambio legal. Un negocio que funciona con la gasolina de los creativos inteligentes y que trata de innovar tendrá suerte de estar en lo correcto 50 por ciento del tiempo, lo que puede ser problemático para un abogado cuya tolerancia al riesgo es de un solo dígito.

Es por eso que, cuando conformamos el departamento legal de Google, David Drummond y sus colegas Kulpreet Rana y Miriam Rivera se dispusieron a crear un ambiente en que los abogados se aproximaran a su trabajo de otro modo. Nuestro actual consejero general, Kent Walker, gusta de llamar a esta forma de hacer las cosas la "ley ecuestre". Mira cualquier vieja película de vaqueros (nos gusta *Butch Cassidy and the Sundance Kid*; Eric es Butch porque es bueno para pensar y Jonathan es Sundance por ser rápido para sacar el arma —pero desafortunadamente no tiene la precisión del ladrón de bancos que encarnó Redford—). Estas películas siempre tienen una escena en que el vaquero monta su caballo y se detiene, analiza la situación y decide qué hacer después. Kent pide a sus abogados que hagan algo parecido: en ciertas situaciones, basta con montar un caballo (figurativamente hablando, por lo regular), hacer una valoración rápida y seguir adelante. En tanto que muchas decisiones (por ejemplo, una adquisición importante, una cuestión de conformidad con la ley) pueden necesitar un análisis detallado, no pienses que siempre debes desmontar y pasar semanas escribiendo un resumen legal de 50 páginas (¡ja!) con todo lo que posiblemente salga mal y lo que sucedería si éste fuera el caso. En las primeras etapas de un proyecto nuevo, de cualquier manera el análisis no será 100 por ciento correcto. En esas situaciones, no es trabajo del abogado cubrir cada posible ángulo en detalle; su trabajo es avizorar el insondable futuro para dar a los líderes corporativos una rápida guía informada para la toma de decisiones. Y luego súbete de nuevo al caballo, socio.

La ley ecuestre funciona sólo si el abogado es parte integral del negocio y de los equipos de producto y no sólo un personaje que se aparece ocasionalmente. Sólo funciona con la mezcla correcta de abogados, y ésta es la razón de que, en nuestros primeros días, tratáramos de contratar más generalistas que especialistas y de que desplegáramos nuestros esfuerzos de reclutamiento a otras firmas, negocios e incluso a organizaciones sin fines de lucro (rara vez contratamos abogados recién salidos de la escuela). Y puesto que los temas legales suelen surgir cuando te estás moviendo rápido y estás cambiando industrias, siempre ayuda hacer lo correcto para los consumidores y los clientes.

Invierte 80 por ciento de tu tiempo en las cosas que producen 80 por ciento de tu ingreso

Una de las decisiones más importantes que un líder de negocios puede tomar es cómo invertir su tiempo. Cuando Eric llegó a ser director general de Novell, en 1997, recibió un gran consejo de Bill Gates: invierte 80 por ciento de tu tiempo en lo que produce 80 por ciento de tu ingreso. Pero esta regla puede llegar a ser engañosamente difícil de seguir en realidad. En Novell, el negocio principal era la suite de programas NetWare, que permitía formar redes locales entre las PC y las estaciones de trabajo. No obstante, Eric y su equipo estaban emocionados por hacer crecer un nuevo producto (el directorio de servicios NetWare) que brindaba un apoyo gerencial y recursos de red que iban desde la gente y los grupos hasta las impresoras y las estaciones de trabajo. Quedaba claro que este directorio tenía gran potencial de crecimiento, puesto que las redes proliferaban y era difícil que Eric y su equipo resistieran invertir más tiempo en él.

Los equipos de liderazgo suelen subestimar el mucho tiempo que se requiere para que se acelere el retorno de un nuevo producto. Esa cosa nueva y brillante puede ser mucho más interesante que el viejo producto, que es la esencia del negocio, pero justamente los viejos productos que son la esencia del negocio son los que pagan las cuentas, y si cometes un error en este sentido, probablemente no lograrás recuperarte. Aunque Eric pensaba que estaba siguiendo el consejo de Bill, en retrospectiva sabe que debía haberse ocupado más tiempo de NetWare.

Tienes que concentrarte en tu negocio esencial. Tienes que amarlo.

Debes tener un plan sucesorio

Amar un negocio significa tener un plan para dejarlo, pero los líderes casi nunca piensan en quién los sucederá. En la mayor parte de las empresas, tu sucesor ya está ahí, sólo que no te has dado cuenta de quién es. (La experiencia de Eric fue extraña: ¡su sucesor fue la persona que lo contrató!) Muchas empresas comprenden la idea, pero no ajustan bien el factor tiempo: identifican al hermano, alguien que está listo para tomar la estafeta dentro de pocos años, en tanto que deberían estar buscando al hijo, alguien que pudiera tomar las riendas en más de una década. O tratan de buscarlo entre las cien personas con mayor antigüedad de la empresa, no entre las cien con más potencial. Lo correcto es buscar a los creativos inteligentes destacados que están progresando rápidamente entre las filas. Formula la pregunta: ¿Podría alguna de estas personas dirigir la compañía en diez años? Cuando la respuesta es afirmativa, compénsalos sobradamente y asegúrate de que su carrera no se estanque. Perder a estos empleados de alto potencial (especialmente si se van a la competencia) es muy costoso para la empresa, así que sé proactivo y agresivo en tu esfuerzo por mantenerlos contentos. Puede que no siempre funcione, pero los beneficios del éxito probable superan por mucho las fallas.

Y también está la interesante experiencia de ejecutar en verdad el plan sucesorio. Esas estrellas en ascenso tienden a hacerse más listas con el paso del tiempo, pero la generación que está arriba las considera temerarias e inexperimentadas, y ciertamente no cree que tengan la sabiduría necesaria para tomar la estafeta. La solución a esto es que el líder recuerde cómo era él en tiempos pasados.

Cuando Google se preparaba para su oferta pública de venta, Eric, Larry y Sergey se prometieron que los tres trabajarían juntos durante al menos los siguientes veinte años. Eric siempre asumió que Larry o Sergey terminarían dirigiendo la compañía —probablemente Larry, puesto que ya había sido director general—. Sólo era cuestión de saber cuándo. Ese momento llegó en 2011, cuando Eric, Larry y Sergey decidieron que Larry retomaría la dirección general de Google. Fue la decisión correcta para la empresa y para el trío, pero aún así, Eric sentía algo de incertidumbre. Después de todo, ¡él era mucho más grande y sabio! Pero entonces Eric pensó en sí mismo a la edad de Larry: el fundador tenía 38 años, y cuando Eric tenía esa edad sentía que estaba listo para tomar las riendas de una empresa (tenía cuarenta y un años cuando asumió el mando de Novell). Fue un tanto sorpresivo, pero, al realizar este proceso mental, Eric se dio cuenta de que Larry estaba más que listo y que sería muy exitoso como director general de Google.

Los mejores atletas del mundo necesitan entrenadores, ¿y tú no?

En el verano de 2002, cuando Eric llevaba cerca de un año como director general de Google, escribió una reseña de su desempeño y la compartió con su equipo. El documento incluye cuestiones destacadas («se desarrollaron procesos corporativos apropiados»), objetivos para el año siguiente («hacer que el reloj corra más rápido sin comprometer el futuro»), y áreas en las que pudo desempeñarse mejor. La última categoría incluía varios puntos, pero una autocrítica se destaca como la más importante: «Bill Campbell ha sido muy útil al ser *coach* de todos nosotros. En retrospectiva, su trabajo era necesario desde el principio. Debería haber alentado esta estructura antes, y hubiera sido ideal haber comenzado desde mi entrada a Google.»

Esto representaba un cambio de 180 grados respecto al año anterior: cuando Eric empezó en Google, un miembro del consejo, John Doerr, sugirió que trabajara con Bill como su *coach*. ¿La respuesta de Eric?: «No necesito un *coach*. Sé lo que estoy haciendo.»

Siempre que veas actuar a un atleta de clase mundial, puedes estar seguro de que hay un entrenador detrás de su éxito. No es que el entrenador sea mejor que el atleta en el deporte en cuestión, de hecho, esto casi nunca es el caso. Pero los entrenadores tienen una habilidad distinta: pueden observar a los jugadores en acción y decirles cómo mejorar. ¿Y por qué en el mundo de los negocios los entrenadores son tan raros? ¿Somos todos como Eric cuando comenzó en Google, tan confiados en nosotros mismos que no podemos imaginar que alguien nos ayude a hacerlo mejor? De ser así, es un falacia. Como líder de negocios, necesitas un *coach*, un entrenador.

El primer ingrediente para una buena relación entre el entrenador y su estudiante es estar dispuesto a escuchar y aprender. Así como hay atletas que son difíciles de entrenar, hay ejecutivos difíciles de entrenar. Pero una vez que se supera esa reticencia inicial, descubren que siempre hay cosas que aprender. Los entrenadores corporativos, al igual que todos los entrenadores, son maestros de corazón, y Bill Campbell, el mejor entrenador que hay, nos dice que él cree que la gerencia es una habilidad completamente susceptible de ser enseñada.

Para Jonathan, la clase comenzó justo en el momento en que Larry Page decía que el plan de producto reglamentado que Jonathan le presentaba era «estúpido». A la semana siguiente, Jonathan estaba sentado en la oficina del *coach* Campbell preguntándose por qué se había unido a esta caótica empresa novata y pensando en renunciar. «No renuncies —le imploró Bill—. Aguanta. Tal vez llegues a aprender algo».

Por eso y por todo lo que has hecho por nosotros, gracias, *coach*.

Comunicaciones: conviértete en un excelente enrutador

Cuando llevaba poco tiempo trabajando en Google, Jonathan conversaba con uno de nuestros ingenieros, quien se preguntaba sobre la tendencia de Jonathan a responder los e-mails inmediatamente copiando sus respuestas a mucho googleros. El ingeniero se sentía frustrado por lo que consideraba como un error en el establecimiento de prioridades por parte de Jonathan —obviamente, alguien que respondía tan rápido y que era tan prolífico difundiendo la información, no podía estar muy ocupado—. Así que, en un ataque de resentimiento, le dijo a Jonathan: «¡Sólo eres un enrutador caro!» Se suponía que éste era un insulto, dado que un enrutador es un aparato para las redes bastante básico cuyo principal trabajo es mover paquetes de datos de un punto a otro. Jonathan tomó el dardo como un cumplido.

He aquí una forma de pensar en las comunicaciones corporativas: imagina un edificio de veinte pisos. Tú estás en uno de los pisos de en medio, digamos que en el décimo, parado en un balcón. El número de personas decrece conforme subes de piso. El piso superior está ocupado por una sola persona, en tanto que el de la planta baja, el nivel de entrada, está ocupado por multitudes. Ahora imagina que estás parado en un balcón cuando la persona que está arriba de ti —llamémosla tu jefe— grita algo y te lanza

unos cuantos documentos. Los cachas y tienes cuidado de no permitir que se los lleve el viento; luego, te los llevas al interior para
leerlos. Hay cosas buenas ahí, así que analizas algunos fragmentos
que piensas que la gente del noveno piso debe ver, de acuerdo
con los cuidadosos límites preestablecidos a sus labores. Así que
vuelves al balcón y tiras una hoja aquí y un párrafo por allá a tu
equipo de abajo, quienes consumen el material como si se tratara
de las proverbiales aguas frías que confortan a un alma sedienta.[1]
Cuando terminan, se voltean y comienzan su propio ritual de
análisis en beneficio de los sedientos del octavo piso. Entretanto,
en el piso once, tu jefe comienza el proceso de nuevo. Y en el piso
veinte… nadie sabe qué hace ese tipo.

Éste es el modelo tradicional del flujo de información en
la mayoría de las empresas. Los eslabones superiores de la gerencia
reúnen información y deciden cuidadosamente qué fragmentos
distribuir a los que están por debajo de ellos. En este mundo, la
información es retenida como instrumento de poder y control.
Como dicen los académicos del liderazgo, James O'Toole y Warren
Bennis, muchos hombres de negocios que llegan a elevadas posiciones de poder, suelen llegar ahí «no por su trabajo en equipo
demostrado, sino por su habilidad de competir exitosamente
contra sus colegas del equipo corporativo, lo que sólo promueve
el acaparamiento de la información».[2] Esto nos recuerda a los
empleados comunistas de la Unión Soviética que mantenían las
copiadoras de las oficinas guardadas detrás de puertas de acero
con tal de que nadie usara las maravillas de la xerografía para crear

---

[1] Se trata de algo literalmente proverbial, como se dice en Proverbios 25:25:
"Como el agua fresca en el alma sedienta; así son las buenas noticias de un
país lejano." Ver *The Holly Bible: King James Version*, Quatercentenary edi-
tion (Oxford University Press, 2010), página 38.

[2] James O'Toole y Warren Bennis, "What's Needed Next: A Culture of
Candor" (*Harvard Business Review*, junio de 2009).

una copia no autorizada del plan quinquenal para la producción de granos.[3] La mayoría de los gerentes todavía piensa como esos burócratas de la era soviética: su trabajo es analizar la información y distribuirla escasamente, porque es obvio que no puedes confiar a esa chusma agitadora de los pisos inferiores la información clave del reino de la empresa.

Pero la Unión Soviética colapsó, y en tanto que tan frugal manera de distribuir la información pudo haber tenido éxito cuando a la gente se le contrataba para *trabajar*, en el Siglo de Internet se contrata a la gente para *pensar*. Cuando Jonathan estaba en la escuela de negocios, uno de sus profesores de finanzas solía decir que «el dinero es el alma de cualquier empresa». Esto sólo es parcialmente cierto. En el Siglo de Internet, obviamente el dinero es de crítica importancia, pero la información es el alma verdadera del negocio. Atraer creativos inteligentes y liderarlos para que hagan cosas asombrosas es la clave para construir una empresa del siglo XXI, pero nada de eso sucede si no cuentan con la información.

Los más efectivos líderes de hoy no se guardan la información, la comparten. (Bill Gates en 1999: «El poder no proviene del conocimiento que se guarda, sino del conocimiento compartido. Los valores y el sistema de recompensas de una empresa deben reflejar esta idea.»)[4] El propósito del liderazgo es optimizar el flujo de información por toda la empresa, todo el tiempo, todos los días. Y para esto se requiere de un conjunto de habilidades distintas.

Como dijo Jonathan a ese ingeniero hace varios años: «Si sólo soy un enrutador muy caro, pretendo ser uno muy bueno.» ¿Qué implica eso? Estar en una posición de apertura por *default*,

---

[3] Michael Parks, "Soviets Free the Dreaded Photocopier" (*Los Angeles Times*, 5 de octubre de 1989).

[4] Bill Gates, "Bill Gates' New Rules" (*TIME*, 19 de abril de 1999).

establecer metas públicas que sean un desafío y fallar regularmente en alcanzarlas, y cuando tengas dudas, habla de tus travesías.

Estar abierto por *default*

Tu modo de operación por *default* debe ser tratar de compartir todo. Caso concreto: el reporte al consejo de Google. Cuando Eric era director general, echó a andar un proceso que continúa hasta hoy. Cada trimestre, el equipo crea un reporte detallado del estado del negocio que debe presentarse al consejo. Hay una sección escrita —la carta al consejo— que está atiborrada de datos e intuiciones sobre el negocio y los productos, y diapositivas con datos y gráficas que los jefes de producto (los ejecutivos de alto nivel a cargo de varias áreas de producto, incluyendo Search, Ads, YouTube, Android, y demás) usan para guiar la reunión de consejo. No es de sorprender que mucha de esta información no sea para consumo público. Pero después de la junta de consejo hacemos algo que *sí* es sorprendente. Tomamos el material que presentamos a nuestro consejo y lo compartimos con todos los empleados. Eric presenta las diapositivas —exactamente las mismas que fueron puestas ante el consejo— en un reunión con toda la empresa, y la carta completa llega a todos los empleados de Google vía e-mail.

De acuerdo, señor Tecnicismos, no *toda* la carta. Dado que contiene datos que no deben ser compartidos con todos por razones legales, necesitamos enviarla a los abogados y a algunos amigos del área de comunicaciones para que repasen el texto buscando y volviendo a redactar las minas terrestres legales. Aquí es donde el "compartir todo" llega a un callejón sin salida de nombre "pero seguramente no quieres decir *todo*, ¿o sí?". Cada trimestre, googleros, que por lo regular son bienintencionados, marcan las oraciones y párrafos con la tinta roja de la muerte (digitalmente, por supuesto —ningún papel fue entintado durante el destripamiento de esta carta—). «No podemos poner eso en la carta», dicen. «¿Qué tal si se filtra? Nos causaría problemas.» O «No podemos decir esto a los empleados, a pesar de ser verdad y de que es lo que dijimos al consejo. Podría dañar la moral».

Por fortuna, la gente que realiza este proceso entiende que «compartir todo» no significa «compartir todo lo que no se vería mal si se filtrara y que no lastime los sentimientos de nadie»; significa «compartir todo excepto las muy pocas cosas que la ley o los reglamentos prohíben». ¡Gran diferencia! Por eso hacemos que todos los que sugieren que algo se quite justifiquen exactamente por qué debe salir, y más vale que la razón sea muy buena. Hemos compartido la carta al consejo cada trimestre desde que la compañía salió a bolsa en 2004, y las fugas de información no han sido un problema. Entretanto, nadie se queja de no saber qué pasa en la empresa. O si lo hacen, les pedimos que lean la carta al consejo y que vean la presentación de Eric. Y hay un beneficio suplementario al compartir los materiales del consejo: la calidad. La gente hará un buen trabajo preparando algo para consumo del consejo, pero hacen un *gran* trabajo si saben que el material será compartido con toda la compañía.

Estar abierto no se limita a las comunicaciones del consejo. Tratamos de compartir virtualmente todo. Por ejemplo, la intranet de la empresa, Moma, incluye información de casi todos los productos venideros, y en la junta TGIF normalmente hacen presentaciones los equipos de producto, completando con demos y con capturas de pantalla la muestra de las cosas atractivas que están en desarrollo. Asistir a una de estas juntas sería como hallar un boleto dorado de Willy Wonka para las legiones de blogueros que aman especular sobre lo que hará a continuación Google, porque todo se dice ahí; compartimos cosas que las otras empresas mantendrían cuidadosamente escondidas. De nuevo, no nos limitamos a poner capturas de pantalla granulosas ni filtramos videos movidos de demos que alguien toma desde la última fila.

Confiamos a nuestros empleados toda suerte de información vital y ellos han estado a la altura de esa confianza.[5]

Los objetivos y resultados clave son otro buen ejemplo de transparencia. Se trata de objetivos individuales (las metas estratégicas a lograr) y resultados clave (la forma en que se mide el progreso hacia una meta), cada empleado actualiza y hace públicos sus objetivos y resultados a toda la empresa cada trimestre, facilitando el que cualquiera pueda hallar rápidamente las actividades prioritarias de otro. Cuando conoces a alguien de Google y quieres aprender más de lo que está haciendo, vas a Moma y lees sus objetivos y resultados clave. No se trata del nombre de un puesto con su descripción, sino que es un relato en primera persona sobre las cosas en que están trabajando y que les resultan importantes. Es la manera más rápida de averiguar qué los mueve.

Por supuesto, esto empieza por arriba. Cada trimestre en Google, Larry —al igual que Eric antes de él— hace públicos sus objetivos y resultados clave, y cita a una reunión con toda la empresa para discutirlos. Los líderes de los varios productos y negocios se le unen en el escenario para hablar de cada objetivo y lo que significa para sus equipos. Además, se asignan ellos mismos una calificación que refleja su desempeño de acuerdo con los objetivos y resultados clave del trimestre anterior. No se trata de un espectáculo, los materiales son reales, y son realizados por los líderes de producto al inicio de cada trimestre. Las calificaciones del trimestre anterior usualmente están llenas de marcas rojas y amarillas. Los mejores líderes de la compañía discuten cándidamente en qué fallaron y por qué razón. (¿En tu empresa el mandamás se

---

[5] Hemos tenido filtraciones, pero nunca, hasta donde sabemos, han provenido de una junta "Gracias a Dios que es viernes". Hacemos nuestro mejor esfuerzo para detectar la fuente de las filtraciones y tenemos una tasa de éxito bastante alta. Las fugas suelen provenir de socios, pero cuando llegan a estar originadas en googleros, éstos son despedidos.

para frente a todos cada trimestre para hablar de las ambiciosas metas que no se cumplieron?) Después de esta reunión, cuando la gente se va y se pone a crear sus propios objetivos y resultados clave, no tiene duda alguna de cuáles son las prioridades de la empresa para el trimestre en cuestión. Esto ayuda a mantener a los equipos alineados, incluso cuando la empresa se desarrolla tremendamente.

Conoce los detalles

John Seely Brown, el exdirector del Centro de Investigación Xerox de Palo Alto, dijo una vez: «La esencia del ser humano tiene que ver con formular preguntas, no con responderlas.»[6] A Eric le gusta poner a prueba este concepto cuando camina por los pasillos de Google o de las otras compañías con las que está relacionado. Cuando se encuentra con un ejecutivo al que no ha visto hace tiempo, las trivialidades no duran mucho. Después de un cordial saludo va al punto: «¿Qué está pasando en tu trabajo? ¿Qué problemas tienes? Háblame de ese producto que me debes.» Esto tiene un par de consecuencias: ayuda a que Eric esté encima de los detalles de su negocio y le ayuda a saber cuáles de sus ejecutivos están encima de los detalles de *su* negocio. Si alguien está a cargo de un negocio y no puede mencionar rápidamente los aspectos clave que enfrenta en cuestión de diez segundos, entonces no está a la altura del trabajo. Un estilo de liderazgo distante ya no basta más. Necesitas saber los detalles.

Eric tiende a recordar todo y sabe qué encargos le debe la gente, así que esta forma de hacer las cosas funciona bien para él.

---

[6] Citado en John Markoff, "A Fight to Win the Future: Computers vs. Humans" (*The New York Times,* 14 de febrero de 2011). Brown hizo este comentario para restar importancia a Watson, la computadora con inteligencia artificial de IBM que competía con humanos en el juego *Jeopardy!,* cuya premisa *es* formular preguntas. ¿No es irónico?

Jonathan no juega precisamente en la misma liga que Eric en lo que a memoria se refiere, así que escribe las cosas que la gente le debe en el recuadro de notas en los datos de contacto de su teléfono. Luego, si se encuentra a esa persona, se toma un momento y acude a las notas para poder interrogar a los empleados sobre su progreso.

Incluso cuando haces las preguntas correctas, los verdaderos detalles pueden ser difíciles de obtener. Un día, cuando Eric comenzaba en Google, Larry y Sergey estaban molestos por algunos problemas de ingeniería y por la forma de manejar la situación de ciertos líderes. Eric los escuchó hablar del tema durante un rato y luego intervino: «Bien, he hablado con ellos y les diré lo que están haciendo.» Y luego describió lo que pensaba que estaba sucediendo con ese equipo en particular.

Larry escuchó algunas frases y luego interrumpió. «Eso no es lo que están haciendo. He aquí lo que están haciendo.» Larry mencionó algunas cosas y Eric pronto se dio cuenta de que Larry tenía razón. Eric tenía los detalles, pero Larry tenía la verdad. El bosque siempre es más grande que los árboles.

¿Cómo sucedió esto? Eric estaba escuchando a los gerentes, quienes estaban haciendo su mejor esfuerzo al estilo de la vieja escuela para controlar el flujo de información que iba hacia arriba (la técnica de regurgitación y análisis funciona en ambos sentidos, como bien sabe cualquier gerente de mediana jerarquía que valga su peso en negación plausible). Pero Larry estaba escuchando a los ingenieros, no directamente, pero por medio de una pequeña herramienta muy ingeniosa que había implementado llamada "snippets". Los snippets son como reportes de estado semanales que cubren las actividades más importantes de una persona durante una semana, pero en un formato breve y conciso, de modo que puedan ser escritos en unos minutos o compilados (en un documento o en un borrador de correo electrónico) conforme avanza la semana. No hay formato establecido, pero un buen conjunto de snippets incluye las actividades y logros más importantes de la semana, y da una idea muy clara y rápida de lo que una persona está haciendo en el momento y va de lo críptico («Sistema SMB», «10 por ciento listo») a lo mundano («se terminaron las revisiones de desempeño trimestral», «comenzaron las vacaciones familiares»). Como en el caso de los objetivos y resultados clave, se comparten con todos. Los snippets se postean en Moma, en donde cualquiera puede ver el de cualquiera, y por años Larry recibió un compendio de los snippets de ingeniería y de los responsables de producto. De ese modo siempre puede acceder a la verdad.

Hablando de lo cual…

Decir la verdad debe ser seguro

Jonathan tomó una vez una clase de historia en la universidad que sabía era la favorita de los jugadores de futbol americano de la escuela. Cuando llegó el momento de presentar su proyecto de investigación para el semestre, recordó que los chicos de la clase, la mayoría de los cuales efectivamente sabía algo de historia, habían sido instados por su instructor a formular preguntas difíciles a sus compañeros, no con el afán de herir, sino para aumentar la parte de la calificación global que representaba la participación en clase. A Jonathan no le gustaba la idea de pararse frente a un montón de estudiantes de historia hambrientos de calificaciones y con ganas de molestar a un economista rebelde y *nerd*, así que urdió un plan… Escribió sus propias preguntas y las distribuyó a los jugadores de futbol, que también estaban ansiosos por mejorar su calificación por participación. Los *quarterback* y los *safeties* lanzaron sus bolas lentas, Jonathan las bateó fuera del parque y todos se fueron a casa contentos (excepto por ustedes, los estudiantes de lengua y literatura inglesa que se molestan con la metáfora deportiva mixta).

A veces parece que las técnicas cuestionables de Jonathan se han abierto paso al mundo de los negocios. La gente tiene miedo de hacer a sus líderes las preguntas difíciles, así que mejor lanzan bolas lentas. Esto no sólo aplica a las preguntas. Es una de las más universales verdades humanas: nadie quiere ser el portador de las malas noticias. Y como líder, son precisamente las malas noticias las que más necesitas oír. Las buenas noticias serán igualmente buenas mañana, pero las malas serán peores. Por eso debes hacer que sea seguro formular las peguntas difíciles y decir la verdad en todo momento, incluso cuando la verdad duela. Cuando sabes de algo que se sale de control y las noticias se dan a tiempo y con franqueza, esto significa —en su propio estilo jodido— que el proceso está funcionando. Los canarios están muriendo en la mina de carbón, pero al menos estás al tanto de la carnicería aviar y el pobre tipo que trajo a la luz sus tristes cuerpos amarillos sabe que no tendrá que regresar a la mina.

Hay algunas cosas que te podemos recomendar para hacer más fácil que se digan las cosas malas. Después de que se lanza un producto o una característica clave, pedimos a los equipos que conduzcan sesiones *post mortem* en las que todos se reúnen para decir qué estuvo bien y qué estuvo mal. Luego posteamos los resultados para que los vean todos. El resultado más importante de estas sesiones *post mortem* es el proceso mismo. Nunca dejes pasar una oportunidad de promover comunicaciones abiertas, transparentes y honestas.

Otro ejemplo de lo anterior es la junta "Gracias a Dios que es viernes". La reunión semanal de toda la empresa que presiden Larry y Sergey siempre ha incluido una sesión abierta de preguntas y respuestas, pero conforme la empresa fue creciendo, esto fue cada vez más difícil de manejar. En consecuencia, desarrollamos un sistema llamado Dory. La gente que no puede o no quiere hacer la pregunta en persona puede enviarla a Dory (nombre basado en la pececita con problemas de memoria que aparece en *Buscando a Nemo,* y, como le sucede a la misma Dory, no recordamos por qué le pusimos así), y cuando lo hacen, otros votan para determinar si se trata de una buena pregunta o no. Mientras más votos a favor tenga una pregunta, más alto queda en la lista final, y por lo regular las preguntas más difíciles son las que tienen más votos. En esas juntas, la lista de Dory es desplegada en una pantalla, para que Larry y Sergey las vayan respondiendo en orden sin elegirlas a modo. Sólo van dando cuenta de las preguntas de la lista, de arriba abajo, contestando respuestas fáciles y difíciles. Dory permite que cualquiera pregunte al director general y a su equipo las cuestiones más rudas, en tanto que la colaboración de los usuarios de Dory hace que las preguntas flojas sean las menos. Por otra parte, las respuestas flojas se juzgan con una tecnología mucho menos avanzada: los asistentes a la junta tienen una paleta de color rojo y otra de color verde, y se les pide que levanten la paleta roja si no están conformes con la respuesta.[7]

Eric suele decir que nuestro sistema de transparencia es un modelo «elevarse, confesar y cumplir». Los pilotos aprenden que, cuando enfrentan problemas, el primer paso es elevarse: deben alejarse del peligro. Luego, deben confesar: hablar con la torre de control y explicar que la regaste y cómo lo hiciste. Finalmente, deben cumplir: cuando los controladores aéreos te digan que lo hagas mejor la siguiente ocasión, ¡hazlo! Así que en tus actividades, cuando alguien llegue a ti con malas noticias o con un problema, están en esta modalidad de elevarse, confesar y cumplir. Han pasado mucho tiempo meditando la situación y debes recompensar su transparencia escuchando y confiando en que en la siguiente ocasión no tendrán problema alguno para aterrizar.

---

[7] Las paletas roja y verde aparecieron por vez primera en la película *The Internship*. Después de que la película fue exhibida, comenzamos a usar el sistema en las reuniones "Gracias a Dios que es viernes" y fueron tan populares que permanecieron en uso durante un año. Luego cambiamos a una versión digital para que los compañeros que observaban remotamente pudieran registrar también sus opiniones verdes o rojas.

Inicia la conversación

Cuando se lanzó por primera vez la película del concierto de Michael Jackson, *This is it*, en 2009, Jonathan tuvo una idea. El campus principal de Google en Mountain View está junto a un conjunto de cines, así que Jonathan compró un montón de boletos para el día de la premier e invitó a que los miembros del equipo de producto eligieran el horario y fueran. Cientos de colegas aceptaron la oferta. Los empleados organizaron salidas para ir a ver en pleno horario laboral al Rey del Pop, en lo que, se suponía, era la serie de conciertos con los que volvería a la acción antes de que su trágica muerte diera al traste con los planes.

Jonathan fue criticado por algunos amigos y colegas; ¿valía la pena el gasto y la pérdida de productividad para que una bola de googleros pudieran ver una película? La respuesta fue un sonoro sí. La película mostraba a un creativo inteligente de clase mundial presionando a su equipo y a sí mismo para ser grandiosos al poner atención a cada detalle y siempre asumir la perspectiva de los asistentes. Pero el objetivo más sutil de la salida a ver a Michael Jackson era que constituía una excelente manera de empezar conversaciones. Durante los meses siguientes, los miembros del equipo de Jonathan, desde los altos ejecutivos hasta los asociados recién salidos de la escuela, lo detenían cerca de la máquina de expreso o en el café para agradecerle la invitación a ver la película. Por lo regular, Jonathan les preguntaba qué les había gustado y la conversación siempre despegaba a partir de ese momento.

La conversación sigue siendo la forma más valiosa e importante de comunicación, pero la tecnología y el ritmo de trabajo suelen conspirar para convertirla en una de las más raras. Todos estamos conectados veinticuatro horas al día, siete días a la semana, en cualquier parte del mundo, lo que es maravilloso pero también tentador: ¿Cuántas veces has enviado un e-mail, chateado o texteado con alguien que está sentado a unos cuantos metros de ti?

Sí: lo haces seguido; nosotros, también. Los sociólogos disponen de un nombre para este fenómeno (y también los antropólogos y los expertos en coctelería): flojera. Pero para ser justos con los muy tecnológicos y felices creativos inteligentes, existe otro factor en el trabajo, especialmente en las grandes empresas y especialmente en el caso de las personas que son más nuevas en la compañía. Por más que los altos ejecutivos y otros mandamases pueden decir que quieren hablar, las políticas de puertas abiertas funcionan solamente cuando las personas las cruzan. Para una persona que no conoce la organización, puede ser difícil comenzar una conversación. Como líder, debes ayudarlos.

Algunos de nuestros mejores líderes han tomado medidas inusuales para facilitar las cosas. Urs Hölzle escribió y publicó un manual del usuario… sobre sí mismo. Todos los miembros de su equipo (que suman algunos miles) pueden leer el manual y comprender la mejor manera de acercarse él y cómo arreglarlo si se descompone.[8] Marissa Mayer tenía horas regulares de asesoría —otra característica cultural del Google incipiente inspirado por la academia—. Al igual que un profesor universitario, reservaba algunas horas a la semana en que cualquiera podía ir a su oficina y conversar con ella. La gente se apuntaba en un pizarrón blanco que estaba ubicado afuera de su oficina (y que compartía con otros googleros que normalmente huían a otras locaciones durante las horas de oficina de Marissa), y los miércoles por la

---

[8] Ahora, algunas de nuestras citas favoritas del manual para usar a Urs: "No crecí en Estados Unidos y tiendo a ser más directo que otros cuando hablo de algo […]. Tiendo a reafirmar los puntos para tener una mayor claridad en las discusiones: es más fácil resumir algo en blanco y negro que algo que está en escala de grises […]. Si piensas que estoy equivocado, debes decírmelo. Nunca culpo a nadie por hablar […]. Si sientes que te estoy apaleando todo el tiempo y que sólo obtienes retroalimentación negativa, entonces, es muy posible que esto no haya sido intencional."

tarde los sillones de las inmediaciones estaban repletos de jóvenes gerentes de producto que tenían asuntos que discutir.

Casi todas las empresas tienen "ancianos tribales" que poseen una experiencia única en su campo y con un conocimiento profundo de la organización. Algunos de ellos son bien conocidos dentro de la empresa, pero otros no lo son tanto, y uno de los grandes favores que un líder puede hacerle a un creativo inteligente novato es presentarlo con ellos. En Laboratorios Bell, a esta clase de personajes se les conocía como "los tipos que escribieron el libro", porque habían escrito una obra definitiva o un artículo, y a los empleados nuevos normalmente el supervisor los enviaba con estos personajes.[9] En muchas empresas (y también en universidades), la reacción instintiva —incorrecta— de la gerencia es desalentar el que los empleados se relacionen con las estrellas de rock de la compañía. Después de todo, podrían desperdiciar el tiempo de éstas con preguntas estúpidas, ¿o no? Sí, eso sucede, pero resulta que la mayoría de las estrellas de rock tiene muy poca paciencia con la gente que desperdicia su tiempo y lo demuestra creando una experiencia muy desagradable. El creativo inteligente sin experiencia que comete este error, rápidamente aprende a no cometerlo de nuevo.

La repetición no echa a perder el rezo

En la mayor parte de los aspecto de la vida, necesitas decir algo 20 veces antes de que en verdad empiece a quedarse grabado.[10] Si dices las cosas algunas veces, la gente está demasiado ocupada como

---

[9] Jon Gertner, "True Innovation" (*The New York Times*, 25 de febrero de 2012). Gertner escribió el libro de innovación en Laboratorios Bell. Ver Jon Gertner, *The Idea Factory: Bell Labs and the Great Age of American Innovation* (Penguin, 2012).

[10] Jonathan no dejaba de decir esto a su esposa, pero ella lo hizo callar después de la cuarta vez.

para siquiera darse cuenta. Unas veces más y apenas notan un ligero zumbido en sus oídos. Cuando has repetido las cosas entre 15 y 20 veces, puede que *tú* ya estés completamente enfermo de hacerlo, pero justo entonces la gente comienza a captar el mensaje. Así que, como líder, habitualmente, querrás comunicar de más. Como le gusta decir a Eric: «La repetición no echa a perder el rezo», axioma que cualquier sacerdote que reza el avemaría secundaría.

Pero hay una forma correcta de sobrecomunicar y una equivocada. En el Siglo de Internet, el típico método, especialmente en el caso de la tecnología, es compartir más cosas con más gente. ¿Ves un artículo interesante? Copia y pega el vínculo en un e-mail y mándalo a quien pueda estar remotamente interesado. ¡Espera! ¡Has comunicado en exceso! También has desperdiciado horas del tiempo de la gente. La sobrecomunicación, cuando se hace mal, lleva a la proliferación descuidada de información inútil, una avalancha de tonterías apiladas en las ya desbordantes bandejas de entrada.

Ahora te presentamos algunos consejos básicos para sobrecomunicar bien:

1. ¿La comunicación refuerza temas esenciales que quieres que todos conozcan?
Para dejar esto en claro, primero necesitas saber cuáles son los temas esenciales. Cuando decimos que la repetición no arruina el rezo, nos estamos refiriendo a *este* tipo de plegarias. Se trata de las cosas que quieres que todos entiendan: deben ser sagradas, y deben ser pocas, todas relacionadas con tu misión, valores, estrategia e industria. En Google, nuestros temas incluyen anteponer a los usuarios, pensar en grande y no tener miedo al fracaso. También, somos todos optimistas tecnológicos: creemos que la tecnología e Internet tienen el poder de cambiar al mundo para bien.

Por cierto, si repites algo 20 veces y la gente no lo comprende, en consecuencia, el problema está en el tema, no en las comunicaciones. Si te paras frente a toda tu empresa cada semana y reiteras tanto tu estrategia como tu plan y la gente todavía no logra entender o creer el plan, entonces, la causa es que el plan es fallido, no el método de comunicación.

2. ¿Es efectiva la comunicación?

Para dejar las cosas en claro, necesitas tener algo fresco que decir. Cuando decimos que la repetición no echa a perder el rezo, no hablamos literalmente. No se trata del Juramento de Lealtad que debe ser metido palabra por palabra en las cabezas de los escolares hasta que cada término quede grabado en el cerebro y el significado se haya evaporado. A veces debe variarse la presentación de una idea para captar (o volver a captar) la atención. Por ejemplo, los memos periódicos de Eric a los googleros casi siempre hablan de concentrar la atención en el usuario. Para hacer que las cosas sean frescas, en una de sus notas Eric señaló que los usuarios se están haciendo más sofisticados, lo que prueba el hecho de que la extensión de las frases de búsqueda ha aumentado casi 5 por ciento anualmente. Ésta era una estadística nueva e interesante que la mayoría de los googleros no conocía. Se tomó un tema venerable y se hizo relevante.

3. ¿La comunicación es interesante, divertida o inspiradora?

Un gran número de los equipos gerenciales no son curiosos —están concentrados en hacer el trabajo en curso y tienden a mantener en sus comunicados un tono igualmente corporativo—. No obstante, los creativos inteligentes tienen una amplia variedad de intereses. Así que si llegas a encontrarte con un artículo intuitivo o interesante y se relaciona de alguna manera con el tema esencial que has estado comunicando, adelante y compártelo. Hazlo relevante para el equipo destacando algún fragmento o debatiendo un punto. A la gente le gusta cuando te quitas las anteojeras y hablas de una amplia variedad de cosas. Quieren ser curiosos. Hace unos años, Jonathan detectó un artículo del periodista, fundador y editor de *Wired*, Kevin Kelly, llamado *Was Moore's Law Inevitable?*,[11] que exploraba la historia de la Ley de Moore y predecía que su siguiente iteración era inevitable. Jonathan envió el vínculo a su equipo con un corto resumen y un par de sencillas preguntas: ¿Piensas *tú* que la siguiente iteración de la Ley de Moore es inevitable? ¿Cuánto tiempo más pasará para que terminen los efectos de la iteración actual? Dadas las conclusiones de Kelly, ¿hay algo que Google deba hacer de modo distinto? El correo detonó una animada discusión —¡una conversación!— que duró una semana. El tema del futuro de la Ley de Moore no tenía relación directa con nuestro negocio ni con los empleos de la gente que se involucró en el debate, pero era consistente con la amplia estrategia de Google por apostar al futuro de la tecnología.

4. ¿Es auténtica la comunicación?

Si tiene tu nombre, debe contener tus pensamientos. La comunicación efectiva no puede depender al 100 por ciento del *outsourcing*. Sí, puedes hacer que la gente te ayude a que las palabras sean bonitas, pero los pensamientos, las ideas y las experiencias deben ser tuyas. Mientras más auténtico seas, mejor.

Cuando Eric viajó por Irak a fines de 2009, escribió un análisis corto y concienzudo de su viaje, con sus observaciones en el sentido de qué estaba funcionando y qué no funcionaba allí. Su nota nada tenía que ver con nuestros empleados como googleros, pero les interesaba como ciudadanos del mundo y circuló rápidamente por la empresa. Con un espíritu mucho más ligero, Jonathan solía entretener a su equipo con videoclips de las proezas de su hija en el campo de futbol. ¡Que no te dé miedo contar tu

---

[11] "Was Moore's Law Inevitable?" (*The Technium*, julio de 2009), recuperado de <http://www.kk.org/thetechnium/archives/2009/07/was_moores-law.php>.

historia, sin importar si viajas a distantes zonas en guerra o si estás henchido de orgullo paterno!

5. ¿Llegan los comunicados a las personas indicadas?

El problema con el correo electrónico es que es demasiado fácil añadir destinatarios. ¿No estás seguro de que alguien deba recibir algo? ¡Qué diablos, inclúyelo! O mejor aún, sólo envíalo a la lista de distribución del equipo. Pero un buen comunicador se dirige solamente a la gente que encontrará útiles las cosas. Conformar esta lista toma tiempo, pero la inversión de unos segundos puede tener una gran retribución. Cuando evitas las listas de distribución y eliges a la gente adecuada para recibir la nota, es más probable que la lean. Piensa las cosas desde el otro extremo de la línea: ¿qué e-mail es más probable que leas, el dirigido a una lista de distribución o el que está dirigido a ti? Es como la diferencia que existe entre un correo basura con anuncios y una tarjeta de presentación entregada en mano.

6. ¿Estás usando los medios correctos?

Di sí a todas las formas de comunicación. La gente asimila información de muy variadas maneras, así que lo que funciona para unos puede no funcionar con otros. Si el mensaje es importante, usa todas las herramientas a tu disposición para lograr que llegue a su destinatario: correo electrónico, video, redes sociales, juntas y videoconferencias, hasta volantes y carteles pegados en la pared de la cocina o el café. Aprende qué métodos funcionan para comunicarte con tus colegas y luego úsalos.

7. Di la verdad, sé humilde y acumula buena voluntad para los días lluviosos.

Los creativos inteligentes no tienen que trabajar para ti; tienen muchas opciones. Establecer un tono constante de veracidad y humildad crea una reserva de buena voluntad y lealtad entre los miembros del equipo. Luego, cuando te equivoques, comunica la historia también con verdad y humildad. Puede que disminuya el saldo de buena voluntad, pero no se terminará por completo.

¿Cómo te fue en Londres?

La mayoría de la gente de negocios asiste a juntas de personal. Probablemente has ido a cientos, así que ya sabes cuál es la agenda: recibir actualizaciones de estado, hacer preguntas sobre la administración, sestear con los ojos abiertos, checar el correo electrónico subrepticiamente debajo de la mesa y preguntarte qué errores en la vida te han llevado a tener que soportar esa tortura. El problema con la típica junta de personal es que se organiza alrededor de actualizaciones funcionales y no en torno a temas clave que enfrenta el equipo, de modo que puedes terminar perdiendo el tiempo en cosas intrascendentes (¿en verdad necesitas una actualización semanal de todo?) y no invertir el suficiente en las cuestiones importantes. Esta estructura también refuerza las definiciones organizacionales de la gente —Pam está en control de calidad, Jason es el de ventas— en vez de crear un foro en que todos tengan que ver con los temas clave del día.

Una táctica sencilla para romper la monotonía de estas reuniones es el humilde reporte de viaje. Cuando la gente viaje, pídeles que redacten un reporte tipo "Lo que hice en mis vacaciones de verano" sobre sus actividades y lo que aprendieron. Luego comienza todas las juntas de personal con reportes de viajes. (Si nadie viajó esa semana, pide entonces que hagan un reporte de su fin de semana.) El reporte de viaje hace que estas reuniones sean más interesantes. Inspira la conversación, y cuando una persona sabe que deberá hacer un reporte de viaje en la junta de personal, hará un mejor trabajo. También debes hacerlo porque un buen reporte de viaje saca a la gente de su rutina funcional, que es exactamente lo que ayuda a que una reunión de personal sea exitosa. No importa cuál sea el trabajo de una persona, debe alentarse el que tengan opiniones sobre el negocio, la industria, los clientes, los socios y las diferentes culturas.

No mucho después de unirse a Google en 2008, el director financiero, Patrick Pichette, visitó nuestra oficina en Londres. A su regreso, Eric abrió la reunión de personal pidiendo a Patrick que hablara de su viaje. Después de decir lo buena que era la oficina y con quién se encontró y bla, Patrick siguió una tangente completamente distinta. Estando en Londres, entró a todas las tiendas de teléfonos móviles que vio y habló con los vendedores sobre los distintos teléfonos y los planes. Así que en su reporte de viaje él dio al equipo ejecutivo de Google una actualización improvisada sobre qué tal le estaba yendo en la calle misma a nuestro nuevo sistema operativo, Android, y a muchas aplicaciones nuestras para celulares. Esto nada tenía que ver con las finanzas —Patrick no asumió que sólo podía realizar observaciones en su jurisdicción— y afirmó la idea de que cualquiera podría y debía tener intuiciones relativas a todo el negocio.

Examínate tú mismo

Una de las reglas más básicas de Eric es una especie de regla de oro de la gerencia: asegúrate de que te gustaría trabajar para ti. Si eres tan mal jefe que tú, como trabajador, odiarías trabajar para ti mismo, pues tienes mucho que hacer. La mejor herramienta que hemos hallado para ocuparnos de este aspecto es el autoexamen: al menos una vez al año, realiza un repaso escrito de tu desempeño, luego léelo y considera si estaría bien para ti. Entonces repártelo entre la gente que de hecho trabaja para ti. Esto llevará a mejores intuiciones que el procedimiento estándar, porque cuando comienzas criticándote a ti mismo, das a otros la oportunidad de ser más honestos.

En páginas anteriores mencionamos ya el autoexamen de Eric de 2002, cuando hablamos de Bill Campbell y de cómo Eric inicial (e incorrectamente) creyó que no necesitaba un *coach*. Hay otros pasajes de ese documento en que Eric admite cándidamente sus fallas ante su equipo. Por ejemplo: «Debí haber dado poder al equipo antes y haber forzado más decisiones que descendieran a toda la organización» y «Debí de haber forzado el cierre de ciertas decisiones y ser más impaciente. He tendido a valorar el desarrollo del consenso más de lo debido en algunas situaciones». Estas críticas fueron muy bien recibidas por el equipo de Eric, porque mostraban a un director general que estaba tan interesado en mejorar como ellos mismos.

Sabiduría del correo electrónico

La comunicación en el Siglo de Internet normalmente implica usar el correo electrónico, y éste, a pesar de ser extraordinariamente útil y poderoso, suele inspirar terror en seres humanos normalmente optimistas y felices. He aquí nuestras reglas personales para mitigar ese sentimiento:

1. Responde rápidamente. Hay gente en la que podemos confiar para una respuesta rápida y gente en la que no cabe esta confianza. Trata de ser uno de los primeros. La mayoría de las mejores —y más ocupadas— personas que conocemos actúa rápidamente en lo que a e-mail se refiere, pero no sólo con nosotros o con unos pocos destinatarios seleccionados, sino con todos. Ser responsivo establece un bucle de retroalimentación comunicativa gracias al cual tu equipo y colegas tendrán más probabilidades de incluirte en las discusiones o decisiones importantes. Además, responder a todos refuerza la cultura plana y meritocrática que tratas de establecer. Esas respuestas pueden ser muy cortas —«enterado» es una de nuestras favoritas—. Y cuando tienes confianza en tu capacidad de responder rápidamente, puedes decirle a la gente exactamente lo que una falta de respuesta significa. En nuestro caso, solemos responder «enterado y procedan». Esto es mejor que el significado que casi toda la gente atribuye a una falta de respuesta: «Estoy abrumado y no sé cuándo podré atender tu nota —si es que lo hago—, así que si necesitas mi retroalimentación, tendrás que esperar en el limbo un rato más. Y además, no me caes bien.»

2. Cuando escribes un e-mail, cada palabra cuenta, pero no así la prosa inútil. Debes ser preciso en tus envíos. Si describes un problema, defínelo con claridad. Hacer esto bien requiere de más tiempo, no de menos. Tienes que escribir un borrador y luego revisarlo para eliminar las palabras que no son necesarias. Piensa en lo que el novelista Elmore Leonard respondió cuando le preguntaron por su éxito como escritor: «Elimino las partes que la gente se salta.»[12] Muchos correos electrónicos están llenos de cosas que la gente puede saltarse.

3. Limpia tu bandeja de entrada constantemente. ¿Cuánto tiempo pasas mirando tu bandeja de entrada, sólo mientras decides qué e-mail responder a continuación? ¿Cuánto tiempo pasas abriendo y leyendo correos que ya has leído? Todo el tiempo gastado en pensar qué correo de tu bandeja de entrada debes revisar primero es un desperdicio. Lo mismo pasa con el tiempo que inviertes en releer un mensaje que ya habías leído (y que no habías respondido).

Cuando abres un nuevo mensaje, tienes algunas opciones: leer lo suficiente como para saber que no necesitas leerlo, leerlo y actuar de inmediato, leerlo y actuar más tarde, o leerlo después (vale la pena leerlo, pero no es urgente y es demasiado largo como para leerlo en el momento). Elige entre estas tres opciones ahora mismo y trata de inclinarte fuertemente por las dos primeras. Recuerda el viejo acrónimo de OHIO: *Only Hold It Once* [Sólo sostenlo una vez]. Si leíste la nota y sabes qué debes hacer, hazlo de inmediato. De no ser así, te estás condenando a releerlo, lo

---

[12] Citado muchas veces, incluido en Dennis McLellan, "Elmore Leonard, Master of the Hard-Boiled Crime Novel, Dies at 87" (*Loa Angeles Times,* 20 de agosto de 2013).

que es 100 por ciento tiempo desperdiciado. Si haces esto bien, tu bandeja de entrada se convertirá en una lista de cosas por hacer compuesta solamente por temas complejos, asuntos que requieren de reflexión más profunda (marca estos correos con la frase «actuar» o en Gmail márcalos como destacados, y deja algunos correos «por leer» de los que te ocuparás después).

Para asegurarte de que la hinchazón crónica no pase de tu bandeja de entrada a tu fólder de «actuar», debes limpiar los mensajes de acción *todos los días*. Ésta es una buena actividad nocturna. El objetivo es tener cero correos, pero menos de cinco es razonable. De otro modo, perderás tiempo después tratando de determinar a cuál de la larga lista de cosas debes prestar atención.

4. Atiende el correo electrónico de atrás hacia adelante, es decir, atendiendo primero el último correo en llegar . A veces, otros se ocupan de los asuntos más antiguos.

5. Recuerda: eres un enrutador. Cuando te llega una nota con información útil, piensa en quién más puede considerarla útil. Al final del día, haz un repaso mental del correo que has recibido y pregúntate: ¿Cuál omití reenviar?

6. Cuando uses la característica de copia oculta, pregúntate por qué lo haces. Casi siempre, la respuesta es que estás tratando de ocultar algo, lo cual es improductivo y potencialmente deshonesto en una cultura de la transparencia. Si tu respuesta se parece a la señalada, copia a la persona abiertamente o no le mandes copia.

En el único caso en que recomendamos usar la función de copia oculta es cuando quitas a alguien de una serie de correos. Cuando uses la función de «responder a todos» en el caso de un correo que ya se ha convertido en una cadena, mueve a la gente que ya no es relevante para el mensaje a la sección de «copia oculta» y deja claro en el texto de la nota que estás haciendo esto. Estarán felices de tener una nota irrelevante menos en su bandeja de entrada.

7. No grites. Si necesitas gritar, hazlo en persona. ES DE-MASIADO FÁCIL hacerlo electrónicamente.

8. Facilita el seguimiento de las peticiones. Cuando mandas a alguien una nota que contiene una acción a la que deseas dar seguimiento, cópiate a ti mismo y luego titula la nota «seguimiento». Eso facilita encontrar y dar seguimiento a las cosas que no se han hecho; sólo reenvía la nota original con una nueva introducción: «¿Ya se hizo?»

9. Facilita tus futuras búsquedas. Si recibes algo que crees querer recuperar más tarde, reenvíatelo con algunas palabras clave que describan su contenido. Piensa: ¿Cómo buscaré esto después? Luego, cuando lo busques pasado el tiempo, probablemente utilizarás esos términos en tu búsqueda.

Esto no sólo es útil para el caso de los correos, sino también para los documentos importantes. Jonathan escanea los pasaportes de su familia, las licencias, las tarjetas de seguro médico y se los envía a sí mismo junto con algunas palabras descriptivas. Si alguna de esas cosas se pierden durante un viaje, las copias son fáciles de recuperar desde cualquier navegador.

Ten un manual de juego

Como líder empresarial, tienes varias circunscripciones: empleados, jefes, consejeros y asesores, clientes, socios, inversionistas y demás. Es útil tener una suerte de manual de juego con notas sobre cómo comunicarte más eficientemente en cada uno de esos escenarios. He aquí nuestro manual:

A comparar listas: 1:1
Bill Campbell nos sugirió una vez una aproximación interesante para organizar las reuniones 1:1 (las reuniones periódicas entre el gerente y un empleado). El gerente debe escribir los cinco puntos esenciales que quiere tocar en la reunión y el empleado debe hacer lo mismo. Cuando salgan a la luz las dos listas, hay probabilidades

de que al menos algunos de los temas coincidan. El objetivo mutuo de cualquier reunión 1:1 debe ser resolver problemas, y si un gerente y un empleado no pueden identificar independientemente los mismos problemas principales que deberían resolver juntos, hay problemas aún más graves por resolver.

Bill también nos sugirió un buen formato para las reuniones 1:1, mismo que hemos adoptado con buenos resultados:

1. Desempeño en los requisitos del trabajo:
   a) Podrían ser los números de ventas.
   b) Podría ser la entrega del producto o los hitos del producto.
   c) Podría tratarse de la retroalimentación de los clientes o de la calidad del producto.
   d) Podrían ser los números del presupuesto.

2. Relaciones con grupos de la misma jerarquía (de importancia crítica para la integración y la cohesión de la empresa):
   a) Producto e ingeniería.
   b) *Marketing* y producto.
   c) Ventas e ingeniería.

3. Gerencia/Liderazgo:
   a) ¿Estás guiando o entrenado a tu gente?
   b) ¿Estás retirando a las "malas hierbas"?
   c) ¿Estás trabajando duro en el reclutamiento?
   d) ¿Eres capaz de hacer que tu gente haga cosas heroicas?

4. Innovación (las mejores prácticas):
   a) ¿Te mueves hacia adelante todo el tiempo pensando en cómo mejorar continuamente?

b) ¿Evalúas constantemente nuevas tecnologías, nuevos productos y nuevas prácticas?

c) ¿Te sueles medir contra los mejores de la industria y del mundo?

Juntas de consejo: narices adentro, dedos afuera

Las metas de una junta de consejo son armonía, transparencia y consejo. Quieres salir de esa reunión con el apoyo del consejo a tus estrategias y prácticas. Necesitas ser completamente transparente en todo lo que comunicas. Y, además, quieres oír su consejo, incluso si planeas ignorarlo —por lo regular, tratan de ser útiles y no pueden tener todo el contexto que tienes tú—. Otra forma de decirlo: quieres que mantengan las narices adentro y los dedos afuera.[13]

Como director general, Eric comenzaba sus juntas de consejo con un repaso conciso de los puntos culminantes y de los puntos más débiles del trimestre anterior. Los puntos débiles eran especialmente importantes, y Eric invertía en ellos más tiempo que en cualquier otra cosa. Esto se debe a que siempre es más difícil para la gente presentar al consejo las malas noticias que presentar las buenas. Los puntos positivos son fáciles, pero cuando pides a un equipo su lista de fracasos, sueles obtener una versión endulzada de la verdad: «Éste es el problema, pero no es tan malo y ya estamos trabajando en la solución.» Esto simplemente no puede ser cierto en el caso de todos los problemas que enfrenta una empresa, y el consejo lo sabe, así que la mejor forma

---

[13] La frase, que suele abreviarse como NIFO [Noses In, Fingers Out, por sus siglas en inglés], fue acuñada por el fundador y expresidente de la Asociación Nacional de Directores Corporativos, John M. Nash. Significa que un consejo debe adoptar un papel de supervisión activa, pero no involucrarse en la microadministración del negocio. Ver "A Leader Ahead of His Time: NACD Founder John Nash" (*NACD Directorship*, 15 de mayo de 2013).

de hacerlo es con honestidad: hemos tenido problemas de difícil solución y no tenemos todas las respuestas. Las malas noticias de Eric trataban de temas como las utilidades, la competencia o los productos, y siempre se trataban honesta y francamente, lo que preparaba el escenario para una acalorada discusión del consejo. Por ejemplo, en una junta de consejo queríamos discutir el asunto de que la burocratización de la empresa nos estaba haciendo más lentos. El problema era expuesto así: Google constipado: retos clave que necesitamos enfrentar.

Después de los puntos culminantes y los débiles, Eric continuaba con un detallado repaso de cada producto de la empresa y de sus áreas funcionales, con énfasis en discusiones sucintas y basadas en datos. El proceso de armar esta presentación no era dirigido por un equipo legal o de comunicaciones, sino por los gerentes de producto del equipo de Jonathan que estaba fundido con el negocio. Jonathan elegía a los creativos inteligentes más brillantes para esta labor. Sabía que harían un gran trabajo a pesar del mucho tiempo que la tarea requería. También sabía que la experiencia de integrar presentaciones detalladas al consejo (y la carta que la acompañaba) darían a esta gente talentosa una visión increíble del arte y habilidad en las comunicaciones ejecutivas, y una visión muy sólida de lo que sucede a lo largo y ancho de la empresa. Delegar esta tarea a la gente de comunicación sería perder una excelente oportunidad para dar a los futuros líderes de la compañía un poco de entrenamiento práctico.[14]

Los miembros del consejo quieren hablar de estrategia y productos, no del gobierno y las demandas. (Si esto no es verdad, consigue nuevos consejeros.) Recuerda esto cuando establezcas las reglas y la agenda del consejo y apégate a ésta cuando las cosas se

---

[14] Por ejemplo: Sundar Pichai manejó el programa de Jonathan durante varios años y ahora dirige las areas de producto de Android, Chrome y Apps.

pongan duras. Cuando Eric perteneció al consejo de Siebel Systems (una empresa de *software* que fue adquirida por Oracle en 2005) la empresa se embrolló en una serie de violaciones a los lineamientos de la Securities and Exchange Commission, a principios de la década de 2000. Las juntas del consejo empezaron a ser dominadas por las conversaciones de tipo legal y el consejo pasaba más tiempo pensando en abogados y obligaciones que en el negocio, lo que estaba erosionándolo lentamente.

Las cuestiones administrativas, incluso los asuntos importantes del consejo, pueden convertirse en un buen refugio cuando la alternativa es tener conversaciones difíciles sobre la decadencia del negocio principal. El consejo debe ser de valor estratégico, pero no obtendrás estas interesantes conversaciones y valiosas intuiciones si constantemente te distraen los asuntos gubernamentales. Claro que el consejo debe comprender cómo van las cosas con los asuntos legales importantes y otras cuestiones tácticas, pero éstas suelen ser manejadas en subcomités y resumidas al nivel de consejo en segmentos de 15 minutos. Cuando vino a Google, Eric hizo un compromiso con el consejo en el sentido de que éste se concentraría en temas relevantes a la escala y la estrategia del negocio. El consejo de Apple también hizo esto bien durante el tiempo en que Eric sirvió allí, y en las juntas abundaban las grandes conversaciones sobre productos, liderazgo y estrategia. ¡Y nadie dudaba de quién estaba a cargo!

Entre las reuniones, llama a los miembros del consejo periódicamente, aunque espero que te manden al buzón de voz. ;-)

Socios: actúan como diplomáticos

Para construir plataformas y ecosistemas de producto exitosos, las empresas deben trabajar con socios. Esto suele crear situaciones interesantes (y palabras bastardas: *coompetencia*, *amienemigo*) en que dos compañías pueden estar compitiendo en algunas vertientes pero colaborando en otras. La clave del éxito en estas situaciones radica en una de las más antiguas artes comunicativas: la diplomacia.

En muchos sentidos, las complejas sociedades de negocios son semejantes al estilo *realpolitik* de la diplomacia entre países, que sostiene que las relaciones deben manejarse con base en principios pragmáticos y no ideológicos. Los países pueden tener una larga lista de agravios mutuos, pero su mejor interés radica en que encuentren una forma de trabajar juntos. La alternativa —una falta de relaciones o la guerra— es destructiva para todos. Por ejemplo, China y Estados Unidos tienen muchos roces, pero hay tanto intercambio entre los dos países que debemos encontrar formas de mantener y construir nuestra relación a pesar de las diferencias.

Los países, al igual que los socios en los negocios, tienen su propio sistema de creencias, y todos saben en qué momento se pasa de un sistema a otro. Un importante primer paso en el manejo de una sociedad exitosa es reconocer esas diferencias y asumir que están aquí para quedarse. El otro país/compañía tiene derecho a su propio sistema y cree en él tan fervientemente como tú, así que para poder trabajar eficientemente con él o ella como socios, necesitas hacer a un lado el juicio moral. Como dijo Henry Kissinger en 1969, cuando era el consejero de Seguridad Nacional de Estados Unidos: «Siempre hemos dejado claro que no tenemos enemigos permanentes y que juzgaremos a otros países, incluyendo a los países comunistas, y específicamente a la China comunista, sobre la base de sus acciones y no sobre la base de la ideología doméstica.»[15] Menos de dos años después viajó a China, en secreto, lo que llevó a la reapertura de las relaciones diplomáticas entre los dos países por primera vez desde la Segunda Guerra Mundial.

Si el manejo de las sociedades es como la diplomacia, entonces es razonable pensar que necesita ser conducido por diplomáticos. Para las sociedades más importantes, las empresas deben

---

[15] Ver Henry Kissinger, *White House Years* (Little, Brown, 1979), página 192.

crear un rol con el objetivo de servir a ambas circunscripciones: para mantener al socio externo contento mientras que también se vela por los intereses de la propia compañía.[16] Esto es diferente del tradicional papel de las ventas, que siempre tiende a inclinarse en favor de los intereses de la empresa, no del socio.

Entrevistas de prensa: sostén una conversación, no mandes un mensaje
Cuando estás haciendo una entrevista de prensa, ¿haces que la gente te ayude a prepararte? Si es así, ¿te dan un documento de preguntas frecuentes (FAQ, en inglés)que incluye todas las preguntas que los molestos reporteros podrían formular y un aséptico grupo de respuestas cuidadosamente diseñadas para que te apegues todo lo posible al mensaje del lanzamiento? Cuando la susodicha persona útil te da las susodichas preguntas frecuentes, sueles mirarlas y cuestionarte: «¿Es eso exactamente lo que yo diría?» Porque, si lo haces, probablemente estás hecho con una aleación de silicón y titanio.

Muchos creen que una entrevista de prensa en un discurso de mercadeo, que debe pronunciarse palabra por palabra. Jonathan, quien puede ser un cliente muy difícil para las personas que se dedican a la comunicación, solía sugerir con bastante volumen al ver sus mensajes en formas de guión, que si querían que un mono entrenado diera la entrevista, él estaría feliz de arreglar las cosas para que eso sucediera. Pero si querían que él (una persona que a veces no presentaba semejanza con un mono) hiciera la entrevista, mejor era que empezaran de nuevo y volvieran con algo inteligente que decir. Porque una entrevista exitosa no debe ser un ejercicio de regurgitación de hueros mensajes de mercadeo, debe ser una conversación con intuición.

---

[16] En lo círculos diplomáticos, esto se llama "la teoría de los dos niveles de juego". Ver Robert D. Putnam, "Diplomacy and Domestic Politics: The Logic of Two-Level Games" (*International organization*, volumen 42, número 3, verano de 1988).

Un buen especialista en comunicaciones entenderá la diferencia entre mensaje y conversación. Los mensajes no responden las preguntas. En una conversación escuchas las respuestas y tratas de dar con una forma de responder inteligentemente, con intuiciones e historias, en tanto que refuerzas el mensaje pero no lo repites como un perico. Demasiadas personas tratan de manejar el lado negativo de las comunicaciones, lo que ciertamente se logra con mensajes, pero también fracasan uniformemente en lograr cualquier otra cosa. El mundo puede detectar los mensajes a una milla de distancia.

Tener una conversación intuitiva con un periodista es un reto —mucho más complicado que memorizar un guión— y no porque [insertar cualquier comentario ingenioso sobre los periodistas]. Una conversación que viene y va con un periodista suele resultar en tensión, que es algo que los periodistas suelen tratar de crear pero que la mayor parte de la gente tiende a evitar. Así que, si quieres emprender una verdadera conversación con un reportero, debes tener la piel gruesa cuando el tema resultante tenga elementos negativos. Si no estás siendo criticado, entonces probablemente no tuviste una buena conversación.

Pero la gente no tiene conversaciones inteligentes con la prensa porque es mucho más fácil redactar mensajes que descubrir intuiciones. Sin embargo, las intuiciones están ahí, sólo tienes que insistir al equipo para que las encuentre. Recuérdales, como siempre hace con su equipo nuestra colega en comunicaciones Ellen West, que «Para ser un líder de pensamiento, tienes que tener un pensamiento».

Relaciones, no jerarquía

Una ventaja de las organizaciones jerárquicas y repletas de procesos es que es fácil determinar con quién necesitas hablar: sólo busca el recuadro correcto en la gráfica correcta y has dado con la persona. Pero el estado constante de una empresa exitosa en el Siglo de Internet es el caos. Cuando las cosas marchan con perfecta suavidad, con la gente y los recuadros de las gráficas disfrutando de una relación uno a uno, entonces los procesos y la infraestructura han atrapado al negocio. Esto es malo. Cuando Eric era director general de Novell, la empresa funcionaba como una maquinaria bien aceitada. El único problema era que la repisa para nuevos grandes productos estaba vacía. (Como dice el piloto campeón Mario Andretti: «Si todo parece estar bajo control, entonces no estás yendo lo suficientemente rápido.»)[17]

El negocio siempre debe ser mayor a los procesos, de modo que el caos esté donde quieres que esté. Y cuando llegues ahí, la única manera de lograr que se hagan las cosas es por medio de relaciones. Tómate el tiempo de conocer a la gente y preocuparte por ella. Nota las pequeñas cosas, los nombres de las parejas y de los niños, los asuntos familiares importantes (pueden grabarse fácilmente en tus contactos). Eric cree en la regla de las tres semanas: cuando empiezas en un nuevo puesto, durante las primeras tres semanas no hagas nada. Escucha a la gente, entiende sus asuntos y prioridades, conócelos, preocúpate por ellos y gánate su confianza. Y de hecho, estarás haciendo algo: estarás estableciendo relaciones sanas.

Y no olvides hacer que la gente sonría. Los elogios se usan muy poco y se menosprecian como herramienta gerencial. Cuando sean merecidos, no te contengas.

---

[17] Citado en "The 25 Coolest Athletes of All Time" (*GQ*, febrero de 2011).

Innovación: crea
el caldo primordial

En un día soleado de primavera de marzo de 2010, Eric estaba sentado en su auto en la intersección de avenida Embarcadero y El Camino Real, en Palo Alto. Miraba los árboles que rodean el estadio de futbol de Stanford y reflexionaba sobre las dos últimas horas mientras esperaba el cambio de luz en el semáforo. Acababa de tomar un café con el director general de Apple, Steve Jobs, en un restaurante llamado Calafia.[1] Los dos se habían sentado afuera en ese café de estilo californiano y discutían sobre el creciente sistema operativo móvil de Google, Android. Steve estaba convencido de que el sistema operativo de código abierto estaba construido con base en propiedad intelectual creada por Apple. Eric respondió que no habíamos usado la propiedad intelectual de Apple y que, de hecho, habíamos construido Android por nuestra cuenta. Pero su argumento no fue tomado en cuenta. «Van a pelear con nosotros», pensó.

---

[1] El dueño de Calafia es el chef Charlie Ayers, quien fue el primer chef de Google (el café de nuestro campus principal fue bautizado en su honor). Sin embargo, la razón por la que Steve y Eric acordaron verse ahí fue porque el lugar estaba cerca de la casa de Steve.

Eric conoció y empezó a trabajar para Steve Jobs en 1993, cuando Eric estaba en Sun y Steve, en NeXT Computer. NeXT se había construido usando un lenguaje de programación llamado Objective-C, y Eric y algunas personas más viajaron a las oficinas de NeXT para que Steve les diera una actualización. Steve comenzó exaltando las virtudes de Objective-C y trató de convencer a los científicos de la computación de Sun de que necesitaban usarlo en la siguiente generación de programas que estaban desarrollando. Eric sabía que Steve estaba equivocado en algunos de sus puntos técnicos, pero los argumentos de Steve eran tan persuasivos que Eric y sus colegas de Sun no podían descifrar exactamente en qué estaba mal. Después del encuentro, todos se quedaron en el estacionamiento de NeXT junto al auto de Eric, analizando la discusión y tratando de escapar a lo que se solía llamar el «campo de realidad distorsionada de Steve Jobs». No tuvieron suerte. Steve los vio en el estacionamiento y los alcanzó rápidamente para seguir con la conversación. Durante otra hora.

Steve y Eric se hicieron amigos con el paso de los años, y en el verano de 2006, Eric fue invitado a unirse al consejo de Apple. Antes de aceptar el empleo, él y Steve habían tenido una conversación sobre los conflictos potenciales de intereses entre Apple y Google. Apple trabajaba en el iPhone, y Google había estado trabajando en un sistema operativo móvil durante un año, habiendo comprado la empresa de Andy Rubin, Android, en agosto de 2005. La definición de lo que produciría Android era todavía poco clara, pero hasta ese momento parecía que sería un sistema operativo de código abierto sin interfaz de usuario (otras empresas se encargarían de la interfaz de usuario). Nosotros esperábamos que Android pudiera convertirse en la entraña de teléfonos construidos por empresas como Motorola, Nokia o Samsung, quienes harían sus propios diseños y aplicaciones. Tanto Android como el iPhone estaba en sus etapas tempranas, y Eric se unió al consejo de Apple en agosto.

El iPhone de Apple fue lanzado en junio de 2007, y era casi perfecto. Estaba diseñado y optimizado para estar conectado a Internet y funcionaba con un nivel de conveniencia sin tacha que era grandioso. Más tarde ese año, el equipo de Android posteó un video en YouTube que revelaba aquello en lo que habían estado trabajando. Steve estudió a fondo el video y concluyó que la experiencia de usuario que comunicaba el video era muy parecida a la del iPhone y su sistema operativo subyacente, iOS. Eric terminó por salirse del consejo de Apple en agosto de 2009, y los conflictos legales entre ambas empresas y sus socios continúan hasta nuestros días.

Eventualmente, todos los que quieran tendrán algún tipo de teléfono inteligente, y la mayoría de estos teléfonos (al menos durante la siguiente década), correrán en iOS o en Android. Más ingenieros están desarrollando aplicaciones para estas plataformas que para cualquier otra plataforma en la historia (ayuda el tener una base de usuarios potenciales que abarca casi la totalidad del planeta). Docenas de fabricantes están compitiendo y sus altas y bajas no sólo se narran en las revistas especializadas, sino en los principales medios de comunicación. Esto nos resulta obvio ahora, pero hasta hace unos pocos años, la computación personal significaba una PC corriendo Windows de Microsoft. Sin importar de qué lado estás en el debate de las patentes (para ser claros: estamos de nuestro lado), no hay discusión sobre el hecho de que estas dos plataformas han promovido la innovación y un desarrollo económico enorme; además, han cambiado para bien la vida de la gente alrededor del mundo.

Steve Jobs vio este futuro con gran claridad. No existe mejor ejemplo del impacto que un creativo inteligente puede tener en el mundo que el suyo. Él encarnó una combinación de profundidad técnica, artística, talento creativo y conocimiento de negocios que le permitió crear productos computacionales que enamoraban a la gente. Fundió la belleza y la ciencia en una comunidad tecnológica que tenía muchos *nerds* y muchos hombres de negocios, pero muy pocos artistas. Nosotros dos aprendimos mucho de los creativos inteligentes trabajando con y observando a Steve; aprendimos lo mucho que el estilo personal puede influir en la cultura de una compañía y cómo es que esa cultura está directamente ligada al éxito.

Sin embargo, lo más importante de la saga Android/iOS es que demuestra dos distintas maneras de lograr la innovación. Ambas plataformas —y empresas— son tremendamente innovadoras y hay algunas semejanzas clave en nuestra forma de hacer las cosas. Tanto Apple como Google operan en industrias con ciclos de vida del producto extraordinariamente rápidos. Tanto en Internet como en los negocios de computación móvil, la siguiente gran aportación envejece muy rápido, por lo que ambas empresas debemos innovar constantemente o quedarnos atrás. Ambas empresas tienden a evitar la investigación de mercado tradicional y dependemos de nuestras habilidades para averiguar qué querrán los consumidores. Confiamos en nuestra visión. Y ambas empresas conceden la máxima prioridad a crear la mejor experiencia para los consumidores.

Más allá de estas semejanzas, nuestros conceptos de innovación son muy distintos, en principio cuando se trata del control. Con Android, Google apostó por las ventajas económicas de una plataforma abierta y por nuestra capacidad de navegar en la fragmentación que resulta de tal apertura. Android está —y lo decimos de la manera más positiva posible— fuera de control. El código fuente está disponible para cualquiera que desee utilizarlo, bajo el acuerdo de licencia Apache.[2] Este modelo de *código abierto* significa que cualquiera puede tomar el sistema operativo y hacer lo que quiera con él; Android es la arena del arenero.

---

[2] Escrita por la Fundación de Software Apache, la licencia Apache permite al usuario del *software* usar, distribuir o modificar éste bajo los términos de la licencia, sin tener que pagar regalías.

También dejamos que cualquiera cree y venda aplicaciones que corren en aparatos basados en Android; no requieren de la aprobación de Google. Alentamos a los fabricantes de aparatos que usan Android (como Samsung, HTC y Motorola) a que construyan dichos aparatos de modo que sean compatibles a nivel aplicación, para que todas las aplicaciones Android corran bien en todos los aparatos Android. Somos altamente efectivos —pero no al 100 por ciento— en lograr esa meta, lo que es de esperarse en un ambiente en que no hay costo de entrada ni poder de control. Android está creciendo y expandiéndose de modos que jamás hubiéramos podido predecir. Se usa para hacer funcionar los aparatos de lectura electrónica (incluyendo los de Amazon), las tabletas, las consolas de juego y los teléfonos. También puede encontrarse en refrigeradores, en molinos, televisiones y juguetes. Muchos expertos hablan del próximo *Internet de las cosas* en que toda suerte de aparatos —no sólo las tabletas y los teléfonos— estarán conectados a Internet. Esperamos que muchas de esas cosas corran en Android.

Apple representa la postura opuesta. El código de iOS es cerrado y las aplicaciones que quieren estar en la Apple Store deben recibir la aprobación formal de Apple. Steve siempre creyó que la mejor experiencia del consumidor proviene de mantener un completo control sobre todo. Ponía una atención tremenda en los detalles de todo lo que él y su empresa hacían, con el solo propósito de crear lo mejores productos posibles. Esto se notaba en sus extraordinarias presentaciones de producto al consejo, que siempre estaban muy orquestadas y producidas como si fueran espectáculos de Broadway. Los nuevos productos no sólo se demostraban en las reuniones de consejo, eran develados. En Google, regularmente hacíamos que los gerentes de producto demostraran al consejo los nuevos productos, no únicamente por lo bien que lo hacían (¡aunque no tan bien como Steve!), sino por la teatralidad misma de hacer que muchachos que habían salido de la universidad uno o dos años atrás (y que a veces usaban la sudadera de su *alma mater*) demostraran a los consejeros nuestras más recientes innovaciones. Aprendimos el valor de ese tipo de espectacularidad de Steve.

El modelo de control de Apple funciona no sólo gracias a la excelencia de Steve, sino por la forma en que organizó la empresa. En Apple —al igual que en Google— los líderes son gente de producto con antecedentes técnicos. Cuando conformas un equipo de grandes creativos inteligentes y pones al gran creativo inteligente como líder, entonces tienes buenas probabilidades de tener razón la mayor parte del tiempo. Y cuando tienes razón la mayor parte del tiempo, entonces un modelo muy controlado puede proporcionar una tremenda cantidad de innovación.

Mientras escribíamos este capítulo sobre innovación y lo compartíamos con la familia y los amigos, cuando alguien entraba en conflicto con nuestros principios nos ofrecía en contraejemplo a Steve Jobs. «Sí, pero Steve Jobs no lo hizo así y mira todas las cosas maravillosas que creó.» Por supuesto que tenían razón, por lo que solíamos responder diciendo que si eran los iguales de Steve Jobs, con un instinto e intuiciones que muy poca gente puede igualar, entonces deberían seguir adelante y hacer las cosas como él. Pero si tú eres como la mayoría de nosotros, cuando se trata de innovación, tenemos algunas ideas que tal vez quieras probar.

¿Qué es la innovación?

Innovación: es la siguiente gran cosa. O al menos la siguiente gran palabra. De acuerdo con el *Wall Street Journal*, alguna versión de esa palabra apareció en los reportes anuales o trimestrales de las compañías estadounidenses más de 33 000 veces, tan sólo en 2011.[3] Todos quieren ser innovadores (el *Wall Street Journal* no

---

[3] El número exacto citado fue 33 528. Ver Leslie Kwoh, "You Call That Innovation?" (*Wall Street Journal*, 23 de mayo de 2012).

daba una cifra para cuantificar el número de veces que apareció el término «ludismo» en esos reportes, pero apostamos a que era bastante bajo), pero antes de embarcarnos en cómo ser innovador dejemos en claro qué significa.

Para nosotros, la innovación abarca tanto la producción como la implementación de ideas novedosas y útiles. Dado que *novedoso* se suele utilizar como sinónimo elegante de *nuevo*, también debemos aclarar que para que algo sea innovador necesita ofrecer una nueva funcionalidad, pero también debe ser sorprendente. Si tus clientes lo están pidiendo, no estás siendo innovador cuando les das lo que quieren, sólo estás respondiendo. Eso es bueno, pero no es innovador. Finalmente, *útil* es un adjetivo bastante decepcionante que describe esa novedad, así que agreguemos un adverbio y hagámoslo *radicalmente* útil. *Voilà*: para que algo sea innovador, necesita ser nuevo, sorprendente y radicalmente útil.

El proyecto Google de crear autos que puedan manejarse solos se ajusta claramente a esta definición: es nuevo, sorprendente (excepto para los fanáticos de *El auto increíble*) y radicalmente útil. Pero Google también aporta más de quinientas mejoras a su motor de búsqueda cada año. ¿Es eso innovador? ¿O incremental? Son nuevas y sorprendentes, eso es seguro, pero aunque cada una de ellas, por sí misma, es útil, sería una exageración calificarla de radicalmente útil. No obstante, ponlas a todas juntas y ahí está: el motor de búsqueda de Google mejora radicalmente año tras año debido al poder de todas estas mejoras. Son como quinientos pasitos dados hacia adelante, que sumados te llevan a alguna parte.

Esta definición más inclusiva —la innovación no sólo trata de lo realmente nuevo, de las cosas verdaderamente grandes— importa porque da a todos la oportunidad de innovar, en lugar de mantener a la innovación en esa exclusiva realidad de cinco personas que trabajan en ese edificio fuera del campus y cuyo trabajo es innovar. El equipo de búsqueda de Google, que ha trabajado en un producto que tiene quince años de edad, pertenece tanto al negocio de la innovación como Google[x], el equipo que trabaja en el auto que se maneja solo. Y este espíritu incluyente da a casi todos la oportunidad de llegar a esas cosas realmente nuevas y grandes.

Entiende tu contexto

Google[x] tiene un simple diagrama de Venn que se usa para determinar si seguirá una idea. Primero, la idea tiene que ser algo que resuelva un gran reto o que represente una gran oportunidad, algo que afecte a cientos de millones o a miles de millones de personas. Segundo, deben tener una idea para una solución radicalmente distinta a todo lo que existe actualmente en el mercado. No estamos tratando de mejorar una forma existente de hacer algo, sino que deseamos empezar de nuevo. Y tercero, las tecnologías revolucionarias que pudieran dar vida a esa solución tienen que ser al menos factibles y deben poder lograrse en un futuro no muy lejano. Por ejemplo, Project Loon, que espera ofrecer acceso al Internet de banda ancha a miles de millones de personas que no lo tienen por medio de globos de helio, cumple con los tres requisitos: soluciona un problema enorme con una solución radical hecha posible por la tecnología que ya existe o que está al alcance. (Imagina algo del tamaño de un globo aerostático flotando a 20 kilómetros de altura y que brinda banda ancha inalámbrica a los hogares que están en el suelo. Eso es Loon.) Por otra parte, el viaje en el tiempo también resolvería probablemente muchos problemas (y haría bastante ricos a muchos apostadores deportivos), pero la tecnología no es factible (o eso queremos que creas —entran risas malignas—). Previo a que el equipo [x] comience a perseguir una idea, primero revisa que dicha idea se ajuste a su paradigma de tres partes. Si no es así, es rechazada.

Antes de que pueda haber innovación, necesita existir el contexto propio para la innovación. Éste suele encontrarse en los mercados de rápido crecimiento y que tienen mucha competencia (muchas empresas están trabajando en coches automatizados, ¡la mayoría de ellas son empresas automotrices!). No busques un espacio desolado para luego sentirte solo; es mucho mejor usar una perspectiva innovadora para ser partícipe en un espacio que es o será grande. Esto puede parecer contrario a la intuición, dado que muchos empresarios sueñan con entrar a los mercados que son completamente nuevos y en los que no hay competencia, pero normalmente existe una razón por la que el mercado está vacío: no es suficientemente grande como para sostener a una empresa en crecimiento. Puede que aún así se trate de una buena oportunidad de negocio —alguien debe estar haciendo dinero con todos esos productos de nicho que vemos en el catálogo SkyMall—, pero si quieres crear un ambiente innovador, es mejor buscar en los grandes mercados con enorme potencial de crecimiento. Recuerda: Google llegó tarde a la fiesta de los buscadores de Internet, no temprano.

Otro elemento a considerar es la tecnología: ¿Cómo crees que evolucionará la tecnología espacial? ¿Qué es distinto ahora y qué otro cambio esperas? ¿Tienes el talento para crear una diferenciación sostenible en un mundo en evolución? Cuando el ingeniero de Google, Paul Buchheit, desarrolló Gmail, estaba innovando en un espacio grande y en crecimiento (el correo electrónico) al apostar que podía crear un sistema de e-mail basado en un navegador con un rico grupo de funciones y una interfaz de usuario tipo *client-base*.[4] Puesto que Google estaba lleno de ingenieros que podían desarrollar grandes aplicaciones basadas en la red, teníamos el talento para ejecutar exitosamente esta intuición. Por lo tanto, el contexto de la innovación era perfecto.

---

[4] Las aplicaciones *client-based* usan programas de *software* que residen en la computadora o aparato en los que corren. Las aplicaciones basadas en el navegador residen por entero en Internet y se accede a ellas vía un navegador tipo el Internet Explorer, Firefox, Safari o Chrome.

El director general necesita ser también
el director de información

Hace muchos años, uno de nuestros colegas, Udi Manber, trabajaba como ingeniero en Yahoo cuando la empresa decidió que no era suficientemente innovadora. Así que los ejecutivos hicieron lo que cualquier alumno bien entrenado de maestría haría al enfrentar este problema: encargaron a alguien la solución del asunto. Ofrecieron el trabajo de jefe de innovación a Udi y él aceptó, pero a las tres semanas de haber aceptado el puesto se percató de que había cometido un error. Sus jefes querían que instalara un consejo de innovación, con formularios que los empleados podían utilizar para someter ideas y procesos que el consejo revisaría y aprobaría. En otras palabras, el trabajo de Udi era instalar una burocracia de la innovación. Eso es un oxímoron. Así que, en lugar de hacerlo, se fue de la empresa. (Puede que lo haya motivado su hija de 12 años quien, cuando lo vio trabajando en una presentación para animar a los ingenieros, le dijo: «Vas a desperdiciar el tiempo de cientos de ingenieros para decirles que tienen que ser innovadores. ¿Qué tan innovador es eso?») Eventualmente, Udi llegó a Google. Ha sido muy exitoso aquí y ha sido el líder de algunos de nuestros equipos de producto más innovadores… pero no como jefe de innovación.

La idea de imbuir a un alto ejecutivo con la responsabilidad de todas las cosas innovadoras no es exclusiva de esta empresa. Hace algunos años, una firma importante de consultoría publicó un reporte que recomendaba a *todas* las empresas nombrar un "director de innovación".[5] ¿Por qué? Según esto, para establecer

---

[5] Adi Alon, el gerente general para América del Norte del grupo Accenture's Innovation Performance, escribió este reporte. Para un resumen, ver Adi Alon, "10 Ways to Achieve Growth Through Innovation" (*TMC News*, 9 de marzo de 2010). Ver también Wouter Koetzier y Adi Alon, "You Need a Chief Innovation Officer" (*Forbes.com*, 16 de diciembre de 2009).

un "mando uniforme" que abarque todos los programas de innovación. No estamos seguros de qué significa eso, pero estamos bastante seguros de que el *mando uniforme* y la *innovación* no pertenecen a la misma oración (a menos que se trate de la que lees ahora mismo).

Como gerentes corporativos, nos gusta manejar las cosas. ¿Quieres que algo se haga? Pon a alguien a cargo. Pero la innovación se resiste tercamente a las tácticas tradicionales al estilo de las maestrías. A diferencia de casi todas las cosas en los negocios, no puede ser poseída, mandada o programada. Como nos dijo Udi cuando relataba su experiencia en Google, «La gente innovadora no necesita que le digas que lo sea, necesita que le *permitas* serlo». En otras palabras, la innovación tiene que evolucionar orgánicamente. Se trata del destino final de un sendero que comienza cuando las ideas surgen como mutaciones de un caldo primordial y atraviesan una ruta larga y arriesgada desde el inicio a la consecución. En el camino, las ideas más poderosas acumulan creyentes y momento, y las más débiles van quedando atrás. No hay un proceso que implemente esta evolución; su característica definitoria es la *falta* de proceso. Piensa en el tema como si se tratara de la selección natural de las ideas.[6] Parafraseando a Darwin, en *El origen de las especies*:

---

[6] La idea general de una selección natural de las ideas se remonta al menos a 1976, cuando Richard Dawkins introdujo el concepto de "meme" en la obra *The Selfish Gene*. Pero aquello de lo que hablamos se apega más a lo que Jim Collins y Jerry Porras describieron en *Built to Last* como "derivación y poda": intentar varias cosas y quedarse con lo que funciona. Ver Jim Collins y Jerry I. Porras, *Built to Last: Successful Habits of Visionary Companies* (HarperBusiness, 1994), páginas 148-154. Para más información sobre cómo la variación y la selección caracterizan a la creatividad, ver Dean Keith Simonton, *Origins of Genius: Darwinian Perspectives on Creativity* (Oxford University Press, 1999).

Como nacen muchas más [ideas] de las que pueden sobrevivir, y siendo que, consecuentemente, hay una lucha recurrente por la existencia, se sigue que cualquier [idea] si varía aunque sea muy poco de modo rentable para sí mismo [a], bajo condiciones de vida complejas y a veces variables, tendrá mejores oportunidades de sobrevivir y, por lo tanto, será seleccionado [a] naturalmente.[7]

(P. D. Aunque somos evolucionistas, no nos molesta tratar decrear cosas bastante sorprendentes en seis días.)

Todas las empresas quieren ser innovadoras, lo que equivale a decir que todas las empresas necesitan comenzar por crear un ambiente en que los distintos componentes de la creación tengan la libertad de colisionar de modos nuevos e interesantes, para luego dar a estas nuevas creaciones el tiempo y la libertad para evolucionar y vivir, o —con mucha más frecuencia— hambrearse y morir. El puesto de director de innovación está destinado al fracaso porque nunca tendrá suficiente poder como para crear un caldo primordial (y sólo este caldo llevará a los «ahhhhs»). Para decirlo de otra manera, el director general necesita ser el director de información. Dios creó el caldo primordial en la Tierra, no delegó la tarea.[8]

Crear una cultura de caldo de cultivo no es una idea nueva. Thomas Edison se hizo famoso por su forma de hacer las cosas al estilo tíralo-a-la-pared-y-ve-si-se-pega en su laboratorio de Menlo Park, en el siglo XIX. En el siglo XX, los Laboratorios Bell de AT&T y los del Centro de Investigación Xerox, en Palo Alto, fueron reconocidas incubadoras de innovación. No obstante, la

---

[7] Charles Darwin, *The Origin of Species* (edición de Digireads.com, 2007), página 17.

[8] Para los ateos que andan por ahí, esto es una metáfora. Puede que no crean en Dios, pero hasta Dios cree en los directores generales.

diferencia ahora es la velocidad y la escala a la que la lucha darwiniana se verifica. Internet brinda a todos las herramientas de la creación, más aún, es un lugar de prueba ideal, pues permite que los prototipos salgan y que se recolecten datos significativos en una fracción del tiempo que antes se requería. La evolución de las especies toma muchísimo tiempo, pero, en las manos de los creativos inteligentes, el proceso actual de la idea de la evolución puede —y necesita— trabajar a la velocidad de Internet.

El caldo de cultivo innovador se forma fácilmente en una empresa que comienza, cuando la cultura todavía está fresca y la compañía entera tiene una mentalidad de nosotros-contra-el-mundo. La gente que se une a las empresas nuevas está ávida de riesgo; es parte de lo que los atrae a la empresa. Pero una vez que la empresa pasa de los quinientos empleados, comienza a atraer a más empleados con aversión al riesgo. Éstos pueden ser creativos inteligentes muy talentosos, sólo que no serán los primeros en decir «yo». El hecho es que no todo mundo es innovador. Así que el caldo de cultivo no sólo permite a los innovadores innovar, sino que necesita que todos los demás participen y progresen también.

Hace unos cuantos años, ambos estábamos cautivados por una presentación TED que ofrecía el empresario y músico Derek Sivers.[9] Él mostró un video de un hombre aparentemente loco que bailaba solo en un concierto al aire libre. El hombre está al pie de una colina, sin camisa y descalzo, gesticulando salvajemente y dándose la divertida de su vida. Al principio, nadie se acercaba a cinco metros de él, pero entonces, una persona audaz se le une, y luego otra y otra, y luego las compuertas se abren. Docenas de personas se suman apresuradamente creando a un grupo de tontos que bailan donde antes sólo había uno. Derek llama a esto el prin-

---

[9] Derek Sivers, "Derek Sivers: How to Start a Movement" (*TED*, febrero de 2010), recuperada de <http://www.ted.com/talks/derek_sivers_how_to_start_a_movement.html>.

cipio del "primer seguidor": cuando se crea un movimiento atraer al primer seguidor es el paso más crucial. «El primer seguidor es el que transforma a un loco solitario en líder.» El caldo primordial de la innovación necesita alentar a la gente que quiere ser innovadora (el loco que danza solo al lado de la colina) a hacer lo que sabe hacer. Pero tan importante es que igualmente necesita alentar a la gente que quiere unirse a algo innovador (los locos danzantes que van del número dos al 200) para que hagan lo suyo también. Es por esto que la innovación necesita estar integrada al tejido mismo de la empresa, a lo largo y ancho de toda función y adscripción. Cuando la aíslas limitándola a un grupo en particular, puedes atraer innovadores a ese grupo, pero no tendrás suficientes primeros seguidores.

Robert Noyce, cofundador de Fairchild Semiconductor e Intel, dijo: «El optimismo es un ingrediente esencial para la innovación. ¿De qué otra forma el individuo puede dar la bienvenida al cambio en lugar de a la seguridad, o a la aventura sobre la posibilidad de quedarse en un lugar seguro?»[10] Contrata a personas con la inteligencia suficiente como para tener nuevas ideas y con la locura suficiente como para pensar que éstas pueden funcionar. Debes encontrar y atraer a esas personas optimistas, y brindarles el lugar para crear el cambio y la aventura.

Concéntrate en el usuario

A fines de 2009, un equipo de ingenieros de búsqueda nos mostró el prototipo de un atributo del que habían estado hablando. Se basaba en una idea sencilla: ¿Qué pasaría si pobláramos los resultados de la búsqueda mientras el usuario la teclea, en lugar de esperar a que presione la tecla Enter? Siempre habíamos pensado que la velocidad era uno de los factores esenciales para determi-

---

[10] Leslie Berlin, *The Man Behind the Microchip: Robert Noyce and the Invention of Silicon Valley* (Oxford University Press, 2005), página 264.

nar la calidad de una búsqueda y estábamos orgullosos de poder responder una vasta mayoría de las búsquedas por debajo de la décima de segundo. Pero ese reloj no empezaba a contar hasta que el usuario presionara Enter y así iniciara la búsqueda. Teclear la búsqueda podía durar varios segundos. ¿Qué tal si no tuviéramos que esperar? ¿Qué tal si mostráramos los resultados conforme el usuario teclea? Cuando vimos el prototipo, la decisión positiva era obvia. Los equipos de búsquedas orgánica y pagada se pusieron a trabajar, y varios meses después la característica se lanzó al mundo como Google Instant.

Una semanas antes del lanzamiento, Jonathan estaba en su junta de personal cuando se le ocurrió una pregunta básica: ¿Afectaría Instant las utilidades? Tal vez, cuando los resultados se empiecen a poblar conforme el usuario teclea, puede darse el caso de que haya menos posibilidades de que el usuario haga clic en los anuncios, así que preguntó al equipo si teníamos suficientes datos de calidad sobre el posible impacto en las utilidades. La respuesta fue que no, y todos estuvieron de acuerdo en que alguien debería investigarlo. Luego, procedieron con la planeación del lanzamiento. En todas las demás empresas en que Jonathan había trabajado, el análisis financiero era uno de los aros más importantes que un producto debía saltar antes de obtener aprobación. ¿Cuánta utilidad generará el producto? ¿Cuál será el retorno de inversión? ¿Y el periodo de recuperación de la inversión? Y sin embargo, aquí estábamos, a unas semanas de lanzar un cambio importante en nuestro principal producto y nadie había realizado un análisis financiero detallado. Obviamente, el producto era grandioso para el usuario, así que todos sabíamos que su lanzamiento era la mejor decisión corporativa.

Cuando Instant fue lanzado, tuvo un modesto efecto en los ingresos, pero Google había lanzado muchas otras características con un impacto financiero más significativo. El Gráfico del conocimiento, que se lanzó en 2012, ocupa la parte derecha de la página de resultados para búsquedas sobre personas, lugares y cosas con un panel de formato conciso e información algorítmicamente curada sobre la entidad. Reúne todos los datos más relevantes en un solo recuadro de fácil lectura. Para la mayoría de las búsquedas, el panel reemplaza a los anuncios que antes aparecían en esa zona de la página. Eso afecto un poco al ingreso. A principios de 2011, hicimos una serie de cambios a nuestros algoritmos de búsqueda que redujeron las calificaciones de calidad de cierta clase de sitios web. No queríamos que los usuarios hicieran clic en vínculos para encontrarse con sitios de segunda. Ese lanzamiento, llamado «panda», afectó a cerca de 12 por ciento de las búsquedas, y dado que muchos de los sitios afectados eran parte de nuestra red de anunciantes, el cambio perjudicó las utilidades de Google.

Google sabe que en el Siglo de Internet la confianza del usuario es tan importante como los dólares, los euros, las libras, el yen o cualquier otra moneda. La excelencia del producto es la única vía para que una empresa sea consistentemente exitosa, así que nuestra directiva principal, cuando se trata de la estrategia de un producto, es concentrarnos en el usuario (sin interferir con el desarrollo interno de las civilizaciones extraterrestres). Como escribieron Larry y Sergey en su carta de la oferta pública de venta: «Servir a nuestros usuarios finales es el corazón de lo que hacemos y sigue siendo nuestra prioridad número uno.»

Pero concentrarse en el usuario es únicamente la mitad de la historia. La oración completa debería decir «concentrarse en el usuario y todo lo demás vendrá solo». Esto significa que siempre haremos lo que beneficie al usuario, y confiamos en que nuestros creativos inteligentes se las arreglarán para obtener dinero de eso. Puede tomar un tiempo, así que sacar las cosas a la luz requiere de mucha confianza.[11] Pero suele valer la pena.

---

[11] No sólo confianza, podrías decir, sino también capital. ¿Y qué hay de las empresas, como son la mayoría de los negocios pequeños y medianos, que

En 2004, Jonathan y el compañero googlero Jeff Huber llevaron a Sergey a un viaje de campo para que conociera una pequeña empresa nueva llamada Keyhole. Jeff, quien había sido el primer gerente de producto que Jonathan había contratado en Excite@Home, fue uno de los líderes de ingenieros del equipo de anuncios.[12] Uno de los cofundadores de Keyhole fue Brian McClendon, con quien Jonathan y Jeff habían trabajado en Excite@ Home. Keyhole había desarrollado alguna maneras extraordinariamente frescas de visualizar e interactuar con los mapas, y Sergey inmediatamente decidió que Google debía comprar la empresa.

Unas semanas más tarde, Sergey llevó la adquisición al consejo para su aprobación, y cuando le preguntaron cómo haríamos dinero a partir de esa tecnología, su respuesta fue sencilla: «Dejaré que Jonathan responda a esa pregunta; él es el encargado de los negocios.» Jonathan estaba tranquilo disfrutando de la presentación de Sergey y no había pensado en absoluto cómo la compra de Keyhole podría dar dinero a Google (evidencia clara de que, pasados dos años, Jonathan seguía bebiendo abundantemente del dispensador de Kool Aid de Google). Jonathan salió del paso con alguna respuesta confusa que fue memorable por lo fácil que fue olvidarla. La verdad era que no teníamos idea de cómo comprar Keyhole beneficiaría los ingresos netos.

---

no pueden costearse el sacar productos que llevan grandes beneficios a los usuarios pero que no están asociados con los ingresos o la utilidad? Aun así, debes concentrarte en el usuario, pero sé tan quisquilloso como puedas e invierte lo mínimo posible hasta que la idea esté probada. En ese punto puede que las utilidades estén lejos en el camino, pero si has probado el valor para el usuario, esto se convierte en una decisión financiera basada en datos sólidos.

[12] Durante años, la biografía de Jeff en el sitio de Google dijo que tenía una maestría de Harvard. En realidad, es una maestría en administración de negocios [MBA], pero Jeff se negó a mencionar ese hecho porque lastimaría su credibilidad como ingeniero.

El consejo decidió confiar en el juicio de Sergey y lo dejó proceder con el trato. Cerca de ocho meses después, Google Earth, que se basó en la tecnología Keyhole, fue lanzado. Fue un éxito inmediato con los usuarios y también generó millones de dólares. ¿Cómo pudo ser si no había anuncios en la aplicación y ésta era gratuita? No mucho después de haberla lanzado, uno de nuestros creativos inteligentes, Sundar Pichai, se dio cuenta de que todas esas personas que estaban bajando e instalando Google Earth podrían estar interesados también en la barra de herramientas de Google. Ésta era una utilería sencilla que se integraba al navegador. Tenía muchas características interesantes para los usuarios, una de las cuales era un pequeño recuadro de búsqueda Google que residía permanentemente en la interfaz de usuario. La gente que usaba esta *toolbar* podía iniciar una búsqueda de Google sin ir a Google.com, así que tendían a realizar más búsquedas, cliqueaban en más anuncios y generaban más ganancias. La idea de Sundar se topó con algo de resistencia pero, con un empujón de Urs Hölzle, se implementó rápidamente.

Esta simple intuición —que la gente que estaba bajando Google Earth podría interesarse también por la barra de herramientas— aumentó la base de usuarios de Toolbar significativamente y generó muchas utilidades, pero prácticamente no había manera de que Jonathan anticipara todo esto cuando se paró frente al consejo ese día. En retrospectiva, nos damos cuenta de que la respuesta correcta hubiera sido: «No tengo idea… pero ya veremos la forma de hacerlo.»

Concéntrate en el usuario… y el dinero vendrá. Esto puede ser particularmente difícil en ambientes en que el usuario y el cliente son distintos, y cuando tu cliente no comparte la ética concéntrate-en-el-usuario. Cuando Google adquirió Motorola en 2012, una de las primeras juntas de Motorola a las que asistió Jonathan fue un repaso de tres horas de la línea de productos, en que los gerentes de la empresa presentaban las características y especificaciones de todos los teléfonos Motorola. No dejaban de referirse a los requerimientos del cliente, lo que hacía poco sentido a Jonathan, pues parecían estar fuera de tono en comparación con lo que él sabía que los usuarios móviles querían. Luego, en la comida, uno de los ejecutivos le explicó que cuando Motorola decía clientes, no se refería a las personas que usan los teléfonos, sino a los verdaderos clientes de la empresa: los operadores de servicios móviles, como Verizon y AT&T, quienes tal vez no siempre se concentraron en el usuario como debieron hacerlo. Motorola no se concentraba en lo más mínimo en sus usuarios, sino en sus socios.

En Google, nuestros usuarios son las personas que usan nuestros productos, en tanto que los clientes son las compañías que compran nuestra publicidad y que adquieren licencias de nuestra tecnología. Rara vez hay conflictos entre los dos, pero cuando los hay, tendemos a beneficiar al usuario. Tiene que ser así, sin importar a qué industria pertenezcas; los usuarios tienen más poder que nunca y no tolerarán productos mediocres.

Piensa en grande

Nuestro colega, Vint Cerf, ha estado trabajando en una nueva suite de protocolos de red que trabajarán en el rudo y muy muy grande medio ambiente del espacio. De acuerdo con Vint, comenzó este proyecto después de preguntarse en qué podría trabajar que siguiera siendo necesario dentro de 25 años.[13] Su respuesta: en el Internet interplanetario. Nadie puede acusar a Vint de no pensar en grande.

Sin embargo, para el resto de los seres humanos, la historia puede ser distinta. Ya sea una cuestión de la naturaleza humana o sólo de la naturaleza corporativa, la mayor parte de la gente

---

[13] Ver Adam Mann, "Google's Chief Internet Evangelist on Creating the Interplanetary Internet" (*Wired.com*, 6 de mayo de 2013).

tiende a pensar incrementalmente y no transformativa o galácticamente.[14] Nuestra colega, Regina Duncan, quien fue directora de la Agencia de Investigación Avanzada de Proyectos de la Defensa[15] antes de cambiarse a Motorola y luego a Google, habla de cómo la innovación suele presentarse cuando la gente está trabajando en el Cuadrante de Pasteur,[16] que es cuando tratan de ejercer la

---

[14] No es que la gente sufra de falta de imaginación: muchas personas tienen visiones nobles, pero su pragmatismo les impide tratar de convertir éstas en realidad. Esto se puede explicar con lo que los psicólogos han llamado la teoría expectativa-valor. Al decidir qué objetivos perseguir, la gente considera la paga esperada y las posibilidades de éxito. Este cálculo suele apartarlos de emprender las cuestiones más ambiciosas, lo que, por supuesto, eleva su índice de fracaso todavía más. Como afirmó el miembro del Salón de la Fama del Hockey, Wayne Gretzky, pierdes el 100 por ciento de los tiros que no realizas. Ver Allan Wigfield y Jacquelynne S. Eccles, "Expectancy-Value Theory of Achievement Motivation" (*Contemporary Educational Psychology*, enero de 2000), y Jacquelynne Eccles y Allan Wigfield, "Motivational Beliefs, Values, and Goals" (*Annual Review of Psychology*, 2002).

[15] Esta agencia [DARPA, por sus siglas en inglés] forma parte del Departamento de Defensa de Estados Unidos.

[16] La idea del Cuadrante de Pasteur proviene del científico y político Donald Stokes, quien consideraba que Louis Pasteur era ejemplar al perseguir simultáneamente la investigación básica y la investigación aplicada. El cuadrante representa la mejor combinación en una matriz de 2 X 2, ya sea que

ciencia básica mientras resuelven problemas del mundo real. Pero la mayor parte de las empresas terminan en el cuadrante opuesto, «en que la ciencia no es interesante y que a nadie le importan los objetivos perseguidos. El talento existe y los proyectos fracasan más, no menos, seguido».[17]

Es por eso que uno de los retos de Eric y Larry a los ingenieros y gerentes de producto en las reseñas de producto de Google ha sido siempre: «no están pensando lo suficientemente en grande.» En el Siglo de Internet —con información infinita, y con alcance y poder de cómputo— la escala global está disponible para casi cualquiera. Pero demasiada gente está atascada en la vieja y limitada mentalidad. «No están pensando lo suficientemente en grande» —luego reemplazado por la directiva de Larry Page de pensar "10X"— ayuda a arreglar eso. Abarca el arte de lo posible… y de lo imposible.

El beneficio obvio de pensar en grande es que da a los creativos inteligentes mucha más libertad. Retira las ataduras y alienta la creatividad. Astro Teller, el líder de Google[x], apunta que si quieres crear un auto con un desempeño 10 por ciento mejor, sólo tienes que ajustar el diseño actual, pero si quieres uno que rinda 500 millas por galón, necesitas empezar de nuevo. Sólo este proceso de pensamiento (¿cómo volvería a empezar?) puede producir ideas que antes no se tomaron en cuenta.

Existen otros beneficios más sutiles de pensar en grande. Las grandes apuestas suelen tener mayores oportunidades de éxito en virtud de su tamaño: la empresa no puede permitirse fallar. Por otra parte, cuando haces muchas apuestas pequeñas, ninguna de las

---

la investigación haga avanzar o no la comprensión básica y sin importar si resuelve o no problemas humanos. Ver Donald E. Stokes, *Pasteur's Quadrant: Basic Science and Technological Innovation* (Brookings Institution, 1997).

[17] Regina E. Dugan y Kaigham J. Gabriel, "Special Forces' Innovation: How DARPA Attacks problems" (*Harvard Business Review*, octubre de 2013).

cuáles amenaza la vida, puedes terminar en la mediocridad. Todo el tiempo somos testigos de esto en los negocios: la empresa con una larga lista de productos no tan buenos. Cuando Google compró Motorola y Jonathan comenzó a ayudar al nuevo director general, Dennis Woodside, descubrió que la empresa tenía docenas de teléfonos distintos y que cada aparato estaba dirigido a un segmento particular definido por la investigación de mercado, como los milenaristas, la Generación X, los *baby boomers* y las mamás que llevan a sus hijos al futbol. Había algo de lógica detrás de todo ello —los distintos proveedores querían sus modelos únicos—, pero esto llevó a la mediocridad. Cada teléfono tenía su propia gente de producto que trabajaba duro para que éste fuera grandioso, pero también sabían que si su producto sólo era bueno, la empresa sobreviviría. (Dennis arregló estos problemas en muy buena medida y creó un Motorola mucho más centrado en el usuario antes de que Google vendiera la empresa a Lenovo, en 2014.)

Por otra parte, el iPhone es un producto popular precisamente porque es el único teléfono que hace Apple. Si hay un problema en el desarrollo de iPhone de la siguiente generación, nadie de ese equipo se va a casa hasta que haya un plan para arreglarlo. No es una coincidencia que Apple tiene sólo unas pocas líneas de producto. Ninguna de ellas puede permitirse fallar.

También puede ser más fácil enfrentar problemas grandes, porque los retos grandes atraen el gran talento. Hay una relación simbiótica entre los grandes retos y la gente muy calificada e inteligente: los retos son resueltos y la gente se pone feliz. Dale a la gente equivocada un gran reto e inducirás ansiedad, pero dale el reto a la persona correcta y provocarás alegría.[18] Les gusta ponerse

---

[18] Esta idea proviene del psicólogo Mihály Csíkszentmihályi y de su noción de "flujo", ese jovial estado de la mente en que estás tan profundamente absorto y dedicado a tu trabajo que parece que el tiempo se detiene. «Todo tu ser está involucrado y usas tus capacidades al máximo», ha dicho

a la altura del reto porque sí, pero también, como dice Rosabeth Moss Kanter, socióloga y gurú gerencial, por los beneficios reales que puede aportar: nuevas habilidades, nuevas conexiones con colegas en el campo, mejor reputación (lo que los economistas describirían como invertir en capital humano).[19] Por estas razones, pensar en grande es en realidad una herramienta muy poderosa para atraer y retener a los creativos inteligentes. Considéralo así: asumamos que eres un creativo inteligente que se acaba de graduar de la universidad. Tienes dos ofertas de trabajo que son virtualmente idénticas excepto por una diferencia: una de las compañías te dice que quieren mejorar las cosas 10X, en tanto que la otra se conforma con una mejora de 10 por ciento. ¿Cuál escogerías?

Csíkszentmihályi. El flujo es raro y precioso porque requiere una coincidencia ideal entre una labor altamente difícil y tu capacidad para enfrentar esa labor: si la labor es extremadamente difícil y tu nivel de habilidad es bajo, estarás ansioso; y si la labor es fácil para tus habilidades, te aburrirás. Crear oportunidades para los estados de flujo menos frecuentes es uno de los aspectos derivados de manejar a creativos inteligentes. Ver John Geirland, "Go with the Flow" (*Wired*, septiembre de 1996), y Mihály Csíkszentmihályi, *Flow: The Psychology of Optimal Experience* (Harper & Row, 1990).

[19] Rosabeth Moss Kanter, con base en a su investigación sobre lo que crea compromiso con las comunidades y organizaciones, escribe que los trabajadores de conocimiento «son atraídos por la posibilidad de aceptar grandes responsabilidades y aumentar sus habilidades todavía más. Los ambientes de trabajo más "pegajosos" (los que la gente deja con menos frecuencia y más a disgusto) involucran oportunidades y empoderamiento. Un excelente trabajo con las mejores herramientas para los mejores clientes es importante en el presente porque promete una responsabilidad y una recompensa incluso mayor en el futuro. Los trabajadores del conocimiento quieren construir su capital humano —su paquete individual de habilidades o logros— tanto como su capital financiero». Ver Rosabeth Moss Kanter, *Evolve!: Succeeding in the Digital Culture of Tomorrow* (Harvard Business School Press, 2001).

Nuestro amigo Mike Cassidy es un gran ejemplo del poder del pensamiento 10X para retener a los creativos inteligentes. Cofundador de una empresa llamada Ruba, Mike se unió a Google en 2010, después de que adquirimos la propiedad intelectual de Ruba y contratamos a su equipo. Mike es un emprendedor serial —Ruba era su cuarta empresa; la segunda fue un motor de búsqueda llamado Direct Hit que compitió brevemente con Google antes de ser vendida a Ask Jeeves—. De modo que pensamos que era sólo cuestión de tiempo antes de que Mike dejara el barco de Google para empezar algo nuevo. Con el tiempo le perdimos la huella al trabajo de Mike, pero ocasionalmente lo veíamos en el campus, de modo que sabíamos que seguía siendo un googlero. Luego, en junio de 2013, Google anunció el proyecto Loon, el mencionado proyecto Google[x] que intenta usar globos inflados con helio para llevar el acceso al Internet de banda ancha a cinco mil millones de personas que no lo tienen todavía. Pronto comprendimos que Mike, quien tiene un título en ingeniería aeroespacial, fue una de las cabezas del proyecto Loon y que había estado trabajando en él por más de un año. Si no fuera por esa oportunidad de hacer algo audaz, probablemente hubiera dejado Google, así que, al continuar pensando en grande y empujando los límites de la tecnología, logramos quedarnos con al menos un creativo inteligente.

Y al hacer cosas importantes en grande, como Larry suele decir, la gente se siente inspirada, incluso cuando no son como Mike Cassidy, que estuvo directamente involucrado en ellas. Solemos escuchar a gente de Google que habla de multiplicar «por 10» su desempeño laboral, siendo que su trabajo está muy lejos de los audaces proyectos que han hecho famosa a la compañía. Hablo de vendedores, abogados, de compañeros de finanzas, todos inspirados por la actitud prevaleciente en la empresa de apuntar siempre a la luna. Pensar en grande no sólo es una muy poderosa herramienta para reclutar y retener personal, sino que es contagioso.

Establece metas (casi) inalcanzables

El gerente corporativo experimentado ha llegado a la maestría en muchas técnicas, y muy alto en esa lista está el establecimiento de metas anuales y trimestrales. Esto requiere de cierta finura. Si pones los objetivos muy bajos, es obvio que tratas de verte bien por exceder "milagrosamente" todas las metas al final del trimestre.[20] Pero si los pones muy altos, corres el riesgo de fracasar. El truco es encontrar el punto ideal al crear objetivos que parezcan difíciles pero que sean fácilmente asequibles. La tarjeta de calificaciones perfecta al final del trimestre y del año, es la que está llena de marcas que indican 100 por ciento del cumplimiento.

A fines de 1999, John Doerr hizo una presentación en Google que cambió la empresa, porque creó una sencilla herramienta que permitió a los fundadores institucionalizar su ética de pensar en grande. John era miembro del consejo y su firma, Kleiner Perkins, recientemente había invertido en la empresa. El tema era una forma de gerencia por objetivos llamada Objetivos y Resultados Clave (ORC) (a la que nos referimos en el capítulo anterior), que John había aprendido del ex director general de Intel, Andy Grove.[21] Hay muchas características que diferencian a un sistema ORC del típico esquema consistente en prometer poco y cumplir de más en los objetivos corporativos.

Primero, un buen ORC casa el objetivo más amplio con un resultado clave mensurable. Es fácil establecer algún objetivo

---

[20] En ventas, la práctica de establecer metas artificialmente bajas para después excederlas por mucho es llamada "boxeo de costal". Nuestro primer jefe de ventas, Omid Kordestani, adquirió tal reputación de ser un boxeador de costal que regularmente entregaba sus actualizaciones trimestrales de ventas de la empresa en un pequeño escenario construido con... costales de arena.

[21] Grove discute este tipo de herramienta gerencial en su libro: *High Output Management* (Random House, 1983).

estratégico amorfo (mejorar la facilidad de uso, subir la moral del equipo, mejorar la condición física) y luego, al término del trimestre, declarar la victoria. Pero cuando la meta estratégica se mide contra un objetivo concreto (incrementar las funciones que benefician al usuario en X por ciento, elevar las calificaciones de satisfacción laboral en Y por ciento, correr un medio maratón en menos de dos horas), entonces las cosas se ponen interesantes. Por ejemplo, uno de los ORC reciente de nuestro equipo de plataforma era tener «nuevos sistemas WW sirviendo significativamente al tráfico para XX servicios grandes con latencia <YY microsegundos @ ZZ% en Júpiter».[22] (Júpiter es un nombre clave, no la localización del más reciente centro de datos de Google.) No hay ambigüedad en este ORC; es muy fácil medir si se logró o no. Otros ORC hablarán de la introducción de un producto en determinado número de países , o una serie de objetivos de uso (por ejemplo, uno de los ORC reciente del equipo Google+ se refería al número de mensajes diarios que los usuarios postearían en Hangouts) o el desempeño (por ejemplo, latencia media de observación en los videos de YouTube).

Segundo —y aquí entra en juego el pensar en grande—, un buen ORC debe ser difícil de lograr, y llegar a 100 por ciento de cumplimiento en todos los objetivos debe ser prácticamente irrealizable. Si tus ORC están todos en verde, no los estás estableciendo suficientemente altos. Los mejores ORC son agresivos pero realistas. Bajo esta extraña perspectiva aritmética, una calificación de 70 por ciento en un ORC bien conformado, suele ser mejor que un cumplimiento de 100 por ciento en uno menos bueno.

Tercero, casi todo el mundo los establece. Recuerda que necesitas que todos piensen en tu empresa, sin importar la posición.

---

[22] Hemos sustituido las siglas WW, XX, YY y ZZ con los números reales en el ORC que se compartió internamente.

Cuarto, son calificados pero esta calificación no se usa para nada y ni siquiera se lleva cuenta de ella. Esto permite a la gente juzgar el desempeño honestamente.

Quinto, los ORC no son exhaustivos; están reservados para áreas que requieren un foco especial y objetivos que no se lograrán sin una presión extra. Las labores comunes y corrientes no requieren de un ORC.

Conforme crezca tu empresa, los más importantes ORC pasan de ser individuales a ser por equipos. En una empresa pequeña, un individuo puede lograr cosas increíbles por sí mismo, pero cuando una empresa crece, se hace más difícil lograr metas extendidas sin compañeros de equipo. Esto no significa que los individuos deban dejar de hacer ORC, sino que el ORC del equipo debe ser un medio más importante para mantener la concentración en las grandes tareas.

Y hay un beneficio adicional a la cultura dirigida por medio de ORC: ayuda a que la gente deje de perseguir competidores. Los competidores están por todas partes en el Siglo de Internet, y perseguirlos (como hicimos notar antes) es el camino más rápido a la mediocridad. Si los empleados se concentran en los ORC bien concebidos, esto no será un problema. Saben a dónde tienen que ir y no tienen tiempo de concentrarse en la competencia.

70/20/10

Cuando alguien te lanza una nueva idea, ¿te sientes inclinado a decir sí o no? Si has pasado demasiado tiempo en la organización equivocada, tu reacción instantánea será decir «no» o «¡no!». Las organizaciones tienen una forma de generar anticuerpos cuyo único propósito es predicar el evangelio de «No lo harás». Decir que no permite que los gerentes eviten el riesgo y que reserven sus recursos (al decir *recursos* nos referimos al personal o, para quienes hablan en lengua humana, a la *gente*) para proyectos que tienen mayores probabilidades de éxito. ¿En verdad quiero utilizar a mis preciosos creativos inteligentes en esa locura de proyecto? ¿Y qué pasa si fracasa? ¡Podrían quitarme personal el año entrante! Creo que diré que no y dejaré que mi equipo se dedique a otra cosa.

Por más que mucha gente puede predicar la creación de una "cultura del sí" (incluyendo a personas muy inteligentes y guapas a las que les gusta escribir libros), es muy difícil hacerlo sin un marco de referencia estructural que lo permita. Y cuando tu recurso más preciado es la gente —lo que casi siempre es verdad— entonces desarrollar un sistema inteligente de asignación de recursos es un elemento de crítica importancia para llegar al éxito.

En 2002, todavía manejábamos la asignación de recursos y nuestro portafolio de proyectos por medio de una lista de los 100 más importantes, pero la empresa creció y a todos nos preocupaba que este sencillo sistema no pudiera ser escalado en toda forma. Nos preocupaba que una siniestra "cultura del no" empezara a echar raíces. Así que una tarde Sergey examinó la lista de los 100 principales y clasificó los proyectos en tres apartados. Cerca de 70 por ciento de los proyectos estaban relacionados con el negocio principal de la búsqueda y de la búsqueda de anuncios, alrededor de 20 por ciento estaba relacionado con productos emergentes que habían tenido algún éxito temprano, y 10 por ciento trataba de cosas completamente nuevas que tenían un alto grado de riesgo, pero una alta rentabilidad en caso de ser exitosos. Eso dio inicio a una larga discusión, y el resultado final de la misma fue que ese 70/20/10 se convirtió en nuestra regla para la asignación de recursos: 70 por ciento de los recursos dedicados al negocio principal, 20 por ciento para los proyectos emergentes y 10 por ciento para los nuevos.

En tanto que la regla 70/20/10 aseguraba que nuestro negocio principal recibiría la mayoría de los recursos y que las áreas más promisorias también percibirían inversión, también se garantizaba que las ideas locas recibieran lo suyo y estuvieran protegidas de los inevitables recortes de presupuesto. Y 10 por ciento no son muchos recursos, lo que es bueno, porque invertir de más en un nuevo concepto es tan problemático como invertir poco, puesto que hace mucho más difícil la admisión del fracaso en un futuro. Las ideas de millones de dólares son más difíciles de matar que las ideas de miles de dólares, de modo que la sobreinversión puede crear una situación en que el prejuicio de confirmación por buena voluntad —la tendencia a ver sólo lo bueno en proyectos en que se ha invertido mucho— oscurecen la toma de decisiones sólidas.

Jonathan vio cómo sucedía esto cuando estaba en Apple y trabajó en el infame Newton. (Para aquellos de ustedes que son demasiado jóvenes como para recordar, o para quienes trabajaron en Apple y suprimieron ese recuerdo, el Newton era una especie de cuaderno digital que fue precursor de las tabletas de hoy, excepto por el hecho de que fue un #fracasoépico. Un hecho que podría ser interesante sólo para nosotros: el Newton era fabricada en parte por Motorola.) La empresa había invertido muchísimos recursos en el producto y, por lo tanto, eligió pasar por alto un defecto mayor. Una de las funciones más importantes del Newton era el reconocimiento de la escritura a mano (podías escribir lo que quisieras en la pantalla y el aparato reconocería lo escrito… teóricamente). El problema consistía en que, para la mayoría de la gente, el sistema no funcionaba. De hecho, sólo podía interpretar bien la letra manuscrita de las personas que habían desarrollado y probado el producto, e incluso ellos debían ajustar su escritura para lograr los resultados. Sin embargo, se había invertido mucho dinero en el proyecto y el éxito del reconocimiento de la escritura manuscrita en este grupo pequeño y dócil dio a Apple la respuesta que deseaba escuchar. La empresa siguió adelante con los planes de lanzamiento y el resto, como bien podría haber transcrito el Newton, es *"hastoria"*.

El 10 por ciento también funciona porque la creatividad ama las limitaciones.[23] Es por eso que las fotos tienen marcos y que los sonetos tienen catorce líneas. Es por eso que Henry Ford puso un precio tan bajo a sus autos, porque sabía que «hacemos más descubrimientos relativos a la manufactura y la venta bajo este método forzado que por medio de otros métodos que implican una investigación relajada».[24] La falta de recursos obliga al ingenio.

En 2002, Larry Page empezó a preguntarse si era posible que todo libro publicado en la historia fuera susceptible de ser buscado en línea, no sólo los títulos más populares o sobre algún tema específico, sino cada libro en particular. (Luego calculamos que había precisamente 129 864 880 títulos distintos en el mundo.)[25] Cuando todos los libros disponibles estén en línea, razonó, y cuando la traducción universal esté disponible, entonces todo el saber universal será accesible a cada persona.

Como cofundador, Larry podría haber asignado el problema a un equipo de ingenieros dándoles un buen presupuesto. En vez de ello, consiguió una cámara digital, la puso en un trípode e instaló el artilugio sobre una mesa de su oficina. Apuntó la cámara a la mesa, prendió un metrónomo para medir el ritmo de sus movimientos y comenzó a fotografiar las páginas mientras Marissa Mayer les daba vuelta. Con base en este crudo prototipo,

---

[23] La frase «la creatividad ama las limitaciones» es una de las favoritas de Marissa Mayer. La idea contraintuitiva de que las limitaciones suelen alentar la creatividad ha sido explorada por algunos investigadores. Ver, por ejemplo, Patricia D. Stokes, "Variability, Constraints and Creativity: Shedding Light on Claude Monet" (*American Psychologist*, volumen 56, número 4, abril de 2001).

[24] Ver Henry Ford, *My Life and Work* (Doubleday, 1922), página 147.

[25] Hasta el 5 de agosto de 2010, queremos decir. Ver "You can count the number of books in the world on 25 972 976 hands" (blog oficial de Google, 5 de agosto de 2010).

pudieron estimar lo que tomaría digitalizar un libro e hicieron algunos cálculos que indicaron que el audaz proyecto era factible. Nació Google Books. (Sergey después usó un sistema parecido para ver si el proyecto Google Street View era factible. Dio una vuelta por ahí con una cámara y tomó una fotografía cada pocos segundos. Mostró las fotos en la siguiente reunión de personal de Eric para conseguir apoyo para lo que ahora se conoce como Street View. Hoy, Street View cubre más de ocho millones de kilómetros de caminos.)

Es posible que Google Books pudiera haberse hecho realidad si Google hubiera apoyado el proyecto con un grupo de ingenieros y un presupuesto saludable. Pero también es posible que un buen financiamiento hubiera afectado al proyecto antes de comenzar siquiera. El improvisado sistema de digitalización de Larry, construido con partes compradas en Fry's[26], probó ser mucho más eficiente en costos que los sistemas más avanzados que se hubieran adquirido si hubiera dado el tiempo y el presupuesto. Cuando quieres impulsar la innovación, lo peor que puedes hacer es darle demasiados fondos. Como observó una vez Frank Lloyd Wright: «La raza humana construyó más notablemente cuando las limitaciones eran mayores.»[27]

20 por ciento del tiempo

En el verano de 2004, un ingeniero de Google llamado Kevin Gibbs vino a nosotros con una idea. La describió como un sistema para «realizar terminaciones en tiempo real contra todas las URL de nuestro repositorio y contra todas las búsquedas históricas en

---

[26] Fry's es una tienda de artículos electrónicos cercana a Mountain View.

[27] La cita continúa: ...«... y, por lo tanto, cuando más se necesitaba la imaginación para poder construir. Las limitaciones parecen haber sido siempre las mejores amigas de la arquitectura.» Ver Frank Lloyd Wright, *The Future of Architecture* (Horizon Press, 1953), página 55.

Google, con los resultados ordenados por su popularidad general». En español, esto significa que Google trataría de anticipar cuál era tu búsqueda y sugeriría maneras de completarla. Trabajando en su tiempo libre, Kevin desarrolló un prototipo y envió por correo electrónico una descripción de su incipiente proyecto a gente a la que le gusta compartir sus ideas.[28] La nota incluía un vínculo a su prototipo, en el que la gente podía introducir búsquedas en la búsqueda de Google y ver cómo el sistema realizaba la terminación de la búsqueda en tiempo real.

El prototipo llamó la atención de varios ingenieros, que se unieron al proyecto de Kevin. (Derek Sivers llamaría a estos ingenieros los primeros seguidores de Kevin.) Esta característica, ahora llamada Google Suggest, es la razón por la que al teclear «cli», Google sugiere que estás buscando el reporte del clima y despliega un menú en que aparece la búsqueda completa sin que debas teclear esta última tú mismo. Google Suggest resta segundos a los tiempos de búsqueda y ayuda a que los usuarios encuentren exactamente lo que necesitan más rápido aún. Un solo hombre desde la idea hasta la implementación y el lanzamiento global para lograr que miles de millones de personas dijeran: «¿Cómo hemos podido vivir sin esto?», y todo en pocos años.

Éste es el poder del "20 por ciento del tiempo",[29] el programa de Google gracias al cual los ingenieros puede pasar 20 por

---

[28] La lista permite a sus miembros votar las ideas y automáticamente tabula los votos, con lo que las buenas ideas suben en la clasificación. La propuesta de Kevin fue llamada «Autocompletar de las URL y las búsquedas (con demos)». Era la aportación número 917 a la lista, que ha llegado a tener hasta 15 000 elementos.

[29] El 20 perteneciente al "20 por ciento del tiempo", no debe confundirse con el 20 relativo a 70/20/10. El veinte por ciento del tiempo tiene que ver con la libertad del individuo, en tanto que 70/20/10 se refiere a la asignación de recursos. Aunque tal vez hubiera sido más confuso si hubiéramos

ciento de su tiempo trabajando en lo que quieran. Este porcentaje de tiempo ha redituado en muchos grandes productos —Google Now, Google News, información del tráfico en Google Maps y otros más—, pero generalmente se suele malinterpretar este principio. No se trata del tiempo, sino de la libertad.[30] El programa no significa que el campus se convierte en un campamento de verano cada viernes, con todos los ingenieros vagando creativamente (o eso esperaríamos). De hecho, 20 por ciento del tiempo es más como 120 por ciento del tiempo, puesto que muchas veces tiene lugar por las noches o durante los fines de semana. Pero también puede guardarse y usarse todo de una vez —Jonathan hizo que un gerente de producto se tomara un verano para trabajar en un proyecto del tipo 20 por ciento—. Sin importar cuándo usas tu 20 por ciento del tiempo, asumiendo que no interfiere con el desempeño de tu trabajo regular, nadie puede evitar que lo uses. Éste sirve para equilibrar a los gerentes imperiales, y es una forma de dar a la gente permiso de trabajar en cosas en las que se supone que no debería estar trabajando. Ayuda a dar vida a la máxima de Steve Jobs «... tienes que estar conducido por ideas, no por

---

adoptado un esquema 70/19/11 como nuestra referencia para los recursos gerenciales.

[30] Nos referimos al sentido del término libertad que proviene de hacer lo que quieras, no de hacer lo que se te indica. De acuerdo con la teoría de la autodeterminación, una teoría prevaleciente sobre la motivación humana que se originó gracias a los psicólogos Edward Deci y Richard Ryan, los seres humanos tienen una necesidad poderosa de autonomía (libertad para comportarse de acuerdo con su propia volición y no en respuesta a una presión externa), competencia y relación con los demás. La teoría de la autodeterminación propone que la gente puede encontrar que el trabajo es motivador y satisfactorio al grado de que el trabajo satisface estas necesidades. Ver Richard M. Ryan y Edward L. Deci, "Self Determination Theory and the Facilitation of Intrinsic Motivation, Social Development and Well Being" (*American Psychologist*, volumen 55, número 2, enero de 2000).

jerarquía».[31] Y hemos descubierto que, cuando confías a la gente la libertad, generalmente no la desperdician en actividades extravagantes o inútiles. No logras que los ingenieros escriban óperas, escriben código.[32]

El triciclo Street View, que nos permite capturar fotos en las calles y senderos que son demasiado estrechos para los autos, vio su inicio cuando el ingeniero de Street View autos, Dan Ratner, viajó a España. Cuando Dan tuvo que caminar el último trecho para llegar a su hotel de Barcelona por callejones estrechos debido a que el taxi no podía pasar, se dio cuenta de que había grandes cosas a las que los autos de Street View no podían acceder. Cuando regresó a casa, inició un proyecto 20 por ciento construyendo un triciclo que pudiera pasear por estos lugares y así nació el triciclo Street View. Desde entonces, se ha adaptado a las motos de nieve (para referir los descensos de esquí en las olimpiadas de Vancouver, por ejemplo) y a ciertas carretillas (para pasar por los

---

[31] El comentario completo es: «Si quieres contratar a gente grandiosa y hacer que sigan trabajando para ti, debes permitir que tomen un montón de decisiones y tienes que estar conducido por ideas, no por jerarquía. Las mejores ideas deben ganar, de no ser así, el buen personal no se queda», citado en Mark Milian, "Why Apple Is More Than Just Steve Jobs" (blog *CNN Digital Biz*, 25 de agosto de 2011).

[32] Google no fue la primera empresa en usar esta estrategia: en 1948, 3M comenzó un programa que permitía a los empleados usar 15 por ciento de su tiempo en proyectos ajenos a sus responsabilidades básicas. Quizás el producto mejor conocido que fue resultado de esta política son las notas Post-it, pero el programa también produjo la cinta Scotch, el protector de telas Scotchgard y materiales innovadores como las películas ópticas multicapas que se usan en muchos de los productos de la empresa. William McKnight, presidente de 3M y del consejo por décadas, dijo que su intención era «contratar buenos empleados y dejarlos en paz». Ver "A Culture of Innovation" (folleto corporativo de 3M) y Paul D. Kretkowski, "The 15 Percent Solution" (*Wired*, enero de 1998).

pasillos de los grandes museos del mundo). A continuación: ¿Patinetas de Street View?

No hay duda de que cuando das a la gente mucha libertad, pueden ser muy difíciles de gobernar. Un creativo inteligente terco a veces no aceptará un no por respuesta. ¿En qué casos está bien esto? No hay una respuesta categórica para dicha pregunta —al igual que sucede con todos los aspectos del liderazgo, el juicio importa—, pero siempre ayuda que el empleado termine por tener la razón.

Cuando Paul Buchheit decidió que el correo electrónico podía ser mucho mejor, comenzó un proyecto 20 por ciento llamado *Caribou*. En algún punto decidió que su nuevo producto, que ahora se llama Gmail y tiene cientos de millones de usuarios, debería generar utilidades, así que sugirió desplegar anuncios basados en el contenido de la nota. No estuvimos de acuerdo en principio y le pedimos que se concentrara en hacer grandioso a Gmail. Ya nos preocuparíamos después por las utilidades.

Pero Gmail era el bebé de Paul y nos ignoró. *Hackeó* el sistema interno para comunicarse con el servidor de AdWords (Gmail + AdWords = innovación combinatoria) y una mañana llegamos al trabajo para ver anuncios junto a nuestros correos electrónicos. Al principio la gente estaba enojada, pero luego empezamos a darnos cuenta de que los anuncios eran bastante útiles. En ese momento, Jonathan estaba intercambiando correos con sus hermanas sobre qué regalar a sus padres en su quincuagésimo aniversario de bodas y apareció un anuncio de Williams-Sonoma en el navegador de Jonathan, junto al correo. Su hermana había hablado del amor por la jardinería que tenía su madre, y el anuncio sugería una apropiada banca para el jardín. Jonathan propuso la idea a sus hermanos y no sólo sus padres terminaron por recibir un buen regalo, sino que Jonathan tuvo el crédito de ser sensible y sensato. (Y eso es atípico.)

Gmail se lanzó unos meses después. Sus anuncios no generaron muchas utilidades, pero la tecnología que Paul desarrolló para hacer coincidir los anuncios con los e-mails se refinó para mejorar nuestro producto AdSense, que ahora es un negocio de miles de millones de dólares. No es necesario decir que Paul no fue castigado por su insubordinación.

Dejando a un lado el ejemplo antes señalado, esto no significa que si trabajas para nosotros y tienes una idea que odiamos, puedas seguir adelante sin tomar en cuenta nuestra tosca, errada y poco iluminada opinión gerencial. El primer paso para que una idea dé frutos es conformar un equipo de gente que esté comprometida con la idea, y en tanto que nosotros podemos no tener ni idea, tus compañeros probablemente lo harán mejor. Nuestro consejo constante para quienes quieren lanzar un proyecto 20 por ciento es empezar a construir un prototipo, porque así se logra que la gente se emocione con un proyecto. Tener una idea es bastante fácil. Hacer que algunos de tus colegas se unan al proyecto sumando su 20 por ciento del tiempo con tu 20 por ciento, es mucho más difícil. Es aquí donde empieza el proceso darwiniano.

Encontrar colaboradores puede ser complejo en una organización no jerárquica, especialmente para los recién llegados, porque es mucho más difícil saber en dónde se hace cada cosa. La relaciones se vuelven de crítica importancia, y dado que toma tiempo establecerlas (y esta habilidad no necesariamente viene incorporada al equipo natural de todos), puedes terminar con muchas ideas que mueren solas.

Uno de nuestros equipos de búsqueda trata de dar la vuelta a este problema con un programa llamado "demo days". El concepto es bastante simple: un equipo pasa una semana construyendo prototipos de nuevas ideas que esperan demostrar al final de la semana. Antes de que la semana empiece, los ingenieros limpian sus agendas de todas las reuniones y lanzamientos sin excepción. Esto no sólo hace que los días de demo sean logísticamente posibles, sino que sirve para hacer que todos se comprometan. Dado que la gente puede esperar trabajar en áreas desconocidas, pueden obtener entrenamiento en los sistemas que desean usar. Todos los sistemas están instalados y listos, así que no hay pérdida de tiempo. Necesitan reclutar al menos otra persona para su proyecto —no se permiten equipos de uno— y se prefiere que colaboren con personas con las que no trabajan cotidianamente. Y entonces empieza la semana y se ponen manos a la obra.

El resultado al final de la semana es un conjunto de prototipos, generalmente compartidos en una especie de feria de la ciencia un viernes por la tarde. La mayor parte de estos prototipos no irán más allá —«tengo muchas ideas y desecho las malas», dijo Linus Pauling[33]—, así que los equipos saben que no pasa nada si fallan.

Steve Jobs dijo una vez a Eric que hizo algo similar cuando dirigía NeXT. Cada seis meses o algo así, el equipo de ingeniería dejaba de hacer lo que estaba haciendo y se dedicaba a crear aplicaciones para la plataforma NeXT. Ésta fue una táctica muy importante para construir su ecosistema, pero también daba a todos intuiciones frescas sobre la labor que estaban haciendo en sus "trabajos diurnos".

El resultado más valioso del "20 por ciento del tiempo" no son los productos o características que se crean, son las cosas que la gente aprende cuando trata de hacer algo nuevo. La mayoría de los proyectos 20 por ciento requiere que la gente practique o desarrolle habilidades distintas a las que usa cotidianamente y además colaboran con colegas con los que no trabajan regularmente. Incluso si estos proyectos rara vez derivan en algo nuevo (wow, la innovación) siempre dan como resultado creativos inteligentes más listos. Como le gusta señalar a Urs Hölzle, "20 por ciento del tiempo" puede ser el mejor programa educativo que una empresa puede tener.

---

[33] Citado en Tom Hager, *Linus Pauling and the Chemistry of Life* (Oxford University Press, 1998), página 87.

El proyecto 20 por ciento
favorito de Jonathan

El proyecto 20 por ciento favorito de Jonathan es el que digitalizó y publicó en línea los artefactos de Yad Vashem, el centro para el recuerdo de las víctimas y sobrevivientes del holocausto, con sede en Jerusalén. El proyecto comenzó cuando Jonathan visitó el museo con su familia en 2007. Durante la visita, el guía les habló de que recientemente había aprendido algo sobre una foto de la exhibición gracias a otro visitante. Esto puso a pensar a Jonathan sobre cómo los sobrevivientes más jóvenes del Holocausto, aquéllos que pueden recordar a la gente y los lugares de esas fotos, tenían ya alrededor de ochenta años. Su experiencia de primera mano estaba muriendo.

Al día siguiente, Jonathan visitó nuestra oficina en Israel y habló sobre el museo. El equipo de Israel tomó las cosas a partir de entonces, usando 20 por ciento del tiempo para crear una sociedad con el museo y desarrollar su presencia en línea. Hoy, se cuenta con más de 140 000 imágenes y documentos digitalizados y disponibles en línea; se pueden hacer búsquedas desde cualquier parte del mundo. Y la verdadera belleza de esto es que los sobrevivientes han agregado su propio conocimiento e historias a estas fotos, vía comentarios o videos, para formar una panorámica más completa de este importante suceso histórico.

Cuando el líder del proyecto, Yossi Matias, mostró el demo del proyecto a Larry y a Sergey, su respuesta fue típica: «¿Por qué sólo este museo? ¿Por qué no todos los museos? ¿Por qué no crear un producto que ayude a todos los archivos del mundo a digitalizar su contenido?» Y lo hicieron. El producto es Google Open Gallery, que permite a cualquier museo (o dueño de contenido cultural) crear exhibiciones en línea, fue lanzado en 2013. Y el sitio del Instituto Cultural Google tiene cientos de colecciones en línea, con imágenes en alta definición de arte y artefactos pertenecientes a museos que van desde el Museo de la Acrópolis al Museo de Zaragoza.

Las ideas vienen de todas partes

¿Qué pensaste la última vez que viste una caja para sugerencias? Tal vez estabas en un parque de diversiones o en una zona de esquí, o tal vez estabas en el trabajo, sorbiendo un café en el cuarto de descanso. Echaste un vistazo a la caja y al letrero que estaba junto y que decía «¡Te escuchamos!» o «¡Nos importa tu opinión!». El letrero probablemente inspiró la sensación opuesta: no estás escuchando, no te importa lo que pienso y la abertura en la caja transporta el papel ahí depositado a un agujero de gusano en el espacio, emergiendo en algún punto de la galaxia Andrómeda.

Qué cansados estamos de todo. Cuando el concepto de caja de sugerencias fue introducido por vez primera en el mundo de los negocios, fue algo revolucionario. Como se narra en la obra de Alan Robinson y Sam Stern, *Corporate Creativity*, el padre de la caja de sugerencias moderna fue el constructor de barcos escocés William Denny, quien en 1880 distribuyó a todos sus empleados un panfleto titulado "Reglas para que el comité de premios los guíe en la recompensa de los trabajadores por sus invenciones y mejoras". Denny ofreció entre dos y 15 libras al empleado cuyas ideas fueran aceptadas; su fuerza de trabajo respondió con cientos de ellas a lo largo de la siguiente década. El programa de Denny pronto cruzó el Atlántico para aterrizar en la Compañía Nacional de Cajas Registradoras de John Patterson, en la que las sugerencias de los empleados llegaron a las 7000 en 1904 —casi dos por empleado— con una tasa de aceptación cercana a un tercio.[34] Estamos hablando de más de 2000 ideas de los empleados en un año, ideas que fueron consideradas lo suficientemente buenas como para implementarse, lo que es una gran tasa de aceptación para una caja de sugerencias.

Un siglo después, Marissa Mayer presidía juntas en Google que eran como *The Gong Show*[35] para *geeks*. La gente se ponía de pie para presentar sus ideas y podía seguir hablando hasta que les tocaban el gong. Mientras mejor fuera el demo, más se permitía que la persona se extendiera. Luego, Craig Nevill-Manning, quien fundó nuestra oficina de ingeniería en Nueva York, adaptó esa idea y la convirtió en una reunión semanal de "Cerveza y demos", en que la gente se reunía a beber una cerveza y ver demos, votando con canicas por lo que más les gustaba. (Nos referimos a los demos. Las cervezas eran bebidas con o sin votos.) Patterson y Denny (y Marissa y Craig) eran lo suficientemente listos como para darse cuenta de que las buenas ideas pueden venir de cualquier parte. Sabían que los trabajadores no sólo pueden trabajar, sino que también piensan. Esto es más cierto hoy que nunca antes, pues todos en la organización están armados con abundante información y grandes herramientas. De hecho, el mayor peligro no es el engaño de que sólo los gerentes tienen buenas ideas, es el engaño de que sólo los empleados de la empresa las tienen. Cuando decimos que las buenas ideas provienen de cualquier parte, queremos decir de *cualquier* parte. Es tan probable que provengan de fuera de la empresa como de adentro.

---

[34] Relatado en Alan G. Robinson y Sam Stern, *Corporate Creativity: How Innovation and Improvement Actually Happen* (Berrett-Koehler, 1997), páginas 66-70.

[35] *The Gong Show* fue un programa televisivo de búsqueda de talento que se transmitió en los setenta. La mayoría de los actos eran terribles y cualquier presentación podía pararse de tajo cuando alguno de los jueces golpeaba un gong.

Cuando Google comenzó a expandirse internacionalmente, rápidamente nos dimos cuenta de que a la mayoría de los ingenieros de California le faltaban las habilidades necesarias para traducir páginas web a otras lenguas. La forma tradicional de resolver este problema sería contratar a profesionales que hicieran la traducción, lo que hubiera sido caro y tardado. En lugar de ello, dejamos que nuestros usuarios hicieran el trabajo. Publicamos todo nuestro texto y pedimos voluntarios que lo tradujeran a la lengua de su localidad. Hicieron un trabajo fantástico. Igualmente, cuando nuestro equipo Geo se propuso registrar la geografía mundial, descubrieron que, para muchas áreas, ni siquiera existían mapas buenos. Crearon un producto llamado Map Maker que permite que cualquiera contribuya a Google Maps. ¿Vives en una calle que no aparece en Map? No hay problema: sólo dibújala y nosotros la añadiremos (después de verificar que efectivamente esté ahí). Así nació una comunidad básica de cartógrafos ciudadanos, quienes permitieron que los mapas de ciudades enteras estuvieran disponibles para nuestros usuarios con sólo un clic. Por ejemplo, hicieron mapas de más de 25 000 kilómetros de caminos en Pakistán en únicamente dos meses.

No mucho después de unirnos a Google, el equipo ejecutivo sostuvo una reunión fuera de la oficina en la que se discutió la posibilidad de abrir más oficinas de ingeniería alrededor del mundo. Cuando Eric preguntó a Larry cuántos ingenieros pensaba que la empresa debería tener, su respuesta fue: «Un millón.» No estaba bromeando, pero tampoco quería decir que la empresa debía tener un millón de empleados (al menos no creemos que lo haya pensado). Hoy, los desarrolladores de todo el mundo trabajan cotidianamente con Android, Google App Engine, Google API, Google Web Toolkit y otras herramientas de código abierto con las que Google contribuye. No se trata de empleados de Google, pero si los sumáramos, es probable que el número total de personas que utilizan herramientas de Google o que crean cosas atractivas en plataformas de Google llegara a millones. Así que tal vez hemos llegado a la meta de Larry, en cuyo caso, seguramente aumentará la meta 10X para tratar de alcanzar los diez millones.

Envía e itera

Así que ya tenemos apartada la cantidad justa de recursos para las nuevas ideas, ya hemos acallado a los gerentes imperiales, ya liberamos a nuestros genios para que hagan lo que saben hacer y hemos abierto nuestras mentes para obtener ideas de las masas. La innovación fluye; las buenas ideas abundan. La mayoría muere antes de ver siquiera la luz del día, pero algunas, preciosas, son suficientes para alcanzar la tierra prometida. Haces el *post* en el blog, presionas el botón verde y descorchas una botella para celebrar con el equipo.

Entonces vuelves a trabajar, porque si hiciste bien el trabajo, el producto todavía no está terminado. Voltaire escribió: «Lo perfecto es enemigo de lo bueno.»[36] Steve Jobs dijo al equipo Macintosh que «los verdaderos artistas envían»[37] sus creaciones. Las nuevas ideas nunca son perfectas recién salidas de la caja y no tienes tiempo para esperar a que lo sean. Crea un producto, envíalo y ve qué tal le va, diseña e implementa mejoras y vuélvelo a enviar. *Envía e itera.* Ganarán las empresas que son más rápidas en este proceso.

---

[36] Aunque Voltaire escribió esa línea en uno de sus poemas («*Le mieux est l' ennemi du bien*», literalmente: «Lo mejor es enemigo de lo bueno»), él mismo lo atribuyó a un sabio italiano (*Il meglio è l'inimico del bene*).

[37] Nos extenderemos un poco en esta explicación pensando en quienes están fuera de la industria: "enviar" significa mandar un producto a los consumidores. El punto de Steve era que, en tanto que puede resultar tentador pulir tu trabajo hasta la perfección, no se ha logrado nada hasta que el trabajo llega a las manos de los clientes mismos.

Cuando lanzamos nuestro producto estrella, AdWords, hubo un debate sobre si los nuevos anuncios debían ser mostrados sin que se realizara una revisión interna. Existía un fuerte contingente interno que creía que permitir que los anuncios se hicieran públicos instantáneamente llevaría a muchos anuncios de mala calidad, tipo *spam*. Pero había otro contingente que pensaba que si los anunciantes podían ver su anuncio inmediatamente, podían obtener datos de desempeño y mejorar los anuncios mucho más rápido. Discutieron la idea de que un ciclo más rápido llevaría a una calidad más alta, no más baja. Optamos por reseñas internas mínimas y el esquema de envía-e-itera funcionó.

Enviar e iterar se aplica en muchos ámbitos. Es más fácil llevarlo a la práctica en nuestro mundo del *software*, pues nuestro producto está formado de bits y bytes que se distribuyen digitalmente, y no se trata de bienes físicos. Pero con tecnologías como la impresión en 3-D y la habilidad de modelar muchas cosas en línea, el costo de la experimentación se ha desplomado en muchas industrias, a veces precipitadamente, haciendo que el proceso de enviar e iterar sea factible en muchos más escenarios.

La parte más difícil de enviar e iterar es iterar. Es fácil hacer que un equipo envíe un nuevo producto, pero es mucho más difícil hacer que sigan trabajando para mejorar el producto. Una forma de motivación que nos funcionó bien fue la retroalimentación negativa. Desde la nota de Larry que decía: «Estos anuncios apestan» hasta llegar a Marissa que ponía reseñas negativas de sus productos afuera de su oficina para analizarlos con los gerentes de producto y con los ingenieros, hemos usado frecuentemente la crítica para inspirar a que los equipos iteren sus productos. Ésta es una línea muy delgada y no siempre nos ha salido bien. La crítica correcta es motivadora, pero critica demasiado y tendrás el efecto contrario.

Enviar e iterar no funciona siempre. Después del lanzamiento, a algunos productos les irá mejor y ganarán impulso mientras que otros se marchitarán. El problema es que, cuando un producto sale al mercado trae consigo una determinada cantidad de recursos y de emoción invertidos en él, lo que puede obstaculizar las buenas decisiones. Olvidar el costo hundido es una lección difícil de aprender, de modo que en un modelo envía e itera, el trabajo del líder debe ser alimentar a los ganadores y hambrear a los perdedores *sin importar la inversión previa*. Los productos que mejoran y que ganan momento deben ser recompensados con más recursos; los productos que se estancan, no.

Para decidir qué esfuerzos son ganadores y cuáles perdedores, usa los datos. Éste siempre ha sido el caso, pero la diferencia en el Siglo de Internet es qué tan rápido están disponibles los datos y cuántos hay. Un factor clave para seleccionar a los ganadores es decidir qué datos usar y establecer los sistemas para que éstos puedan ser obtenidos y analizados rápidamente. Usar datos amortiguará el impacto de la falacia de los costos hundidos, esa irracional tendencia que la mayoría de los humanos tiene de contar los recursos que se han invertido en un proyecto como una de las razones para seguir invirtiendo en dicho proyecto («Ya hemos invertido millones, no podemos parar ahora»).[38]

Es muy común la tendencia a alimentar a los perdedores esperando convertirlos en ganadores. Cuando Jonathan manejaba

---

[38] El deseo de recuperar los costos hundidos suele hacer que la gente no sólo se adhiera a un mal curso de acción sino que aumente lo invertido hasta el momento, siguiendo un patrón que los académicos llaman "la escalada del compromiso". De hecho, desde la perspectiva individual, invertir con base en los costos hundidos puede ser una decisión racional, dado que apegarse a un proyecto perdedor (y ocultar que el proyecto está maldito) protege la propia reputación de quien toma las decisiones dentro de la organización. Ver Barry M. Staw, "The Escalation of Commitment to a Course of Action" (*Academy of Management Review*, volumen 6, número 4, octubre de 1981), y R. Preston McAfee, Hugo M. Mialon y Sue H. Mialon, "Do Sunk Costs Matter?" (*Economic Inquiry*, volumen 48, número 2, abril de 2010).

productos en Excite@Home, el portal de la empresa, Excite.com, tenía varias secciones, como noticias, bienes raíces deportes, finanzas y demás. Cada una de ellas competía por clics en la página principal y cuando el tráfico de una sección se desplomaba, la gerencia de Excite trataba de rectificar la situación moviendo esa sección a la *mejor* zona de la página. Ey, finanzas, tu tráfico está disminuyendo este trimestre y estás atrasado en el cumplimiento de tus objetivos. No hay problema: ¡te pondremos arriba en la página! Excite usaba datos para determinar cuáles de las secciones de contenido eran perdedoras, pero en lugar de dejar que esas secciones se hambrearan para obligarlas al cambio, las alimentaban dándoles mejores bienes raíces. En retrospectiva, el mantra de Excite no era tanto concentrarse en los usuarios sino concentrar a los usuarios en los peores productos para así poder cumplir con sus objetivos artificiales. Los que, según los resultados, no Excitaron a nadie.

En la práctica, envía e itera significa que el impulso de los programas de mercadeo y de relaciones públicas debe ser mínimo en el lanzamiento. Si estás en el negocio restaurantero, llamas a esto "apertura suave". Cuando empujas a los bebés para que abandonen el nido, no les das equipo para volar y ni siquiera un paracaídas; los dejar volar solos. (Nota: *Esto es una metáfora.*) Invierte sólo cuando ya tengan algo de impulso. Google Chrome es un gran ejemplo de esto: fue lanzado en 2008 con mínimas fanfarrias y prácticamente sin presupuesto de *marketing* y ganó un *momentum* impresionante por sí solo, basado únicamente en su excelencia. Después, cuando el navegador pasó de los setenta millones de usuarios, el equipo decidió añadir gasolina al fuego y aprobó un impulso de mercadeo (incluso una campaña de anuncios por televisión). Pero no se alimentó el producto hasta que demostró ser un ganador.

Para ser claros, enviar e iterar no significa que tienes licencia para mandar al mercado productos basura y luego esperar a tener la oportunidad de mejorarlos. De hecho, Jonathan solía advertir a su equipo que no lanzaran productos mediocres y que no dependieran de la marca Google para atraer usuarios y dar tracción a los lanzamientos en etapas tempranas. Los productos deben ser excelentes en lo que hacen, pero está bien limitar la funcionalidad en el lanzamiento. Retener recursos significativos de *marketing* y de relaciones públicas en el lanzamiento ayuda a lograr esto, puesto que es mucho más probable que los clientes se sientan desilusionados por un producto muy promocionado que con uno que se lanza discretamente. Después puedes aumentar la funcionalidad con nuevas características (y mejorar las existentes). Como escribió Eric a los googleros en febrero de 2006, «Debe haber planes para incluir una característica "wow" razonablemente pronto después del lanzamiento del producto"».[39] Con esta forma de hacer las cosas, los usuarios se acostumbran a los lanzamientos de productos de alta calidad, aunque con un cuerpo de funciones relativamente limitado que saben que se expandirá rápidamente después del lanzamiento.

Enviar e iterar es fácil cuando tu producto es enteramente digital —*software*, medios— y los costos de la reproducción física son mínimos. Es fácil para nosotros enviar al mercado una nueva característica de la búsqueda de Google y afinarla con base en los datos de los usuarios; es mucho más difícil que un fabricante de automóviles o de chips hagan lo mismo. Pero suele haber maneras de usar el alcance y el poder de Internet para obtener valiosos datos de usuario. Por ejemplo, diseños de envío o prototipos, o crear un *software* que permita a la gente usar virtualmente el producto. Imagina una manera de lograr que la gente pueda experimentar el producto y usar los datos para mejorarlo.

---

[39] Esto coincide con el concepto de "promete poco y entrega mucho", popularizado por Tom Peters. Ver Tom Peteres, *Thriving on Chaos: Handbook for a Management Revolution* (HarperCollins, 1988), páginas 118-120.

Falla bien

En el otro extremo de la historia de envía e itera de Chrome, está Google Wave, que fue lanzado con fanfarrias en 2009. Wave era el ejemplo típico de la innovación, fue la creación de un equipo pequeño de ingenieros de nuestra oficina de Sídney que se tomaron 20 por ciento de su tiempo para explorar la pregunta «¿Cómo sería el correo electrónico si se inventara hoy?». Eventualmente produjeron un prototipo muy atractivo que impresionó al equipo ejecutivo. Autorizamos a proceder (aunque probablemente lo habrían hecho también en caso no contar con nuestra autorización) y produjeron una plataforma de protocolos para apoyar una nueva forma de comunicación para la gente en el Siglo de Internet.

Wave era una maravilla tecnológica, pero un error mayúsculo. Lo lanzamos en 2009 y nunca despegó. El equipo Wave envió e iteró como loco, pero la base de usuarios nunca llegó a su masa crítica. Un año después del lanzamiento anunciamos la cancelación de Wave. La prensa nos hizo trizas, diciendo que Wave era un fracaso que había sido promocionado en demasía, un fracaso tremendo.

Tenían razón. Wave fue un fracaso tremendo. Falló rápidamente: no pusimos dinero bueno al malo. Fracasó sin que nadie fuera estigmatizado: ninguno de los miembros del equipo Wave perdió su empleo y, de hecho, muchos de ellos fueron muy valorados en Google después de que el proyecto fue cancelado, precisamente porque habían trabajado en algo que había puesto a prueba los límites. Y falló después de haber creado mucha tecnología valiosa: parte de la plataforma de Wave migró a Google+ y Gmail. Como fracaso, Wave falló bien.

Para innovar, debes aprender a fallar bien. Aprende de tus errores: todo proyecto fallido debe brindar intuiciones valiosas de tipo técnico, en relación con el usuario o con el *marketing*, intuiciones que pueden ser útiles para informar al siguiente esfuerzo. Modifica las ideas, no las mates: la mayoría de las grandes innovaciones del mundo empezaron siendo aplicaciones muy distintas, así que cuando des por terminado un proyecto, analiza cuidadosamente sus componentes para ver si pueden reutilizarse en otra cosa. Como dice Larry: si estás pensando lo suficientemente en grande, es muy difícil fallar completamente. Suele haber cosas muy valiosas. Y no estigmatices al equipo que falló: asegúrate de que tengan buenos trabajos internos. Los siguientes innovadores estarán observando para ver si el equipo fracasado es castigado. Su falla no debe celebrarse, pero es una suerte de medalla al honor. Al menos lo intentaron.

El trabajo de la gerencia no es mitigar los riesgos o prevenir los fracasos, sino crear un ambiente lo suficientemente flexible como para asumir esos riesgos y tolerar los errores inevitables. El autor y profesor Nassim Taleb escribe sobre cómo hacer que los sistemas sean "antifrágiles": no sólo sobreviven a los fracasos y a las inclemencias externas, sino que se fortalecen como resultado.[40] No nos malinterpretes, el fracaso no es el objetivo, pero si mides la

---

[40] Más de Taleb: «Algunas cosas se benefician de los golpes imprevistos; viven y crecen cuando son expuestas a la volatilidad, el azar, al desorden, a los factores estresantes, y aman la aventura, el riesgo y la incertidumbre. Aún así, a pesar de la ubicuidad del fenómeno, no hay antónimo exacto de la palabra "frágil". Hablemos de antifragilidad. La antifragilidad está más allá

salud de tu ambiente innovador, necesitas tomar en cuenta los fracasos y los éxitos por igual, y así tornarte más "antifrágil". Como dice el caricaturista de Dilbert, Scott Adams: «Es útil ver el fracaso como un camino y no como un muro.»[41] Mulá Nasrudín, el bufón sabio de la tradición popular sufí del siglo XII, apoya esa noción: «El buen juicio proviene de la experiencia; la experiencia proviene del mal juicio.»[42]

El momento de declarar el fracaso es tal vez el elemento más truculento. Un buen fracaso es un fracaso rápido: una vez que te das cuenta de que el proyecto no funcionará, debes jalar el cordón y desconectarlo tan rápido como puedas para evitar más desperdicio de recursos y para no incurrir en costos de oportunidad (esos creativos inteligentes que trabajan en un proyecto condenado al fracaso estarían mejor aprovechados en un proyecto que tenga el potencial de ser un éxito). Sin embargo, uno de los sellos de una compañía innovadora es que da a las buenas ideas tiempo para su gestación. Los proyectos como los autos que se conducen solos o Google Fiber, que brindará hasta un gigabit de banda ancha a hogares (unas cien veces más que el promedio de la banda ancha en un hogar de Estados Unidos) tiene el potencial de ser altamente rentable, pero requerirá de mucho tiempo. Como señala Jeff Bezos: «Con sólo aumentar el horizonte temporal puedes

---

de la resiliencia o de la robustez. Lo resiliente resiste los impactos y permanece igual, en tanto que lo antifrágil mejora». Ver Nassim Nicholas Taleb,

[41] Ver Scott Adams, "Scott Adams' Secret of Success: Failure" (*Wall Street Journal*, 12 de octubre de 2013).

[42] Esta cita suele atribuírsele al científico de la computación Jim Horning, pero él mismo dijo que es falso y al investigar nos encontramos con que en realidad es de Nasrudín. Cuando nos enteramos, decidimos que sólo deseamos ser recordados, dentro de varios siglos, como los bufones sabios porque nos gusta el papel. La historia es relatada en Joel Izzy, *The Beggar King and the Secret of Happiness* (Algonquin Books, 2003), páginas 206-207.

involucrarte en tareas que de ninguna otra manera podrías realizar. En Amazon, nos gusta que las cosas entren en funcionamiento en entre cinco y siete años. Estamos dispuestos a sembrar semillas, dejarlas crecer, y somos muy necios. Solemos decir que somos necios en la visión de las cosas y flexibles con los detalles.»[43]

¿Así que debo fallar rápidamente pero con un horizonte temporal muy largo? ¿Eh? ¿Cómo es eso? (¿Ahora vez por qué dijimos que ésta era la parte truculenta?) La clave es iterar rápidamente y establecer métricas que te ayuden a juzgar si con cada iteración te estás acercando al éxito. Debes esperar y permitir pequeños fracasos, puesto que a veces arrojan luz respecto del camino que debes seguir. Pero cuando los fracasos se acumulan y no hay camino aparente al éxito (o como dicen Regina Dugan y Kaigham Gabriel, cuando para alcanzar el éxito se requieren varios milagros sucesivos),[44] probablemente ha llegado el momento de cerrar el capítulo.

No se trata de dinero

Creemos en pagar a la gente extraordinaria extraordinariamente bien por un éxito extraordinario, pero no pagamos a la gente por los proyectos 20 por ciento exitosos. Dan Ratner pudo haber recibido una muy generosa compensación por ser parte del equipo transformacional de producto de Street View, pero no recibió nada directamente ligado a su trabajo en los triciclos.[45] No proporcionamos incentivos para los proyectos 20 por ciento por la sencilla razón de que no necesitamos hacerlo: puede sonar cursi, pero la

---

[43] Steven Levy, "Jeff Bezos Owns the Web in More Ways Than You Think" (*Wired*, 13 de noviembre de 2011).

[44] Regina E. Dugan y Kaigham J. Gabriel, "Special Forces' Innovation: How DARPA Attacks Problems" (*Harvard Business Review*, octubre de 2013).

[45] De este modo, resulta que Dan tiene mucho en común con los niños que aprenden a caminar.

recompensa viene del trabajo mismo. Varios estudios han demostrado que las recompensas extrínsecas no alientan la creatividad, y de hecho la afectan al convertir una tarea inherentemente satisfactoria en una tarea para ganar dinero.[46]

Nuestro ejemplo favorito de recompensas inherentes para los proyectos 20 por ciento, sucedió en agosto de 2005, cuando el huracán Katrina devastó la costa del golfo de Estados Unidos. Google Earth había estado en el mercado durante sólo ocho semanas y el equipo que desarrolló los productos geo —Maps y Earth— era pequeño y había trabajado de más. Pero cuando el huracán golpeó, el equipo entró en acción de inmediato, lanzando más de ocho mil imágenes actualizadas (de la Administración Nacional para el Océano y la Atmósfera) que mostraban con precisión el tamaño del desastre y proveyeron imágenes de alta resolución de las calles y vecindarios. Esto ayudó a los equipos de rescate, quienes la estaban pasando mal navegando cuando tantas señales y letreros habían sido arrasados. También ayudó a que las agencias repartieran la ayuda, y después ayudó a que los sobrevivientes pudieran decidir si debían regresar o no a sus casas.

Éste fue el clásico proyecto 20 por ciento. La idea nació dentro de un equipo. Ningún hipopótamo les ordenó hacerlo. Nadie sugirió que acamparan fuera de la oficina por varias noches seguidas ni nadie les pidió que acudieran a la comunidad creciente de usuarios de Google Earth para solicitar ayuda de voluntarios. Nadie les pidió que trabajaran con la agencia antes mencionada para obtener las imágenes. De hecho, la única intervención del equipo ejecutivo tuvo lugar cuando Eric visitó su "cuarto de guerra", miró en derredor y pronunció el sabio edicto de que siguieran haciendo lo que estaban haciendo.

---

[46] Ver, por ejemplo, Teresa M. Amabile, "How to Kill Creativity" (*Harvard Business Review*, septiembre-octubre de 1998).

A partir del huracán Katrina, ese proyecto 20 por ciento se ha convertido en un equipo permanente de respuesta ante las crisis en Google.org, la organización que maneja las iniciativas filantrópicas en Google. Con ayuda de ese equipo, los googleros han usado nuestras plataformas para ayudar a la gente que sufre por desastres naturales, que van desde las tormentas de nieve chinas de 2008 que afectaron a miles de viajeros, al terremoto de 2011 en Japón, con el correspondiente tsunami que mató a miles y dejó a cientos de miles sin hogar. En cada desastre, dieron con nuevas formas de usar los productos para ayudar a la gente, aprovechando siempre las experiencias previas. La mayoría de ellos no recibe un quinto por su esfuerzo, pero todos están motivados por el trabajo mismo.

Conclusión: imagina lo inimaginable

Eric pasó las vacaciones de fines de 2013 con su familia. Entre las típicas actividades familiares, los chicos pasaron algún tiempo viendo videos. Lo que impresionó a Eric fue que ni un minuto de ese tiempo lo pasaron frente a una televisión; de hecho, la tele permaneció apagada durante todas las vacaciones y todos los videos fueron vistos en tabletas. Nada de lo que veían eran programas en el sentido tradicional del término (no habían sido originalmente transmitidos por una cadena o compañía de cable), más bien, fueron creados desde el principio para ser usados vía *streamming* desde sitios web y aplicaciones móviles. La televisión y el ecosistema que la rodea ya no forma parte de la vida de estos chicos. Esto, sospechamos, no es una anécdota aislada. Sabemos que le hará gracia a quienes fabrican dispositivos móviles o a quienes producen contenido en video basado en la red, pero no te dará risa si te dedicas a hacer programas que los chicos de hoy no verán cuando crezcan.

Vivimos un momento de gran optimismo pero también de gran ansiedad, y no sólo para los ejecutivos de las televisoras. Durante los tres años que hemos invertido en escribir este libro, el impacto disruptivo de la tecnología se ha sentido en numerosas industrias. Los temas económicos que salieron a la luz durante la última recesión persisten a pesar de que las economías alrededor del mundo se recuperan. La tasa del cambio impelido por la tecnología supera nuestra capacidad de entrenar a la gente en nuevas habilidades, ejerciendo una presión tremenda en clases enteras de trabajadores y en la estructura económica de muchas naciones. Los clásicos trabajos estables de la clase media que históricamente fueron la base de las economías sanas están pasando a las naciones en desarrollo, a Internet, o hasta han desaparecido.

No hay duda de que la disrupción de los negocios que alguna vez fueron robustos y el impacto económico resultante será doloroso y confuso a corto plazo, así que sería irresponsable terminar un libro sobre cómo construir grandes negocios en el siglo XXI sin ofrecer algún consejo para capear los temporales venideros o sin comentar cómo creemos que debes pensar en ellos. ¿Qué ha cambiado en el paisaje corporativo de hoy? ¿Qué pasará a continuación? ¿Qué pueden hacer los negocios y los emprendedores individuales para sobrevivir y desarrollarse durante los periodos de disrupción?

De Downton Abbey a Diapers.com

Para poder entender por qué el cambio amenaza a las corporaciones tradicionales, necesitamos repasar rápidamente otros momentos de la historia en que una forma de actividad económica pasó el bastón de mando a otra. Conforme entramos en el siglo XXI, estamos en una zona de cambio no muy distinta a aquella en que el mundo occidental pasó de la economía feudal a una industrial en el siglo XIX. Muchos de nuestros amigos y familiares están enamorados de una serie de televisión de la BBC llamada *Downton Abbey*, que relata los dramáticos altibajos de los residentes de una magnífica mansión británica y del equipo que los sirve en los años que rodean a la Primera Guerra Mundial. Los residentes son nobles ingleses adinerados que pasan mucho tiempo vistiéndose para comer o cenar y preocupándose por los empleados, en tanto que los empleados son trabajadores que pasan mucho tiempo, sí, trabajando, y preocupándose por los residentes. Todo con delicioso acento británico y ropa de época auténtica.

En caso de que no te hayas dado cuenta por estar sollozando a causa del encarcelamiento de John Bates (eventualmente es exonerado) o por la muerte de Matthew (si esperas que suceda un milagro tipo Bobby Ewing,[1] no, permanece muerto), el mundo de Downton Abbey representa la transición de una economía a otra. La institución definitiva del siglo XIX preindustrial fue la *Casa*; Downton era una fuente de apoyo económico para los poblados de las inmediaciones por su demanda de personal y servicios.

Después de la Revolución Industrial, la institución definitiva del siglo XX llegó a ser la *Corporación*. Piensa en General Motors, una empresa automovilística que producía en masa en sus plantas gracias a una confluencia de factores, incluyendo acceso al poder, al agua y a la fuerza de trabajo de cuello blanco. Entretanto, los empleados sindicalizados en la fábrica y los empleados de cuello blanco en las oficinas disfrutaban carreras seguras y estilos de vida cómodos de clase media.

En el siglo XXI, la *Corporación* está siendo retada como eje de la actividad económica por la *Plataforma*. Tocamos el tema de las plataformas en el capítulo dedicado a la estrategia, pero pensemos en Diapers.com (que subsecuentemente fue adquirido por Amazon). Una plataforma es un eje muy distinto de las corporaciones. La relación de la corporación con los consumidores es de una sola vía. General Motors decide cómo diseñar, fabricar y mercadear un nuevo producto para sus consumidores y lo vende

---

[1] En *Dallas*, la exitosa serie de televisión de la década de 1980, el personaje de Bobby Ewing, interpretado por Patrick Duffy, murió trágicamente cuando su cuñada lo atropelló con un auto, pero regresó milagrosamente a la vida en la siguiente temporada. Resultó que su muerte era sólo un sueño. Ojalá todos tuviéramos tanta suerte.

por medio de una red de distribuidores. En contraste, la plataforma tiene una relación de ida y vuelta con los consumidores y proveedores. Hay mucho más "toma y daca". Amazon es una corporación, pero también es un mercado en que los compradores y los vendedores se reúnen. Amazon no sólo dicta lo que venderá a los consumidores, los consumidores le dicen a Amazon qué están buscando y Amazon lo consigue para ellos. Los consumidores tienen una voz, pues pueden calificar los productos y servicios.

¿Quién tiene éxito y quién fracasa en un mundo de plataformas?

Gracias al grupo Buggles, sabemos que el video mató a la estrella de radio, y gracias a la quiebra de las librerías Borders, en 2011, sabemos que las plataformas tipo Amazon pueden lastimar a las corporaciones dominantes de un segmento. Borders no era ningún peso ligero. En 2005 tenía una capitalización de mercado de más de mil seiscientos millones de dólares,[2] y cuando llegó el momento de acogerse al Capítulo 11, empleaba a más de 17 000 personas.[3]

Así que, nos parece que los negocios dominantes tienen que elegir: pueden seguir operando como siempre lo han hecho, existiendo en un mundo en que la tecnología es algo que ha de usarse, no como herramienta transformativa, sino simplemente para optimizar la eficiencia operativa y maximizar las utilidades. En muchos de estos negocios preponderantes, la tecnología es esa cosa interesante que es atendida por ese extraño grupo que está en el otro edificio; no es algo que determine la agenda del director general cada semana. Y la inminente disrupción causada por nuevos competidores que entran a su mercado es algo que

---

[2] "Examining the Books" (*Wall Street Journal*, 29 de agosto de 2005).

[3] Joseph Checkler y Jeffrey A. Trachtenberg, "Bookseller Borders Begins a New Chapter... 11" (*Wall Street Journal*, 17 de febrero de 2011).

330 **ERIC SCHMIDT Y JONATHAN ROSENBERG**

debe combatirse con batallones de cabilderos y abogados. Aunque puede tomar bastante tiempo (y costar mucho dinero) esta actitud de hacer-un-hoyo-y-meter-la-cabeza-en-él puede tener un final trágico. Las fuerzas de la tecnología y de la disrupción son demasiado poderosas, así que la empresa preponderante que siga esta estrategia eventualmente fracasará o, cuando menos, se tornará irrelevante. En el camino, estorbará según la decisión del cliente y aplastará la innovación en su industria, porque eso es exactamente lo que intenta. Innovación significa cambio y para las empresas preponderantes el *statu quo* es un lugar mucho más cómodo en el que estar.

El inversionista de alto riesgo y cofundador de Sun Microsystems, Vinod Khosla, quien a veces habla en la clase que Eric imparte en Stanford, señala un par de razones simples para esto. Primero, a nivel corporativo, casi todas las cosas innovadoras se ven como pequeñas oportunidades para una empresa grande. Apenas valen el tiempo y el esfuerzo, especialmente debido a que el éxito está lejos de ser seguro. Y a nivel individual, la gente dentro de las grandes compañías no es recompensada por asumir riesgos, pero sí se le penaliza por el fracaso. La paga individual es asimétrica, así que la persona racional opta por la seguridad.[4]

No obstante, existe una alternativa para las empresas dominantes: que desarrollen una estrategia que aproveche las plataformas para producir grandes productos consistentemente. Usen esa estrategia como cimiento para atraer a un equipo de creativos inteligentes y luego creen un medio ambiente en el que puedan tener éxito a escala. Fácil, ¿no? Excepto por el hecho de que, obviamente, no lo es; ni siquiera un poco. La naturaleza misma de las empresas maduras es evitar el riesgo y atacar los grandes cambios como el cuerpo combate una infección. Lo sabemos porque

---

[4] Vinod Khosla, "The Innovator's Ecosystem" (1 de diciembre de 2011), <http://www.khoslaventures.com>.

hemos estado ahí. Después de todo, estás leyendo un libro escrito por un par de tipos que se cuentan entre los últimos googleros que usaron Blackberries y correos electrónicos basados en Outlook. No siempre vemos venir el cambio, y tampoco lo manejamos tan bien siempre. Por fortuna, nos rodeamos de gente que sí ve, como nuestro excolega Vic Gundotra...

El surgimiento de las redes sociales (y de un novato de nombre Facebook)

La red mundial se ha desarrollado en tres fases distintas. La Red 1.0 comenzó en los años noventa con el advenimiento del navegador, del HTML y de estas cosas llamadas sitios web. Durante esta fase, los usuarios podían leer texto, ver pequeñas fotos y completar transacciones básicas, pero más allá de eso, la funcionalidad era bastante limitada. Luego, a principios de la década de 2000, aparecieron nuevas tecnologías que llevaron a sitios web más poderosos y a una infraestructura más robusta de la red. La banda ancha proliferó en muchos países, el video en línea despegó y se hizo más fácil para la gente no sólo consumir cosas *de* la red, sino añadir cosas *a* ella. En esta etapa de la Red 2.0, ésta se convirtió en un centro comercial gigantesco y en una enciclopedia en línea; era un lugar en que la gente podía *hacer* todo tipo de cosas. Miles de millones de personas de todo el mundo se conectaron y muchas veces lo primero que hacían al conectarse era buscar.

Antes del verano de 2010, ese era el lugar en que Google vivía: era feliz en la Red 2.0. Entretanto, la red social estaba surgiendo. En tanto que la Red 1.0 te permitía leer y comprar cosas y la Red 2.0 te dejaba hacer cosas, la red social te permitía hablar de las cosas y compartirlas. Hemos visto crecer esta tendencia por un tiempo cuando, al principio, Friendster y luego Myspace eran lo novedoso, y llegamos a considerar la posibilidad de asociarnos con un par de las empresas líderes en el espacio social, Twitter y Digg. Pero esas ideas de asociación no llegaron muy lejos, y tal vez nos distrajeron de un competidor que nunca esperamos. De pronto, la red social no estaba llegando; estaba aquí, y el cambio era liderado por una nueva plataforma llamada Facebook.

Google no estaba siquiera en ese juego. El éxito de Orkut, nuestro primer esfuerzo social, estuvo limitado a los mercados brasileño e indio. Habíamos lanzado la ya mencionada y muy cacareada nueva forma de correo electrónico llamada Wave, que era una pieza de tecnología brillante que gustó mucho a los usuarios de poder (de los que había pocos) y confundió a los demás seres humanos (muchos). También habíamos lanzado Buzz, un producto que los googleros amaron en las pruebas internas pero que levantó preocupaciones relativas a la privacidad. Para el verano de 2010, habíamos dejado de trabajar en Wave, y Buzz estaba desacelerando, dejándonos con un marcado de 0-2 en la arena de las redes sociales.

Vic Gundotra eligió sentirse molesto por esto. Vic era la cabeza del área móvil, el encargado de hacer que todos los grandes servicios de Google corrieran en las pequeñas pantallas portátiles, que se estaban volviendo críticas para modernizar Internet para cientos de millones de usuarios. Vic había visto el potencial de los teléfonos inteligentes desde el principio y ayudó a conformar el equipo que llevó a que Google adoptara el mantra de «primero lo móvil». Nuestras malas experiencias nada tenían que ver con Vic, excepto por el hecho de que era empleado y accionista y que le preocupaba que estuviéramos perdiéndonos de un cambio histórico en la red. Decidió hacer algo al respecto. Pidió a Bradley Horowitz que aceptara comer con él.

Bradley estaba a cargo del área social y su comida con Vic se prolongó hasta convertirse en una reunión, y luego vino otra. Los dos hombres empezaron a diseñar un plan para reinventar Google adaptándolo a las redes sociales y llevando muchas innovaciones a los consumidores. Lo social no formaba parte de la descripción de puesto de Vic, y aunque éramos los jefes ostensibles de Vic (le reportaba a Urs Hölzle, quien le reportaba a Eric y asistía a las juntas de personal de Jonathan), ciertamente no le pedimos que desarrollara una nueva plataforma social ni que nos diera sus ideas sobre este tema. Más bien, él vio que teníamos un problema, sintió que podía contribuir a crear una solución y decidió hacer que las cosas sucedieran.

Pronto, el proyecto de Vic y Bradley, que tenía el nombre clave de «Emerald Sea», ganó momento en la empresa, y un año más tarde fue lanzado como el proyecto Google+, una de las apuestas más ambiciosas en la historia de la compañía. Google+ suele tratarse en los medios como la respuesta competitiva a Facebook, pero esto no es enteramente correcto. Es más preciso decir que Google+ es una respuesta a la disrupción de la Red 2.0 y al surgimiento de la Red Social. Es el tejido social el que entreteje las diversas plataformas de Google, desde AdWords hasta YouTube. Y todo empezó porque una persona vio que se cocinaba un gran cambio con el potencial de cambiar el negocio, y decidió hacer algo al respecto. Aunque no era su trabajo.

Formula las preguntas más difíciles

Vic comenzó con su búsqueda social al formularse algunas preguntas: ¿Qué significaría para Google que el uso dominante de la red fuera una plataforma social? ¿Podría la red social hacer que la búsqueda fuera obsoleta? A veces, la forma más efectiva de lograr que el cambio y la innovación superen a los anticuerpos de la entropía corporativa es sencilla: hacer la pregunta más difícil. Hablando del futuro, ¿qué ves en el futuro para el negocio que otros puedan estar pasando por alto o que hayan elegido ignorar? (Clayton Christensen, profesor de la Escuela de Negocios de Harvard y consultor de negocios, dice: «Pongo mi atención en las preguntas que necesito formular para detectar los temas del futuro.»)[5] Cuando la

---

[5] Art Kleiner, "The Discipline of Managing Disruption" (*strategy+business*, 11 de marzo de 2013).

información sea verdaderamente ubicua, cuando el alcance y la conectividad sean completamente globales, cuando los recursos computacionales sean infinitos y cuando un nuevo grupo de imposibilidades no sólo sean posibles sino que estén sucediendo, ¿qué pasará con tu negocio? El progreso tecnológico sigue una tendencia ascendente inexorable. Sigue esa tendencia hasta un punto lógico en el futuro y formula la siguiente pregunta: ¿Qué significa eso para nosotros?

En los noventa, cuando Eric trabajaba en Sun, la empresa fabricaba estaciones de trabajo que ofrecían el mejor valor de la industria. Era una empresa de corte tecnológico que confiaba en poder mantener permanentemente su ventaja precio-desempeño, pero Sun estaba amenazada por las cada vez mejores capacidades del las "Wintel", las PC construidas con procesadores Intel y que corrían en sistemas operativos Microsoft Windows. En esa época, la pregunta más difícil para Sun era: ¿Qué pasará con el negocio de Sun cuando la relación precio-desempeño de las máquinas Wintel supere finalmente a la de Sun? ¿Qué hará la empresa cuando la ventaja que le dio la mayoría de su éxito y rentabilidad se haya ido? Cuando Eric formuló esa pregunta al presidente de la empresa, Owen Brown, y a su director general, Scott McNealy, su conclusión fue que Sun nunca podría bajar sus costos para ser competitiva con la industria de las computadoras personales. En otras palabras, no tenían una buena respuesta (y tampoco la tenía Eric). Por supuesto que era un problema, pero mayor fue el problema que vino después. Nada. Nadie actuó en consecuencia. En abril de 2002, la capitalización de mercado de Sun era de 141 000 millones de dólares. En 2006, los servidores basados en Windows se habían adueñado del mercado, en tanto que la participación de mercado de las máquinas Sun languidecía en torno a un solo dígito. Sun fue vendido a Oracle en 2009 por 7.4 mil millones de dólares.

En las empresas en activo siempre existen preguntas difíciles que no suelen formularse porque no hay buenas respuestas, y eso hace que la gente se sienta incómoda. Pero justo para esto deben hacerse esas preguntas, para hacer que el equipo se sienta incómodo. Mejor que esa incomodidad provenga del fuego amigo que de los intentos de un competidor por aniquilarte de verdad —como aprendió Eric en Sun—. Si no hay buenas respuestas para las preguntas más difíciles, entonces al menos hay un lado amable. Las preguntas más difíciles que no tienen respuestas sencillas pueden ser muy efectivas para mitigar la aversión al riesgo y las tendencias anticambio de la cultura de las grandes empresas. Son como el ahorcamiento inminente que, como decía Samuel Johnson, puede concentrar la mente a las mil maravillas.[6]

Empieza por preguntar qué será cierto en cinco años. Larry Page suele decir que el trabajo de un director general no sólo consiste en pensar en el negocio esencial, sino también en el futuro. La mayoría de las empresas fracasa por estar demasiado cómodas haciendo lo que siempre han hecho y porque implementan sólo cambios incrementales. Y eso es especialmente fatal en nuestros días, cuando el cambio basado en la tecnología es rampante. Así que la pregunta a hacerte no es qué *será* cierto, sino qué *podría* ser cierto. Preguntar qué será cierto implica adivinar, lo que es una locura en un mundo que se mueve rápidamente.[7]

---

[6] Citado originalmente en la biografía del escritor inglés Samuel Johnson, escrita por James Boswell: «Puede confiar, señor, en que cuando un hombre sabe que será colgado en quince días, su mente logra concentrarse maravillosamente.» Ver James Boswell, *Life of Johnson* (Oxford World's Classics/Oxford University Press, 2008), página 849.

[7] Hasta los expertos son malos para predecir los eventos altamente inciertos, como el psicólogo Philip Tetlock ha demostrado en su reciente estudio de 20 años de duración sobre las predicciones de cientos de expertos. Por ejemplo, los expertos no fueron mejores que las personas educadas promedio (y tampoco fueron mejores que el mero azar) para predecir los principales cambios en su campo, como si el *apartheid* terminaría por medios no violentos o si Quebec se independizaría de Canadá y demás.

Preguntar qué podría ser cierto implica a la imaginación: ¿qué cosa que es inimaginable a la luz del conocimiento convencional es, de hecho, imaginable?

Como señala Vinod Khosla, en 1980 era difícil imaginar que los microprocesadores estarían en todas partes, no sólo en las computadoras sino en los autos, cepillos de dientes y en prácticamente todo lo demás.[8] En 1990, cuando los teléfonos celulares eran del tamaño de una máquina de coser y costaban una fortuna, era difícil imaginar que llegarían a ser más pequeños que un mazo de cartas y que costarían menos que una noche de cine. En 1995, era difícil imaginar que Internet tendría más de 3000 millones de usuarios o más de 60 billones de direcciones únicas. Los microprocesadores, los teléfonos celulares e Internet están por todas partes en nuestros días, pero virtualmente nadie predijo eso cuando estas tecnologías estaba en sus estadios iniciales. Y, sin embargo, todos seguimos cometiendo el mismo error. La reacción general cuando Google anunció que investigaba el auto que se maneja solo fue de incredulidad. Los autos que se manejan solos no pueden ser una realidad, ¿o sí? Nosotros no podemos imaginar que jamás suceda.

Así que olvida la sabiduría convencional, confía en la imaginación y pregúntate qué *podría* suceder en tu industria en los próximos cinco años. ¿Qué podría cambiar con más velocidad y qué no cambiará en absoluto? Entonces, cuando tengas una idea de lo que podría traer consigo el futuro, te planteamos más preguntas difíciles a considerar. ¿Cómo atacaría el negocio principal de tu empresa un competidor muy listo y con buen capital? ¿Cómo podría tomar ventaja de las plataformas digitales para

---

Ver Philip E. Tetlock, *Expert Political Judgement: How Good Is It? How Can We Know?* (Princeton University Press, 2005).

[8] Ver Vinod Khosla, "Mantain the Silicon Valley Vision" (blog *Bits*, *The New York Times*, 13 de julio de 2012).

explotar debilidades o para quitarte los segmentos de consumo más rentables? ¿Qué está haciendo la empresa para afectar su propio negocio? ¿Es la canibalización o la pérdida de utilidades una razón frecuente para eliminar la innovación potencial? ¿Hay alguna oportunidad de construir una plataforma que pueda ofrecer aumentos de retorno y valor conforme crece su uso?

¿Los líderes de las empresas utilizan tus productos regularmente? ¿Los aman? ¿Se lo darían a su esposo o esposa como regalo? (Obviamente, esto no aplica en todos los casos, pero es un experimento intelectual poderoso.) ¿Los clientes aman tus productos o están ligados a ellos por otros factores que podrían evaporarse en el futuro? Si no estuvieran ligados de ese modo, ¿qué sucedería? (Ahora, un corolario interesante para la pregunta anterior: si obligaras a la gente de producto a facilitar el que tus clientes dejaran tu producto por el de un competidor, ¿cómo reaccionarían?, ¿podrían hacer tus productos tan grandiosos que los clientes querrían quedarse, incluso si no tienen que hacerlo?)

Cuando revisas los productos venideros nuevos más importantes o las características a lanzar, ¿qué porcentaje de ellos están construidos a partir de intuiciones técnicas únicas?, ¿cuántas personas de producto pertenecen al equipo ejecutivo de nivel alto?, ¿la empresa recompensa agresivamente y promueve a la gente que tiene el mayor impacto al crear productos excelentes?

¿Es el reclutamiento una prioridad a nivel directivo? ¿Los ejecutivos de más alto nivel dedican algo de tiempo a la contratación? Entre tus empleados más fuertes, ¿cuántos se ven a sí mismos en la empresa dentro de tres años?, ¿cuántos se irían a otra empresa por 10 por ciento de aumento?

¿Tus procesos de toma de decisiones llevan a las mejores decisiones o sólo a las más aceptables?

¿Cuánta libertad tienen los empleados? Si hay alguien que sea verdaderamente innovador, ¿tiene esa persona la libertad de llevar a la práctica sus ideas, sin importar su nivel?, ¿las decisiones sobre ideas nuevas están basadas en la excelencia del producto o en las ganancias?

¿A quiénes les va mejor en la empresa, a los que se quedan la información o a los enrutadores? ¿Los cotos de poder evitan la libre circulación de la información y las personas?

Éstas son preguntas difíciles y es probable que no haya soluciones obvias para los problemas que sacan a la luz. Pero ciertamente no habrá soluciones si las preguntas nunca se formulan. Las empresas dominantes no suelen comprender cuán rápido pueden ser afectadas por la disrupción, pero hacerse estas preguntas puede ayudarlos a descubrir la realidad. También es una muy buena manera de atraer y fortalecer a los mejores creativos inteligentes, que se sienten atraídos no solamente por el reto sino por la honestidad del reto. «¡Gracias a Dios que alguien por aquí finalmente está haciendo las preguntas difíciles!», dirán. «Ahora podemos empezar a buscar las respuestas.»

Pero esto nos lleva a otra pregunta difícil: ¿estás en el lugar correcto para atraer a los mejores creativos inteligentes? Uno de los efectos interesantes de Internet y de las tecnologías móviles y de la nube es que los centros de actividad de negocios se han hecho más poderosos e influyentes. Solíamos pensar que la llegada de Internet y de otras tecnologías de la comunicación llevaría a que surgieran más centros, reduciendo la importancia de los ya existentes, pero de hecho, sucede en realidad lo opuesto. Claro que puede haber nuevos grupos pequeños de actividad en varias industrias, pero los centros que ya existían sólo han aumentado en importancia. Cuando se trata de los creativos inteligentes, la ubicación física importa más que nunca.

Es por esto, por ejemplo, que incluso cuando países de todo el mundo tratan de recrear la magia tecnológica de Silicon Valley, muchos de sus creativos inteligentes nativos que ansían tener carreras tecnológicas se van de esos países para ir a Silicon Valley. (Siempre nos sorprende la cantidad de lenguas que escuchamos en los cafés Google.) Piensan que pueden tener mucho más impacto desde California que desde sus países natales, y el atractivo de reunirse con otros creativos inteligentes del mismo tipo suele vencer al atractivo de quedarse cerca de casa. Lo mismo sucede en los centros financieros (Nueva York, Londres, Hong Kong, Frankfurt, Singapur), en los de moda (Nueva York, París, Milán), en el entretenimiento (Los Ángeles, Mumbai), en los diamantes (Amberes, Surat), en biotecnología (Boston, Basilea), en energía (Houston, Dhahran), en envíos (Singapur, Shanghái), en los automóviles (sur de Alemania) y en la mayoría de las demás industrias. Cualquier compañía que quiere emprender una nueva aventura de negocios necesita hacerse la siguiente pregunta: ¿Voy a donde están los creativos inteligentes o encuentro la manera de que vengan a mí?

El papel del gobierno

Los gobiernos también tienen que tomar decisiones importantes. Pueden ponerse de parte de las empresas preponderantes y gastar su energía en tratar de detener las fuerzas del cambio. Éste es el camino natural de los políticos, puesto que las empresas dominantes tienden a tener más dinero que las disruptivas, y son, además, expertas en usarlo para doblegar la voluntad de cualquier gobierno democrático. (Los nuevos retadores no comprenden la importancia de las herramientas legales y regulatorias que los preponderantes tienen en su arsenal.) Sin embargo, al igual que los negocios, los gobiernos tienen la opción de alentar la disrupción y crear ambientes en que los creativos inteligentes pueden prosperar. Pueden elegir tener una tendencia a favor de la innovación.

Todo comienza con la educación, y no sólo en el sentido tradicional de grados y modelos universitarios. La educación va a cambiar y los gobiernos deben favorecer la disrupción y no al modelo de la empresa dominante (en la actualidad, tienden a hacer justo lo opuesto). Las plataformas tecnológicas nos ayudarán a identificar nuestras fortalezas individuales y las debilidades con mayor precisión, y nos brindarán opciones educativas adaptadas a lo que queremos hacer. Como proveedores de la educación pública, los gobiernos pueden perseguir agresivamente este modelo de educación adaptada, flexible y que dura toda la vida, particularmente en el caso de los adolescentes que ya han salido de la preparatoria y de los adultos.

Debes tener una infraestructura digital, al igual que una política de inmigración amigable. Sin embargo, es más importante la libertad para innovar. Las regulaciones se crean anticipando problemas, pero si construyes un sistema que anticipe todo, no hay espacio para la innovación. Más aún, las empresas dominantes tienen una gran influencia en la creación regulatoria, y suele haber mucho movimiento entre los sectores público y privado, así que la gente que está diseñando y haciendo cumplir las regulaciones que matan a la innovación hoy, se convierten en los ejecutivos del sector privado que se benefician de ellas mañana. Siempre debe haber espacio en el ambiente regulatorio para que una nueva empresa entre en el juego.

Por ejemplo, en la industria automotriz hay un nuevo participante, Tesla, que está enfrentando bloqueos regulatorios en varios estados que evitan que venda directamente a los consumidores.[9] Las regulaciones protegen a los distribuidores de automóviles y reducen las opciones del consumidor en esos estados. Cuando llegue la siguiente ronda de innovación automovilística, los autos que se manejan solos, habrá un accidente. Alguien se lastimará o morirá, lo que puede tener el efecto de proyectar una sombra de duda en toda la industria de los autos que se conducen solos. Cuando esto suceda, los gobiernos deben resistir el impulso de imponer regulaciones muy restrictivas, semejantes a la ley bandera

---

[9] Steve Chapman, "Car Buyers Get Hijacked" (*Chicago Tribune*, 20 de junio de 2013).

roja[10] del Reino Unido del siglo XIX, que obliga a la nueva tecnología a saltar a través de aros de seguridad mucho más elevados que los autos regulares, operados por personas (y que también chocan, con aterradora regularidad y resultados). Si los datos empíricos demuestran que una nueva forma de hacer las cosas es mejor que la manera antigua, entonces el papel del gobierno no es impedir el cambio, sino permitir que la disrupción ocurra.

Los grandes problemas son problemas de información

Mientras las industrias explotan o son reformadas, las preponderantes se adaptan o marchitan, y las nuevas empresas crecen, las cosas mejorarán impulsadas por líderes visionarios y sus ambiciosos e inteligentes colegas. Somos optimistas de la tecnología. Creemos en el poder de la tecnología para hacer del mundo un mejor lugar. En donde otros ven un futuro distópico tipo *Matrix*, nosotros vemos al Dr. Leonard McCoy curando el mal del virus sauriano con un movimiento de su Tricorder (y celebrando con una copa de *brandy* sauriano y un *chaser* tranya),[11] nosotros vemos la mayoría de los grandes problemas como problemas de informa-

---

[10] La ley, que entró en vigor en el Reino Unido en 1865 como una de las llamadas Locomotive Acts, requería que los autos fueran precedidos por un peatón que agitara una bandera roja para advertir a los caballos y jinetes que venía el artefacto. La misma ley estableció los límites de velocidad de estas "locomotoras del camino" en dos millas por hora para los pueblos y cuatro en el campo. El acta fue derogada en 1896. Ver Alasdair Nairn, *Engines That Move Markets: Technology Investing from Railroads to the Internet and Beyond* (John Wiley & Sons, 2002), páginas 182-183, y Brian Ladd, *Autophobia: Love and Hate in the Automotive Age* (University of Chicago Press, 2008), página 27.

[11] Tanto el *brandy* sauriano como el tranya eran bebidas en la serie original de televisión *Viaje a las estrellas*. Esperamos que quienes captaron estas referencias las aprecien tanto como nosotros. Y será la última referencia a *Viaje a las estrellas*. Lo prometemos.

ción, lo que significa que, con suficientes datos y capacidad para analizarlos, virtualmente cualquier reto de los que hoy enfrenta la humanidad puede ser resuelto. Pensamos que las computadoras obedecerán el mandato de la gente —de toda la gente— para hacer su vida mejor y más fácil. Y estamos bastante seguros de que nosotros, dos tipos de Silicon Valley, seremos ampliamente criticados por esta visión optimista e ingenua del futuro. Pero no importa. Lo que importa es que hay luz al final del túnel.

Hay razones sólidas para subrayar nuestro optimismo. La primera es la explosión de datos y una tendencia hacia el libre flujo de la información. Desde los sensores geológicos y meteorológicos hasta las computadoras que registran cada una de las transacciones económicas, pasando por la tecnología para llevar puesta (como los lentes de contacto inteligentes de Google)[12] que registra continuamente los signos vitales de la persona, todo tipo de datos se están recolectando y simplemente nunca antes hubo algo así, a una escala que hubiera sido tema de ciencia ficción hace unos años. Y ahora hay un poder de cómputo prácticamente ilimitado con el que analizar los datos. Datos infinitos e infinito poder de cómputo crean un maravilloso campo de juego para que los creativos inteligentes de todo el mundo resuelvan grandes problemas.

Esto resultará en una mayor colaboración entre creativos inteligentes —científicos, médicos, ingenieros, diseñadores, artistas— tratando de resolver los grandes problemas mundiales, dado que es mucho más fácil comparar y combinar distintos grupo de datos. Como Carl Shapiro y Hal Varian escribieron en *Information Rules*, es costoso producir la información pero es barato

---

[12] Los lentes de contacto inteligentes, en desarrollo por Google[x], están diseñados para llevar un registro de los niveles de glucosa del usuario midiéndolos por medio de las lágrimas. Esto haría que los diabéticos ya no necesitaran picarse regularmente para hacerse pruebas de sangre o usar un sensor de glucosa debajo de la piel todo el tiempo.

reproducirla.[13] Así que, si creas información que ayuda a resolver un problema y contribuyes con esa información a una plataforma en la que puede ser compartida (o si ayudas a crear la plataforma), permitirás que muchos otros usen esa valiosa información a un costo bajo o sin costo. Google tiene un producto llamado Fusion Tables, que está diseñado para «sacar tus datos del silo» permitiendo que grupos de datos relacionados se fundan y analicen como uno solo, en tanto que se retiene la integridad del grupo de datos original. Piensa en todos los investigadores científicos del mundo que trabajan en problemas similares, cada uno con su propio grupo de datos en sus propias hojas de cálculo y bases de datos, o en los gobiernos locales tratando de evaluar y resolver asuntos ambientales y de infraestructura, rastreando el progreso con sistemas ubicados en sus escritorios o en el sótano. Imagina el poder derivado de analizar estos silos informativos, combinando y analizando los datos de nuevas maneras distintas.

La velocidad es otro factor esperanzador. Gracias a la tecnología, la latencia —el tiempo que hay entre la acción y la reacción— es cada vez más corta. De nuevo, en este tema puede resultar interesante adoptar una perspectiva histórica para enfocar correctamente el concepto. Lo que los economistas llaman "tecnologías de propósito general" (la máquina de vapor o la electricidad son buenos ejemplos), históricamente ha requerido de mucho tiempo para pasar de la invención a la aplicación que cambia el tejido social y la operación de los mercados. La máquina de vapor de Watt fue desarrollada en 1763, pero tuvieron que pasar casi doscientos años para que los ferrocarriles transformaran a Kansas City de ser el punto de reunión del ganado a ser una metrópolis con eje en el intercambio de ganado. En contraste, el navegador Netscape fue lanzado en 1994 y Jonathan, orgulloso, conectó uno

---

[13] Carl Shapiro y Hal R. Varian, *Information Rules; A Strategic Guide to the Network Economy* (Harvard Business Review Press, 1998).

de los primeros módems de cable del mundo para Excite@Home en 1998. En menos de una década, estas tecnologías modernas de la información habían transformado nuestra manera de comunicarnos, de ligar, de comprar, de ordenar comida, de pedir un taxi. La belleza de la velocidad, sin embargo, está en el ojo de quien observa: parece algo malo cuando se presenta la disrupción, pues todo sucede tan rápido. Pero cuando estás diseñando nuevas empresas, la aceleración de todo trabaja en tu favor.

Y el advenimiento de las redes está dando paso a una mayor sabiduría colectiva e inteligencia. Cuando el campeón mundial de ajedrez, Garry Kasparov, perdió su encuentro con la computadora Deep Blue en 1997, todos pensamos que estábamos viendo un relevo de antorcha seminal. Pero resulta que ese encuentro abrió una nueva era de campeones de ajedrez: no computadoras, sino personas que afinan sus capacidades practicando con las computadoras. Los grandes maestros de hoy (y hoy existe el doble de grandes maestros comparado con 1997)[14] usan las computadoras para entrenarse, lo que convierte a los humanos en jugadores aún mejores. Entonces, surge un círculo virtuoso de inteligencia asistida por computadora: las computadoras ayudan a que los humanos sean aún mejores, y los humanos programan computadoras más capaces. Es claro que esto sucede en el ajedrez; ¿por qué no en otras áreas?

El futuro es tan brillante...

Es difícil para nosotros pensar en una industria o campo y no percibir un futuro brillante. En el cuidado de la salud, por ejemplo, sensores personales en tiempo real permitirán mediciones y un registro sofisticado de sistemas humanos complejos. Combina todos

---

[14] Christopher Chabris y David Goodman, "Chess-Championship Results Show Powerful Role of Computers" (*Wall Street Journal*, 22 de noviembre de 2013).

los datos con un mapa de factores de riesgos generado a partir de un análisis genético profundo, y tendremos habilidades sin precedentes (sólo con el consentimiento del individuo) para identificar, prevenir o tratar problemas individuales de salud con mucha anticipación. Al sumar estos datos, se pueden crear plataformas de información y conocimiento que permitan una investigación más efectiva y que lleven a políticas de salud más inteligentes.

Los consumidores del cuidado de la salud sufren de una falta de información: virtualmente carecen de datos sobre los resultados de los procedimientos y del desempeño de los médicos y los hospitales, y es común que sea muy problemático acceder a sus propios datos de salud, especialmente si estos datos están en instituciones distintas. Y el cálculo del precio de los servicios médicos, de las medicinas y de los suministros es completamente opaco y varía muchísimo de paciente a paciente y de instalación a instalación. El solo hecho de llevar aunque sea un nivel básico de transparencia informativa al cuidado de la salud, podría tener un tremendo impacto positivo, bajando los costos y mejorando los resultados.

La industria del transporte será otra industria llena de disrupción y oportunidad. ¿Qué sucederá cuando cada auto se conduzca solo? Los modelos de propiedad cambiarán, puesto que los servicios personales de transporte bajarán de precio y serán mucho más responsivos. La única razón que justificará tener un auto será el placer, no el transporte. Esto obligará a que los planificadores rediseñen las redes de transporte.

En cuanto a los servicios financieros, una información más detallada significa servicios más personalizados. Por ejemplo, en nuestros días las aseguradoras de autos ya están comenzando a usar la información como distancia manejada y localización para calcular las probabilidades de que un conductor tenga un accidente. ¿No serían más inteligentes si aceptaran bajar sus tarifas a cambio de tener acceso a *todos* los datos de tu auto: velocidad, ubicación, horario de servicio, distancia recorrida, condiciones de tráfico y registros de mantenimiento? Tal vez no aceptarías la oferta, pero ¿aceptarías en el caso de los adolescentes de la familia, esperando que les ayudara a manejar con mayor seguridad?

En las industrias creativas hay un contenido más destacado y más talento que nunca antes, y la demanda de éste (al menos medido por consumo de medios) nunca ha sido mayor. A pesar de las muchas películas de acción mediocres realizadas con IGC[15], la tecnología también ha creado nuevas formas para que cada uno de nosotros disfrute programas que se basan en la narración tradicional de historias, como *House of Cards* o *Game of Thrones*; podemos verlas cuando queremos, en los aparatos de nuestra elección, ya se trate de una televisión de pantalla plana, una laptop o de algo utilizable, como los lentes, por ejemplo. Internet ha diezmado los modelos tradicionales en el negocio de los medios, pero surgirán nuevos modelos para reemplazar a los anteriores. El resultado será un mercado mucho más grande, fragmentado y caótico para los creadores y un sinfín de opciones para los consumidores.

Ya se trate de combatir al crimen (analizando patrones criminales para permitir un "combate predictivo" del delito), de agricultura (con mapas de datos sobre la riqueza del suelo que ayuden a los campesinos pobres), del sector farmacéutico (compartir la información para acelerar el desarrollo de medicamentos), defensa, energía, del sector aeroespacial o de la educación, cada una de estas áreas será transformada por las fuerzas de la tecnología en la primera mitad del siglo XXI, creando nuevos productos espectaculares, dando origen a tipos de negocio completamente nuevos y reemplazando el malestar económico con nuevos empleos y desarrollo. Y cada uno de estos cambios será fomentado

---

[15] Imágenes Generadas por Computadora.

por un pequeño grupo de creativos inteligentes determinados y con poder.

Esto es lo que creemos.

El siguiente creativo inteligente

Ninguno de nosotros es inmune a estas fuerzas de cambio. Por cada cosa aprendida que debimos reaprender, hay muchas que desconocemos. Por mucho que tratemos de estar por encima de la tecnología para avizorar cómo impacta nuestra industria, simplemente no logramos comprenderla como lo hacen las nuevas generaciones de creativos inteligentes. Crecimos en una época en que se usaba un teléfono fijo para invitar a alguien a salir (y se llamaba «cita», no «andar por ahí»), *ibas* al cine y tener banda ancha se parecía más a instalar un buzón de mayor tamaño. Vemos surgir una nueva raza día tras día, y nos maravillamos por la confianza y la inteligencia que despliegan. Nos dicen qué sucede y qué sucederá y, cuando se trata de decidir qué hacer a continuación, ellos nos lo indican tanto como nosotros a ellos. Tal es nuestro destino: estar rodeados de nuevos creativos inteligentes.

Estamos seguros de que por cada una de estas estrellas de rock con que nos encontramos en el trabajo diario, existen docenas o incluso cientos que hacen su mejor esfuerzo para quitarnos nuestra posición. Tal vez todos ellos fallen, pero probablemente no sea así. Probablemente en alguna cochera, en algún dormitorio universitario, laboratorio o sala de juntas, exista un líder corporativo valiente que haya reunido a un grupo pequeño y dedicado de creativos inteligentes. Tal vez este líder posea una copia de nuestro libro y use nuestras ideas para crear una empresa que eventualmente hará que Google sea irrelevante. Absurdo, ¿no? No, por el hecho de que ningún negocio gana por siempre y esto es inevitable.

Para algunos esto es escalofriante. Para nosotros es inspirador.

Agradecimientos

Debemos empezar dando las gracias a Larry Page y a Sergey Brin por su sabiduría, por su amistad y por la increíble empresa que ambos echaron a andar. Los fundadores de Google son en verdad tan buenos como los describimos. El privilegio de trabajar con ambos todos los días, de aprender sobre el futuro y comprenderlo, es un regalo que se recibe una vez en la vida. Muchas de las cosas brillantes que hacen tan grande a Google —la estrategia, la cultura y el énfasis en contratar excelencia— ya existían antes de que cualquiera de los dos nos uniéramos a la empresa. Imaginen tener a los veintitantos años la presencia mental y la visión para ver lo que Google podía y debía hacer. Una y otra vez, Larry y Sergey presionaron para retar lo convencional, para cuestionar la autoridad y a las empresas preponderantes, y se salieron con la suya al construir una empresa verdaderamente grandiosa. Google no sólo cambió nuestras vidas, sino que cambió y sigue cambiando las vidas de miles de millones de personas, todos los días, en todas partes. No hay modo de agradecerles lo que han hecho por nosotros, excepto diciendo que nos sentimos humildes por su apoyo y por todo lo que hacen.

Al igual que el mismo Google, este libro fue posible gracias a la ayuda de muchas personas sorprendentes, interesantes, cálidas, divertidas y buenas. Estamos agradecidos por esa ayuda, pero incluso más por haber tenido el privilegio de trabajar con y de conocer a estos creativos inteligentes, como colegas y como amigos. Gracias a…

Ann Hiatt, Brian Thompson y Kim Cooper, quienes siempre encontraron el tiempo en sus locas agendas para reunirse con los autores y por darnos excelente retroalimentación. Ustedes manejan el caos con serenidad.

Pam Shore, quien empezó su viaje con Eric en Novell y fue parte de la construcción de Google y de su equipo.

Scott Rubin, Meghan Casserly y Emily Wood, quienes son personas de relaciones públicas que saben cómo tener conversaciones interesantes. Deseamos tener muchas más de éstas.

Rachel Whetstone, quien era la otra persona que aparecía como destinataria en el correo que envió Eric a Jonathan sugiriendo que hiciéramos este libro. Rachel ha sido nuestra socia en comunicación durante casi una década y ha sido partícipe de este libro desde su concepción. Ella es una incansable defensora no sólo de Google, sino de hacer siempre las cosas bien. Nuestro agradecimiento con Rachel va mucho más allá de su asistencia en la elaboración de este libro.

Kent Walker y Marc Ellenbogen, un par de abogados brillantes que se bajaron de sus caballos, se remangaron la camisa y nos ayudaron a mejorar mucho el libro. Marc fue particularmente útil, y su consejo pareció tornarse cada vez más sabio durante la semana que trabajó con nosotros mientras estaba de vacaciones en el Caribe.

Dennis Woodside, quien de alguna manera encontró el tiempo para leer nuestro libro y darnos su opinión mientras dirige Motorola.

Urs Hölzle, el padre fundador de muchas de las políticas de personal y de contratación de Google.

Alison Cormack, quien simplemente es la mejor lectora que ha existido y tal vez la googlera más graciosa que hay por ahí.

Jared Cohen, socio de Eric en *The New Digital Age,* quien aprendió todo sobre publicaciones justo a tiempo para ayudarnos.

Laszlo Bock, quien ayudó a preservar la cultura y los estándares de Google conforme crecimos, y cuyo próximo libro sobre el talento se mete en los detalles de cómo hacer que esto suceda. Además, siempre parece estar sonriendo, quizás porque solía aparecer en *Guardianes de la bahía*.

Nikesh Arora, cuya invitación para dirigirnos a su equipo dio inicio a todo este proyecto.

Susan Wojcicki, Salar Kamangar, Marissa Mayer y Sundar Pichai, quienes enseñaron a Jonathan que a veces un buen gerente sólo necesita dejar que su gente trabaje. Si el producto del trabajo de un gerente es la suma de su personal, entonces Jonathan está parado sobre una montaña formada por estos cuatro.

Lorraine Twohill, quien nos mostró el estilo googlesco de los creativos inteligentes para crear arte verdaderamente asombroso e inspirado disfrazado de *marketing*.

Clay Bavor, uno de los más inteligentes creativos que conocemos y cuyo trabajo habla de la cultura Google. (Haz una búsqueda de sus proyectos de fin de semana "The Google Logo in 884 4x6 Photographs" y "Clay Bavor Lincoln Portrait in Pennies".)

Brian Rakowski, quien tuvo el buen sentido de incluir números de página y vínculos de palabras en los múltiples comentarios que nos ofreció.

Margo Georgiadis, cuya perspectiva de cómo piensan los altos ejecutivos en las grandes empresas fue una constante fuente de intuición.

Collin McMillen, cuya invención, Memegen, es sólo una de las muchas cosas agradables que ha hecho.

Prem Ramaswami, quien nos dio la perspectiva de un profesor asistente de la Escuela de Negocios de Harvard e hizo sugerencias sobre cómo hacer que el trabajo resulte accesible para los estudiantes.

Devis Ivester, nuestro residente experto en todo lo referente a libros y películas; a los genios creativos Gary Williams, Ken Frederick y Lauren Mulkey, quienes aportaron muchas ideas que no usamos; y a Jonathan Jarvis, cuyo diseño creó un libro más elegante y hermoso que cualquiera de sus autores. Y ya es mucho decir.[1]

Hal Varian, quien hace que la economía sea entretenida. Y también ya es decir algo.[2]

Alan Eustace, quien personifica a Google a tal grado que, con la ayuda de Jonathan, escribió el primer manual para googleros.

Shona Brown y David Drummond, quienes por años fueron los otros dos miembros del comité gerencial de revisión para el reclutamiento, junto con Jonathan.

Cathay Bi y Chadé Severin, quienes tranquilamente apoyaron a Jonathan en su papel de jefe de productos de Google y que han sido críticos sensatos desde el inicio de este proyecto.

Jeff Huber, quien trabajó con Jonathan en Excite@Home y enseñó a Google a diseñar un motor de anuncios y ganancias para que Jonathan pudiera concentrarse en manejar creativos inteligentes.

Patrick Pichette, quien sigue inspirándonos con su rigor operativo, sensibilidad googlera, mochila anaranjada y su actitud de yo-voy-al-trabajo-en-bicicleta-incluso-cuando-llueve.

Gopi Kallayil, quien no sólo es el mejor presentador que conocemos, sino un crítico constante que ofrece mejoras sensatas.

Jill Hazelbaker, a quien Jonathan siempre recurre, especialmente cuando crea un problema de relaciones públicas (lo que sucede a menudo).

---

[1] No es así.

[2] Lo es.

Jared Smith, quien nos ayudó con los detalles de China y quien es un gran líder de creativos inteligentes.

Bill Campbell, quien es el más dotado de todos los entrenadores corporativos, con un buen ojo para la gente y para captar cómo funcionan las organizaciones. No sabíamos que necesitábamos un *coach* hasta que tuvimos uno. Bill fue una persona clave en el éxito de Apple y Google, empresas que ahora forman parte de las corporaciones más valiosas de Estados Unidos. Todos sonríen cuando Bill entra a un cuarto y su capacidad para contar grandes historias sólo es comparable con su humildad al rechazar cualquier crédito por el extraordinario papel que ha jugado en Silicon Valley y por el éxito de generaciones de empresarios.

John Doerr, Mike Moritz, Ram Shriram, John Hennessy, Art Levinson, Paul Otelinni, Ann Mather, Diane Greene y Shirley Tilgham, miembros del consejo de Google, del pasado y del presente, que siempre adoptan una visión a largo plazo sobre nuestro impacto en el mundo y en nuestros clientes, socios y accionistas. Así debe ser.

A muchos otros googleros del pasado y del presente, quienes nos ayudaron a hacer las cosas bien y que siguen enseñándonos los puntos finos de manejar creativos inteligentes: Krishna Bharat, Jeff Dean, Ben Gomes, Georges Harik, William Farris, Vic Gundotra, George Salah y Martha Josephson (esta última, que técnicamente no es googlera, pero es la mejor socia que puede uno encontrar).

La familia de Jonathan —su esposa Beryl, su hijo Joshua y su hija Hannah— quienes siempre le recuerdan que debe implementar en la casa y la oficina las ideas gerenciales de dar poder a otros y de quitarse del camino. Esto ayuda a que Jonathan conserve la humildad, y por eso, todos los que conocemos a Jonathan, debemos darles las gracias.

La madre de Jonathan, Rina Rosenberg, quien es una decidida defensora de las mujeres y encabezó la Comisión para el Estatus de la Mujer en el condado de Santa Clara. Es por ella que comenzamos a describir a los creativos inteligentes en femenino. El padre de Jonathan, el profesor Nathan Rosenberg, quien está formal y precisamente referenciado en los pies de página del texto como académico líder en innovación tecnológica. ¿Qué mejor reconocimiento puede ofrecer un hijo que mostrar a su padre que, a través de los años, siempre estuvo escuchando?

Karen, Gordon y David Rosenberg, los hermanos de Jonathan, de los que aprendió mucho sobre la toma de decisiones. Los cuatro suelen fracasar en alcanzar el consenso cuando se trata de determinar quién es el creativo más inteligente de la familia. Francamente, muchachos, es tiempo de que papá y mamá hagan sonar la campana.

Dr. Lorne Rosenfield, quien suele bromear con Jonathan sobre las grandes citas y la sabiduría de la vida. Muchas referencias de este libro provienen de esas conversaciones. A la hija de Lorne, Lauren, quien proveyó correcciones más que suficientes par aprobar que es una crítica literaria mucho más capaz que Jonathan. Y a su hermano Michael, quien pulió sus credenciales de creativo inteligente al darnos muchos ejemplos que resonarán en el estamento académico.

Dan Chung, quien tuvo la intuición de que el manuscrito original debía escribirse con *los empresarios* en mente, pero que podía extenderse para ser *útil para cualquier persona dedicada a los negocios.*

Matt Pyken, quien ayudó a pulir los trabajos de Jonathan en la universidad y que nos permitió agregar "un toque Hollywood" para mejorar el atractivo dramático y la narrativa.

Glenn Yeffeth de Libros BenBella, quien fue el único experto editorial al que Jonathan pudo pedir ayuda cuando se embarcó en este proyecto.

Adam Grosser, quien rechazó bromas mal pensadas que no eran graciosas y que, en general, ayudó a elevar el tono y nos alentó a ser más rigurosos en nuestras definiciones.

A los profesores Susan Feigenbaum y Gerald Eyrich, quienes fueron visionarios al insistir en que Jonathan aprendiera estadística y le proveyeron con la necesaria supervisión adulta para ayudarlo a completar su maestría.

Al profesor y director Jeff Huang, y a su colega Julia Easley, quienes leyeron el manuscrito "como si fuera la tesis de un estudiante" y nos hicieron muchas correcciones, omitiendo graciosamente el poner una calificación.

Al profesor David Teece, quien leyó esto desde la perspectiva de un economista académico y nos señalo buena parte de la excelente literatura adicional consultada.

Gary Leight, Betsy Leight, Dora Futterman, Libby Trudell, Cathy Gordon, James Isaacs, Dean Gilbert y Richard Gingras, todos exjefes de Jonathan. Jonathan les está eternamente agradecido por su sabiduría y paciencia.

Al profesor Jeff Ullman, quien tomó a un desaliñado adolescente de Princeton llamado Eric Schmidt y lo convirtió en un científico de la computación, casi antes de que existiera algo así.

Bill Joy, Sue Graham y Bob Fabry, quienes en Berkeley confiaron lo suficiente en Eric como científico de la computación y construyeron un equipo a su alrededor.

Mike Lesk y Al Aho, quienes mientras trabajaban en Unix, en los Laboratorios Bell, enseñaron a Eric el valor del volumen, del código abierto y de la escala.

Jim Morris, Butler Lampson, Bob Taylor y Roy Levin de Xerox PARC, quienes inventaron el futuro.

Scott McNealy, Andy Bechtolsheim, Bill Joy, Vinod Khosla, Bernie Lacroute y Wayne Rosing de Sun, quienes dieron a Eric su primera experiencia práctica en dirigir un negocio. Sólo en el entorno tecnológico una persona sin experiencia administrativa puede ser entrenado sobre la marcha con tanta eficiencia.

Raymond Nasr y John Young en Novell, en donde el viaje fue la recompensa.

Peter Wendell, quien dio a Eric la oportunidad de enseñar en la Escuela de Negocios de posgrado de Stanford, y a los miles de estudiantes con quienes Eric formalizó sus ideas sobre "las lecciones aprendidas de la manera difícil".

Nishant Choksi, cuyas hermosas y divertidas ilustraciones captan perfectamente nuestras ideas de formas que no hubiéramos podido imaginar.

Melissa Thomas, una maga para checar datos a quien no nos gustaría enfrentar en una sesión de *Jeopardy!*

Marina Krakovsky, nuestra socia investigadora, quien siempre va dos pasos adelante de lo que esperamos. Ella es intuitiva y sensata, diligente y exhaustiva. ¡Grandes atributos! Es la mejor.

David Javerbaum, un escritor humorista de clase mundial que nos ayudó a ser graciosos, o al menos más graciosos. Uno de los momentos de que más orgullosos estamos, es cuando David vio una de las bromas que habíamos escrito y dijo: «No está mal.» Gracias, David, por tu ayuda y especialmente por esa alabanza.

Jim Levine, nuestro agente, quien nos ayudó a comprender el mundo editorial, y a nuestro editor John Brodie, quien nos guió sabiamente desde el manuscrito inicial hasta la versión final, desde la obertura Microsoft hasta la conclusión Downton Abbey. Y nosotros ayudamos a que John descubriera las bondades de trabajar con Google Docs.

En algún momento a mediados de los años setenta, un par de muchachos se conocieron mientras metían monedas de veinticinco centavos a la primera máquina de videojuegos operada por medio de monedas. El juego era *Galaxy Game*, y estaba ubicado en el café Coffee House de la unión estudiantil Tressider de Stanford. Jonathan vencía regularmente a Alan Eagle en *Galaxy*, pero ambos tenían niveles muy parecidos en las clases del instituto Gunn. Cuando batallaban por la supremacía estelar y se las arreglaban con la química y las matemáticas. Nadie podía haber predicho que treinta años más tarde comenzarían a trabajar juntos en una compañía llamada Google. O que casi cuarenta años después colaborarían en un libro sobre negocios y gerencia. Y eso es exactamente lo que sucedió. Imaginar lo inimaginable, nada menos. Gracias a nuestro coautor, Alan Eagle.

Glosario

Abierto: Compartir la propiedad intelectual como el código de un *software* o los resultados de búsqueda, adhiriéndose a estándares abiertos más que creando los propios y dando a los clientes la libertad de salir fácilmente de tu plataforma.

AdSense: El producto que coloca los anuncios en una gran red de sitios que los publican.

AdWords: El principal producto de anuncios de Google; este motor genera la mayor parte de las utilidades de la empresa.

ah'cha'rye: Transliteración al inglés del hebreo «síganme», y grito de guerra del ejército israelí.

Android: El sistema operativo de código abierto de Google.

API: Siglas de Application Program Interface [Interfaz para Programas de Aplicaciones], que permite que otras aplicaciones interactúen con él.

APM: Siglas de Associate Product Manager [Asistente de Gerencia de Producto]; usualmente realizan dos rotaciones de 12 meses cada una antes de convertirse en gerentes de producto en toda regla.

Gente ávida de aprendizaje: Personas que tienen la inteligencia para manejar el cambio masivo y el carácter para amarlo. Disfrutan tanto del aprendizaje que no tienen miedo a hacer preguntas tontas o a recibir respuestas equivocadas.

Capitalización de mercado: El valor total de mercado de las acciones emitidas de una empresa cotizada en bolsa.

Cómputo en la nube: Tecnología que permite a los usuarios de Internet acceder a archivos y correr aplicaciones residentes en computadoras localizadas en otra parte. Estas computadoras remotas, que a veces se llaman servidores, suelen estar reunidas en grandes centros de datos que están conformados por miles de computadoras individuales.

Creativo inteligente: Una persona que combina un profundo conocimiento de su oficio con inteligencia, conocimiento de negocios y muchas otras cualidades creativas.

Dory: Un sistema interno de Google para postear preguntas a los ejecutivos y votar para que las preguntas de otros suban o bajen en un listado.

Hacer algo a escala: Crecer algo rápida y globalmente. (si se usa como verbo), o un crecimiento rápido y global (si se usa como sustantivo).

Excite@Home: Antiguo empleador de Jonathan, que se formó cuando Excite, pionero en los portales de le red, se fusionó con

@Home, lo que ayudó a popularizar el acceso a Internet vía módems de cable.

Googlegeist: La encuesta anual de Google sobre retroalimentación de los empleados.

Google[x]: Un equipo que trabaja en algunos de los proyectos más ambiciosos de Google, incluyendo los autos que se manejan solos, Google Glass, Proyecto Loon y los lentes de contacto inteligentes.

Hipopótamo: la opinión de la persona mejor pagada.

Interfaz de usuario: La parte de un producto con la que interactúa un usuario.

Ley de Coase: El principio expresado por el economista ganador del Premio Nobel, Ronald Coase, que explica que las grandes firmas emergieron porque, cuando tomas en cuenta los costos de transacción, suele ser más eficiente que las cosas se hagan dentro de la firma que contratar servicios externos en el mercado abierto. Debido a que Internet ha bajado los costos de transacción, la Ley de Coase implica que, en estos días, es más eficiente realizar por fuera el trabajo que hacerlo internamente.

Ley de Moore: Predicción realizada por el cofundador de Intel, Gordon Moore, en el sentido de que el número de transistores en un chip —y, en consecuencia, el poder de cómputo— se duplicaría cada dos años. Moore predijo inicialmente, en 1965, que la duplicación tendría lugar cada año, pero revisó su opinión y ajustó el cálculo a dos años, en 1975.

Memegen: Un sitio interno de Google que permite a los googleros crear memes bajo la forma de breves letreros fundidos a imágenes;

es un recurso divertido que los empleados utilizan para comentar el estado de la empresa.

Mercado multifacético: Un lugar en el que pueden encontrarse diferentes grupos de usuarios para ofrecer servicios benéficos.

Moma: La intranet de Google utilizada para compartir todo tipo de información corporativa entre los googleros.

Noogler: Fusión de «New» [nuevo] + «Googler» [googlero] (nuevo empleado de Google).

"Obligatorio disentir": La expectativa de que si alguien piensa que hay algo malo en una idea, debe externar dicha observación.

OKR: Siglas en inglés para *Objectives and Key Results* [ORC, Objetivos y Resultados Clave], un sistema gerencial de desempeño utilizado eficientemente por Google y por otras empresas.

Plataforma: Una base de tecnologías o infraestructura sobre la que pueden construirse tecnologías, procesos o servicios.

Periodo de retorno: la cantidad de tiempo necesaria para recuperar los costos de una inversión.

Red 2.0: El conjunto de tecnologías que convierten a la red en lo que es hoy (una actualización de la Red 1.0 de la década de 1990).

ROI: Siglas en inglés para *Return of Investment* [Retorno de Inversión].

Sistema operativo de código abierto: Un sistema operativo, como Linux y Android, en que el código está disponible al público gratuitamente para su uso y modificación. Lo opuesto es un sistema operativo cerrado, cuyo código es estrictamente controlado por la empresa propietaria.

Expertocracias: Empresas en que el poder deriva de la antigüedad, no del mérito.

TGIF: Siglas de Thanks God It's Friday [Gracias a Dios que es viernes], la junta global de Google que en principio se celebraba cada viernes por la tarde y que ahora se celebra los jueves para que los googleros de la región Asia-Pacífico puedan participar.

Wave: Google Wave fue un sistema que permitía que los grupos de usuarios se comunicaran y colaboraran en tiempo real. Google dejó de trabajar en Wave en 2010 y abrió el código fuente.

Índice analítico

Cómo trabaja Google, de Eric Schmidt y Jonathan Rosenberg
se terminó de imprimir en febrero de 2015
en Quad/Graphics Querétaro, S. A. de C. V.,
Fracc. Agro Industrial La Cruz El Marqués
Querétaro, México.